文化润校
正则文化浸校园

主 编 丁 钢 张永刚

副主编 何 斌 王 振

江苏省［十四五］高等教育科学研究规划课题重大攻关项目（ZDGG08）

江苏省2021年高等教育教改研究项目（2021JSJG610）

江苏大学出版社

JIANGSU UNIVERSITY PRESS

镇江

图书在版编目(CIP)数据

文化润校：正则文化浸校园 / 丁钢，张永刚主编
. — 镇江：江苏大学出版社，2021.9
ISBN 978-7-5684-1680-1

Ⅰ. ①文… Ⅱ. ①丁… ②张… Ⅲ. ①高等职业教育
－校园文化－镇江－文集 Ⅳ. ①G718.5－53

中国版本图书馆 CIP 数据核字(2021)第 183388 号

文化润校：正则文化浸校园
Wenhua Run Xiao:Zhengze Wenhua Jin Xiaoyuan

主　　编/丁　钢　张永刚
责任编辑/汪　勇
出版发行/江苏大学出版社
地　　址/江苏省镇江市梦溪园巷 30 号(邮编：212003)
电　　话/0511-84446464(传真)
网　　址/http：//press.ujs.edu.cn
排　　版/镇江市江东印刷有限责任公司
印　　刷/镇江文苑制版印刷有限责任公司
开　　本/718 mm×1 000 mm　1/16
印　　张/13.5
字　　数/260 千字
版　　次/2021 年 9 月第 1 版
印　　次/2021 年 9 月第 1 次印刷
书　　号/ISBN 978-7-5684-1680-1
定　　价/48.00 元

如有印装质量问题请与本社营销部联系(电话：0511-84440882)

让"文化润校"铸就百年名校的文化自信

（丛书序）

"求木之长者，必固其根本；欲流之远者，必浚其泉源"，要想让树木长得高大，一定要稳固它的根基；要想使河水流得长远，一定要疏通它的源头。文化不仅是一个国家、一个民族的灵魂，也以同样的价值存在于大学校园中，是大学赖以维系和传承的风骨和血脉。大学校园是做大学问的地方，千百年来，我们的圣哲先贤要求做大学问的人要恪守"大学之道，在明明德，在亲民，在止于至善"的千古名训，在一代代的文化传承中，共同铸就中华民族灿烂辉煌的文明。

镇江高等专科学校是坐落于国家历史文化名城江苏镇江的一所综合性普通高校，是教育部人才培养工作水平评估优秀学校、江苏省新一轮高职院校人才培养工作评估优秀学校，办学渊源可以追溯到我国职业教育先行者、著名国画大师、教育家吕凤子先生于1912年创办的正则女校，距今已有百余年办学历史，在长期的发展过程中，不断凝练形成了"崇爱尚美"的校园文化。

作为中国现代职业教育的重要发轫者和先驱者，吕凤子先生极具传奇色彩和人文艺术魅力，先生不仅三办正则学校，还担任过国立艺专校长，培养了一批著名的艺术家，被誉为"培养大师的大师"。先生在办学育人过程中，始终倡导"爱无涯、美无极"的教育理念，认为"爱与美"要落实到教育管理各环节，强调"爱己爱异""尊异成异"，致力于"爱育兼美育"的实施，促进学生"谐和"发展，夯实了"崇爱尚美"文化育人思想的理论基石。

历经百年传承，"崇爱尚美"的校园文化先后经历了三个时期，即探索积淀期（1912—1982 年），是"爱与美"教育思想的积淀、探索和萌芽阶段；融合形成期（1983—2007 年），是"崇爱尚美"文化体系的形成及与现代职教精神的融合发展阶段；提升实践期（2008—2020 年），是"崇爱尚美"文化育人思想实践及影响力提升的阶段。由最初的"爱与美"到"崇爱尚美"，深刻诠释了学校对吕凤子先生"唯生无尽兮爱无涯"的"爱育兼美育"的职业教育文化育人实践。

进入新时期以来，学校高度重视校园文化建设，将吕凤子先生"艺术制作止于美，人生制作止于善。人生制作即艺术制作"的职业教育育人指导思想和"崇爱尚美"的职业教育文化育人实践融入"文化润校"工程，贯穿于教学管理的各个环节，形成了全员、全过程、全方位育人的文化育人模式，全校上下兴起了"以文化人、以文育人"的新风尚。学校文化育人特色品牌荣获教育部高校文化建设优秀成果奖。

为了较为全面地展示"文化润校"工程在专业建设、文化育人、文化兴校等方面所取得的实绩，学校成立"文化润校"工程组委会，组织校内行政、教学、教辅等人员精心编写了这套"文化润校"丛书，包括《名篇经典诵校园》《中国精神沐校园》《正则文化浸校园》《专业文化塑校园》《特色文化靓校园》。在编写过程中，由于编者人员众多，水平不尽相同，难免存在不尽如人意的地方，并不能完全反映"文化润校"工程的建设成果，但我们还是要感谢每一位参编者，他们对校园文化的这份热爱已经让我们深深感怀。感谢每一位为丛书编写、出版付出过努力的人们，更由衷怀念学校的创始人吕凤子先生。

"潮平两岸阔，风正一帆悬"，1300 多年前，唐代诗人王湾路过镇江北固山，写下了著名的《次北固山下》，留下了妇孺皆知的千古佳句。此刻，我们正怀着这样的心境，希望能够以弄潮儿的姿态，在新时代高等教育高质量发展的大潮中，绘就百年名校文化自信的辉煌底色。

林枫　丁钢

2021 年 8 月

前　言

　　校训是一所学校的灵魂，是师生共同遵守的基本行为准则与道德规范，集中反映了学校的历史传统，是办学宗旨和治校理念的高度浓缩，是师生精神风貌和价值追求的精确表述。

　　镇江高等专科学校校训为"正则格致"。"正则"二字源自爱国诗人屈原的《楚辞·离骚》开篇自叙："皇览揆余初度兮，肇锡余以嘉名：名余曰正则兮，字余曰灵均。纷吾既有此内美兮，又重之以修能。"在《纪念正则办学35年的演讲》中，学校的创始人吕凤子先生讲道："屈子魂，就是我正则魂！我们的学校就是以屈原的名字做校名的。这是为什么？就是要以屈原的精神和形象——他的思想、人品、才能和成就，作为我们师生共同追求的目标。""正则"，意为公正而有法则，是对做人的要求，蕴含着吕凤子先生的平民教育理念，以及"崇爱尚美"的文化追求，凸显了"以文化人""以美育人"的育人思想。

　　作为学校创始人的吕凤子先生，是中国现代著名的艺术教育家、美术家、书法家和职业教育的重要发轫者。在民国时期，先后任教于国立中央大学（今南京大学）、北京女子高等师范学校（今北京师范大学）等高校；1940年担任重庆国立艺专（今中央美术学院和中国美术学院在抗战时期的合并校）校长；1942年创办私立江苏正则艺术专科学校；还先后在两江师范学堂（今南京大学、东南大学、南京师范大学等高校的前身）附中、江苏第六中学（今镇江中学）等近10所中等（师范）学校任教，为中国的教育事业披肝沥胆，书写了辉煌的篇章。他在一生办学育人的实践中所坚持的"爱无涯、美无极"的育人理念既是"崇爱尚美"校园文化的基石，也是正则文化的要义。

镇江高等专科学校在 2006 年成立吕凤子研究会，2008 年更名为吕凤子研究所，2017 年更名为吕凤子文化教育研究所，名称的更迭见证了对吕凤子文化研究及文化育人宗旨认知和理解的不断深入。2018 年，吕凤子文化教育研究所入选江苏高校哲学社会科学重点研究基地，成为国内吕凤子文化研究的重要机构。长期以来，受到吕凤子文化熏陶浸染的镇江高专，将吕凤子文化作为正则文化的核心内容，进行了深入的研究和传承，不断开辟吕凤子和正则文化研究的新境界。

作为"文化润校"工程核心文化元素的正则文化，是我们要向青年学子重点推介的内容。此次我们搜集整理了高专学人关于正则文化的一些研究性文章，旨在充分展示正则文化的理论性研究成果，彰显正则文化的核心要义，为践行正则文化提供指导，同时也以此纪念学校的创始人吕凤子先生。

值得珍视的是，中共中央政治局原常委、国务院原副总理李岚清同志为学校篆刻了一枚"正则格致"的校训印章，这是对学校文化内涵、办学宗旨和育人成就的充分认可，更饱含了他对学校发展的殷切期望和美好祝愿。高专人将牢记嘱托，深刻体悟"正则格致"，内化于心，外化于行，让校训之光照亮广大青年学子前行之路。

编　者

2021 年 7 月

目 录

吕凤子办学实践

吕凤子与正则绣

传承吕凤子

新时代文化自信的背景、意义与向度

丁　钢

到孔府去参观的人都知道，孔府进去时有三道门，平时游客只能走两边的门，因为中间的门建的时候就是专门留给封建时代的皇帝走的，后来也不给一般游客走。看上去是对皇帝的尊重，实际上是对皇帝的约束。换一个角度说，皇帝到了孔府，并不是想走哪个门就走哪个门，也只能走他应该走的门，这蕴含了古代有识之士的智慧，即通过设置制度，来制衡、规范权贵者的行为方式，这就是中华文化。

文化，是一个国家、一个民族的思想引领、精神支柱、道德教养、知识哺育的总和，也是一个国家、一个民族区别于别的国家、别的民族的重要标识。

文化的力量有多大？文化是民族的血脉，是人民的精神家园。纵览世界历史，一个民族的崛起或复兴，常常与其民族精神的崛起和民族文化的复兴息息相关。2014年5月4日，习近平总书记在与北京大学师生交流座谈会上说道："中华优秀传统文化已经成为中华民族的基因，植根在中国人内心，潜移默化影响着中国人的思想方式和行为方式。"

党的十八大以来，无论是在国内考察还是出访国外，习近平总书记多次强调中华传统文化的历史影响和重要意义。他要求各级领导干部都应当结合时代要求继承和发扬中华民族优秀文化传统，领导干部不管处在哪个层次和岗位，都应该读点历史。

"欲人勿疑，必先自信。"只有对自己的文化有坚定的信心，才能获得坚守的从容。在全球化深入发展的今天，根植于传统文化的民族自尊心、自信心，是一个国家和民族融入文明大家庭的重要精神支柱。

2012年11月8日，胡锦涛同志代表第十七届中央委员会向中国共产党第十八次代表大会做了题为"坚定不移沿着中国特色社会主义道路前进为全面建成小康社会而奋斗"的报告，提出了"三个自信"，即"道路自信、理论自信、制度自信"。2014年2月24日，习近平总书记在十八届中共中央政治局第十三次集体学习时，提出要"增强文化自信与价值观自信"。2014年5月4日，与北京大学师生座谈时多次提到核心价值观和文化自信。2016年5月和6月，习近平连续两次强调"文化自信"，指出"我们要坚定中国特色社会主义道路自信、理论自信、制度自信，说到底要坚持文化自信"；要引导党员特别是领导干部"坚定中国特色社会主义道路自信、理论自信、制度自信、文化自信"。2016年7月1日，习近平总书记在庆祝中国共产党成立95周年大会上明确提出中国共产党人"坚持不忘初心、继续前进"，就要坚持"四个自信"即"中国特色社会主义道路自信、理论自信、制度自信、文化自信"。如何坚定新时代文化自信，需要更多的关注和思考。

一、文化自信的现实危机

中华传统文化的保护、继承、运用和弘扬面临很多危机。这些危机的根由，远可溯及鸦片战争击碎天朝的自洽幻景，近可论至改革开放后西方价值观对人民信仰的冲击。

我们面临的文化难题，是不能使中国成为文化的流浪儿、精神的乞食者，因此必须唤醒中国文化中的优秀传统文化基因，同时又赋予其现代化的灵魂。

为什么会出现这种危机？中华传统文化中，一方面确实存在一些负面内容，另一方面有一些人总是拿几千年累积下来的"文化污垢"，同欧美文化中的优质部分做比较，把责任归结到传统文化，尤其是儒家的思想与伦理身上，强化和放大了人们对传统文化负面影响的认识。

例如：早些年提到汽车交通文明，有些人总说美国、欧洲怎么好，而中国怎么差，究其根源是中国人素质差。我们回顾一下世界汽车交通文明的发展史。

汽车工业起源于欧洲的蒸汽机汽车，19世纪末叶发明内燃机汽车。现代汽车工业的形成，始自美国。1893年亨利·福特发明世界上第一辆以汽油为动力的汽车后7年，也就是1900年前后，美国开始大量生产汽车，人类进入汽车时代。

我国1958年4月才生产出第一辆国产轿车（国产CA-71，CA是中国一汽的代码，7是轿车的编码，1就表示第1辆）。1996年中德合资上海大众汽车公司年产量只有20万辆。2000年我国的主要汽车产品以引进为主，2005年以后新车型上市频率才大幅加速，开始开发、生产和推出自主品牌汽车车型。

我国汽车交通普及化、大众化也才10多年。拿10多年的汽车交通文化跟 100 多年的历史相比，肯定有很大不足。但是 10 多年来我们很快有效抑制酒驾，又推出了礼让行人等规定，我们的"80 后""90 后"在汽车驾驶文明上不会比美国、欧洲的同龄人差。

2019 年暑期，我在英国 21 天。在红绿灯路口，我们这个团几乎没有人闯红灯。有一个团员到朋友家去做客，两人喝了一杯红酒，然后这位朋友开车 40 多分钟，把他送到我们团住的地方。

二、文化自信的战略意义

清代学者龚自珍说："欲亡其国，必先灭其史；欲亡其族，必先灭其文化。"可见文化的重要性。习近平总书记之所以把三个自信拓展为四个自信，把文化建设排在"五位一体"的中间位置，提出中国特色社会主义传承发展了 5000 多年的中华文明，是要强调中华文化在新时代中国特色社会主义理论体系与实践创新中的文化主体性。如果不强调这一点，就正如 2014 年 9 月 24 日习近平主席在纪念孔子诞辰 2565 周年国际学术研讨会上说的："优秀传统文化是一个国家、一个民族传承和发展的根本，如果丢掉了，就割断了精神命脉"。"历史和现实都表明，一个抛弃了或者背叛了自己历史文化的民族，不仅不可能发展起来，而且很可能上演一幕幕历史悲剧"。

1. 奠基"四个自信"

2016 年 7 月 1 日，习近平总书记在庆祝中国共产党成立 95 周年大会上明确提出：中国共产党人"坚持不忘初心、继续前进"，就要坚持"四个自信"即"中国特色社会主义道路自信、理论自信、制度自信、文化自信"，这是对党的十八大提出的中国特色社会主义"三个自信"的创造性拓展和完善，凸显了中国特色社会主义的文化根基、文化本质和文化理想。

文化自信在"四个自信"中的意义："无论是道路自信、理论自信或是制度自信"，"最根本还是文化自信"。"文化自信是更基本、更广泛、更深层、更持久的力量"。文化自信，既是四个自信的基础性起点，又是四个自信的终极性追求。

2. 联动"五位一体"

关于我国经济社会发展重大战略部署，党的十九大报告按照中国特色社会主义事业"五位一体"总体布局，对经济建设、政治建设、文化建设、社会建设、生态文明建设进行了全面部署。在五大建设中，文化建设排在中间。这不是一种随意的排序，而是经济建设和社会发展的逻辑需求。在中国特色社会主义经济社会建设发展的五位一体化驱动中，文化建设是核心轴、联动带。文化是一个民族的血脉，文化建设则是五大建设的中心血站，为五位一体的经济社会发展提供不竭动力。

1963 年，香港政府邀请新亚书院、崇基书院、联合书院合并组建一所新的大学。钱穆先生坚持将其命名为"香港中文大学"，其中的"中文"，不是语文、汉语的意思，而是中国文化、中华文化的意思，强调中国文化在这所大学里的文化主体性，只有强调了这一点，才能保住这所大学的根。钱穆先生逝世后，当时有大量媒体以"中华历史文化的守护者""承传中华传统、创新中国文化"为题对他做了极高评价。

众所周知，大学是有文化的地方，大学的功能分为人才培养、科学研究、社会服务、文化传承创新四个方面。从某种意义上说，大学应该是文化继承和创新的重要主体。然而，随着高等教育的迅速发展，大学都在忙着改名、取名。现在仅从大学名称，看不出这所大学是干什么的，是公办还是民办。为什么要改名？最根本的问题还是缺乏自信。改革开放 40 多年来，江苏没有改名的就剩南京大学、东南大学、镇江高等专科学校等为数不多的高校，尤其是镇江高等专科学校，不仅没有改名，而且一直低调。

3. 根植"中国特色"

中国特色社会主义是马克思主义与中国实践完美结合而形成的。这一过程中，两者之间的作用是相互的，既有"（马克思主义）社会主义+中国"的指导、滋润过程，也有"中国+社会主义（马克思主义）"的创新、拓展过程。对此，习近平主席有两个重要论述：

一是 2015 年 1 月 23 日中央政治局集体学习时，习近平总书记指出，实现"两个一百年"奋斗目标、实现中华民族伟大复兴的中国梦，必须不断接受马克思主义哲学智慧的滋润。这一论述强调了马克思主义哲学智慧对中国的滋润作用。

二是 2018 年 1 月 15 日习近平总书记指出，"中国特色社会主义不是从天上掉下来的，而是在改革开放 40 年的伟大实践中得来的，是在中华人民共和国成立近 70 年的持续探索中得来的，是在我们党领导人民进行伟大社会革命 97 年的实践中得来的，是在近代以来中华民族由衰到盛 170 多年的历史进程中得来的，是对中华文明 5000 多年的传承发展中得来的，是党和人民历经千辛万苦、付出各种代价取得的宝贵成果"。习近平总书记这段重要论述，将"中国特色社会主义"接入 5000 多年深邃的中国文化之源，将"中国特色"视作中华历史文化精华与当代中国结合的产物。中华优秀传统文化为"中国特色""中国梦"注入的是基因，输入的是原浆，决定"中国梦"的底色。

三、文化自信的时代向度

1．现代融合

"以古人之规矩，开自己的生面"。中国式现代化以文化的完整性、包容性，使得中国改革发展实践进入强健文化、整合结构的高质量阶段。

在习近平总书记看来，中华传统文化或者说儒家文化，并不是散发着陈腐气息的沉重包袱，而是可以通过现代化创造，焕发强大能量、推动民族复兴的独特"战略资源"。让我们过去的文化资源通过创造性转换和创新性发展，为现代和未来服务。习近平总书记强调，要"深入挖掘和阐发中华优秀传统文化讲仁爱、重民本、守诚信、崇正义、尚和合、求大同的时代价值"，努力实现传统文化的创造性转化、创新性发展，使之与现实文化相融相通。唤醒传统文化之魅力，又赋予其现代化之魂。

例如：从地缘来看，中华大地所有的河流，黑龙江、黄河、淮河、长江、珠江，基本上都是东西向的。东西流向的河流，它是平行于纬度的，就是说在这个流域里边，它的上游、中游、下游是同一个农业类型。例如，山东、陕西、甘肃是小麦产区；从上海到四川，是水稻产区。这两大区域是世界上最大的农区。

不同纬度的河流及其农区，不可能因为一场灾疫而全部毁灭。

这就像我们现在的高速铁路线路网一样，接续相连、延绵不绝，有效保障了国内的交通运输。

从人文因素来看，2000 多年前，孔子说"君子和而不同"。2000 多年后，习近平主席向全世界给出中国梦的解释：顺应时代前进潮流，促进世界和平发展。同时他也延续"和而不同"精神，将中国梦与各国各民族之梦对接。有学者将中国梦与"美国梦""欧洲梦"相比较，视其为一种"后发的、复兴的、彰显包容精神的新文明模式"。没有中国文化的包容性，就没有古代的丝绸之路，也没有现代的"一带一路"倡议。

英国哲学家罗素说："中华文化在世界古国里边，是唯一一个得到延续和没有中断的文明。"5000 年文明没有中断，是因为她始终能够与时俱进，这是我们最值得自信的地方。

文化，只有自我优化，与时俱进，才能在新的时空环境中，落地生根，开花结果。

2．国家建构

中国智慧和中国方案，需要融普遍性、特殊性于一身的高度文化理解和文化表达。各种思想文化相互激荡，不同文明交流交融交锋更加频繁，深刻地凸显着思想文化力量在综合国力竞争中的战略地位。要坚持以提高国家文化软实力为重点，从而更好地构筑中国力量。

将文化建设纳入国家层面的"五位一体"，标志着我们党对中国特色社会主义有了更加明确而开阔的文化建构，标志着中国文化已经由中华民族的自发积淀，变为在中国共产党领导下的国家建构。文化建设主体从中华民族，拓展为中国人民、中国共产党，强化了党的领导和国家意志在文化建设中的作用，促进文化认识由感性体验向理性认知转型，文化建设由自发状态向自觉状态。文化建设实现"软实力，硬落实，实驱动"。

以 2020 年年初发生的新冠肺炎疫情为例：

可以说，此次新冠肺炎疫情是百年来全球发生的最严重的传染病大流行，是 1849 年以来我国遭遇的传播速度最快、感染范围最广、防控难度最大的突发公共卫生事件。面对疫情，习近平主席带领全党、全军、全国人民，同时间赛跑，与病魔较量。我们用 1 个多月的时间初步遏制疫情蔓延势头；用 2 个月左右的时间将本土每日新增病例控制在个位数以内；用三个月左右的时间取得武汉保卫战、湖北保卫战的决定性成果，进而又接连打了几场局部聚集性疫情歼灭战，目前国内疫情防控形势基本稳定。

而与"中国之治"形成鲜明对比的，则是以美国为典型代表的"西方之乱"。截至北京时间 2020 年 9 月 7 日 17 时，美国累计确诊病例 6484670 人，死亡病例 193507 人，单日新增病例超 4 万人。而同日（7 日 0—24 时），我国累计确诊病例 85144 人，死亡病例 4634 人，单日新增病例 10 例，均为境外输入。

以绝对值算，当时美国的感染总数已是中国的 76 倍多。由于美国人口不到中国的 1/4，其人均病例和病死人数是中国的十倍以上，而且还在迅速上升（2021 年 12 月数据）。中国成功与美国失败的鲜明反差，是因为所用方法的根本不同。中国的行动基于古老格言"实事求是"，而美国许多人沉浸于一种国家自大和自我欺骗之中。

为什么中国在抗疫中能取得如此巨大的成就？其中，既有以钟南山、张定宇等人民英雄为代表的医疗人员的持续奋斗、无私奉献，更重要的是中国制度的优越性，中国文化的持久力。中国的抗疫斗争，充分展现了中国精神、中国力量、中国担当。

习近平主席强调，伟大抗疫精神同中华民族长期形成的特质禀赋和文化基因一脉相承，是爱国主义、集体主义、社会主义精神的传承和发展，是中国精神的生动诠释，丰富了民族精神和时代精神的内涵。我们要在全社会大力弘扬伟大抗疫精神，使之转化为全面建设社会主义现代化国家、实现中华民族伟大复兴的强大力量。这就是中华文化在国家建构中的重要作用。

3. 全球意义

面对全球化的复杂化趋势，文化自信如何更好地为推动全球治理体系改革和建设提供助力，为国家更好地应对新的地缘政治变动提供助力？

改革开放以来，我们在科学技术方面学习苏联（俄罗斯）和美国，工业制造方面学德国，管理方面学日本，工业园区建设方面学新加坡，分解房地产的使用权学香港，农业方面学习以色列。

中华文化是一个博大精深的智慧宝库，无论是文学艺术、哲学思想、建筑工艺、民俗风情，还是治国理政、人格修养，都蕴藏着深厚的智慧和魅力，都可以提供很丰厚的文化营养。"'中国梦'不会满足于'独善其身'，还要'兼济天下'。'中国梦'不是关门做自己的'小梦'，而是做'开放、包容、合作、共赢'的'大梦'。"中国文化给人类社会提供有价值的东西，是中国成为大国的文化使命与必然路径。习近平总书记要求，将"中华优秀传统文化置于人类共有精神财富的坐标系中，视作解决人类共同难题的思想库"，以一种崭新的整体文化形象融入当今世界文化发展的潮流，发挥其世界普遍文化意义。

"文运同国运相牵，文脉同国脉相连。"新时代，中华民族伟大复兴要以同世界进步相统一的全球视野、大国担当和文化追求，以积极全面的文化努力和作为，全面、立体、真实地设计好中国议题，讲好中国故事，传播好中国价值，打造好中国话语体系，进而凸显习近平新时代中国特色社会主义思想在当今世界的现实文化引领作用。

吕凤子生平

教育宗师　艺术巨匠——吕凤子

丁　钢

20世纪初，镇江本土出现了一位杰出的人物，他出生于江苏丹阳的富裕家庭，自幼刻苦勤奋，文武双全，15岁即被誉为江南才子。

他和张大千先生同为李瑞清先生的学生，在中国画上被徐悲鸿先生称为"三百年来第一人"，在书法创新上独创"凤体"，成为继郑板桥之后第一人；开创了"正则绣"，实现西画、中国画和刺绣技法的融合创新、自成一体。他是新金陵画派的先驱和缔造者，先后培养了朱德群、吴冠中、李可染、刘开渠、王朝闻等一大批现当代中国美术大家，被誉为"培养大师的大师"。

1957年前后，江苏成立国画院筹备委员会，他为主任，由此可见他在当时美术界的崇高地位。

他弘扬全面教育观，一百年前就倡导女子教育、美育、劳育和体育全面发展，与蔡元培先生同时期提出较为完备的美育思想体系，他一生矢志教育救国、三办"正则"学校，全部捐献给国家，曾先后担任中央大学教务主任、国立美专校长、国立艺专校长，得到了孙中山、毛泽东、罗斯福等人的高度评价。

这个人就是中国女子教育、职业教育和艺术教育的先行者——吕凤子先生。

一、勤学的"富二代"

1886年7月7日，吕凤子先生诞生在江苏省丹阳县城梧桐山下吕宅。父亲吕守成，母亲李夫人，吕凤子为长子。

吕凤子先生是一位家资丰盈的"富二代"。说他家资丰厚，主要有两点：

一是他家有豪宅。

吕凤子是世家子弟，世居丹阳城内的三板桥街。房屋是4尺高的青石墙基，扁砖砌的石库门，四开间，六进，每进两旁都有厢房相连，宅内五个大天井，东面还有一个和房屋进身相等且相当宽的花园，面积至少有 200 多方丈。大门开在靠左边的第一间，不过两扇黑漆大门经常是关闭的。屋边右面有一条巷可以进出，由侧门可以通入各进。像这样大的房子和花园，当时在丹阳城内，只有姜尚书家的旧宅可以与之媲美。

二是他家开钱庄。

吕凤子的父亲吕守成经营钱庄有道，很有钱，但乐善好施，不爱财。有次父亲带他出门，给他 10 个指头上戴了 10 只金戒指，路遇寒士，便叫他脱一只相赠，等回到家，金戒指全部送光，他的父亲心情很愉快。吕家不仅资助穷人，还资助过"大人物""大事业"。当年，孙中山先生正为革命经费焦虑的时候，突然收到一笔巨款，困顿为之一解。中山先生感激之余，命人查实，此款是上海德本堂吕守成汇的，也就是吕凤子先生的父亲捐的。

吕凤子先生虽然是一位富二代，但更是一位勤学苦练的"江南才子"。

吕凤子 3 岁开始研习书法，每天早晨洗漱之后，便端一碗清水，用笔沾了在方砖上练字，一碗水写干了，方才吃早饭，不论春夏秋冬，从不懈怠。每年春节前，左邻右舍来请他写对联，因此小有名气。但他并不喜形于色，仍然坚持黎明即起，苦练不已，为他后来在书法上的成就打下了扎实的功底。

吕凤子 4 岁入私塾启蒙，7 岁学唐诗。他的父亲吟上句："云阳上征去"，他脱口答出："两岸饶商贾"，才思之敏捷，令人叹服。11 岁读《论语》《尚书》《毛诗》《周礼》，无不烂熟。私塾先生念一句，叫他背下去，他背诵得滚瓜烂熟；叫他解释，他说得头头是道。私塾先生找到他父亲说："我肚里已没东西教他了。"就这样，竟换过几位私塾先生。

吕凤子 10 岁开始画画，并未从师，全靠天赋，自学成才，或作景物写生，或依古诗词的意境作画。除了画画，他还为自己设计服装，从式样到色调都与众不同。

从 10 岁开始，他还练武习拳，目的是强身健体。久而久之，双臂很有力量，有次他和几个同学把土地庙的菩萨扳倒了，抬着扔下河去。还有一次竟把庙前极为沉重的石墩子都搬了起来。力气大，胆量也大。有次他夜读，抬头发现对面屋顶上有小偷，小小年纪，毫无惧怕，招手说："请你下来！"小偷反倒吓得狂奔而逃。

吕凤子 15 岁与韩笔海等一起考中秀才，与胡小石并有"江南才子"之誉。他的父亲满心希望他志在科举，步入仕途。谁知不久科举便被废除。他父亲听说武备学堂招生，文官当不成，还可做武官，便叫吕凤子去考。吕凤子从小习武，加之文笔又好，一考就考上了。读了两年，他父亲病逝，管家的二叔吃喝嫖赌，败光了家产，连祖上传下的上海德本堂钱庄也被卖给异姓。

这样一来，一大家子的生计就成了问题。吕凤子便报考了两江优级师范学堂，一方面是基于自己对艺术的热爱，另一方面也是为了能早点负担家庭生活。吕凤子在优级师范读为师书，十分刻苦，以优异成绩毕业，被校长李瑞清赏识，正式拜李瑞清先生为师学书法，成为其入室弟子。张大千先生同为李瑞清的学生，比吕凤子先生晚两年。从此吕凤子就立志以美术教育为终身事业，以艺术创造为己任，开始了他不平凡的一生。

吕凤子先生晚年曾谦虚诚恳地说："我一生只做了三件事：画画、教书、办学校。"1955年七十寿辰时，吕凤子先生作《乙未自造像》自谦说："教了五十年书没教好，画了六十年画没画成。"实际上，他用一生的精力将这三件事都做到了极致。

二、淡泊的艺术家

吕凤子先生考入两江优级师范，跟随李瑞清先生研习书法，又攻国画，吸取西洋画之长、书法之妙，结合国画的技法，形成自己独特的绘画风格，被誉为中国美术界的"百年巨匠"。

（一）"三百年来第一人"的绘画

"三百年来第一人"，是现代著名画家徐悲鸿先生对吕凤子先生的评价。

1912年，年仅17岁的徐悲鸿先生只身闯荡上海滩，想学西画。吕凤子先生比徐悲鸿大9岁。这一年，吕凤子先生在上海创办"神州美术社"，这是中国最早的一所美术培训机构。经友人介绍，徐悲鸿结识了吕凤子。吕凤子先生对他说："学西画先要学好素描，打下基础。"于是，吕凤子免费教授徐悲鸿学素描。

徐悲鸿19岁时，父亲病故，家境愈加窘迫，靠吕凤子等人的慷慨资助，得以勉强度日。1919年春，徐悲鸿赴巴黎留学八年，1927年回国到国立中央大学艺术系任教授。当时，国立中央大学艺术系分中国画、西洋画两个组，吕凤子先生比徐悲鸿先生早半年到中国画组任教，而徐悲鸿、潘玉良在西洋画组任教。徐悲鸿先生又请吕凤子先生教他水墨画和书法，以求绘画艺术的全面发展。吕凤子先生说："您是西画大师，怎敢收您为弟子？"徐悲鸿先生回答："中国有句古语'三人行必有吾师'。能者为师嘛，不必推辞。"吕凤子执意不肯称师，徐悲鸿转弯子说："那就做个亦师亦友的同道吧！"吕凤子欣然应允。以后每逢有机会，吕凤子就向徐悲鸿讲授中国画精髓与技法，有时还挥毫泼墨做示范。徐悲鸿的中国画画艺大进，他笔下的奔马、人物、翎毛、花卉，都受到吕凤子用笔的影响。

一天，徐悲鸿讲完课，特地找到吕凤子说："不久将在法国巴黎举行世界博览会美术展览，凤先生，你该寄点作品试试。"吕凤子谦虚地说："不行，不行，水平还达不到世界展呢。"徐悲鸿笑道："承历世之传统，开当代之新风，三百年来第一人，非凤先生莫属！"吕凤子连忙插话："三百年来第一人之说实在不妥，不妥！清代乾隆年间的'扬州八怪'还没超过二百年哩……我岂敢忝列其前？"说不服吕凤子，徐悲鸿便瞒着他，悄悄地把"中大"教师休息室内吕凤子的画作《庐山云》卸下，寄往巴黎，代吕凤子报名参加。《庐山云》在巴黎世界博览会美展展出，10 个国家的大画家做评委，一致投票评定山水画《庐山云》为中国画一等奖。

在吕凤子先生的中国画作中，最能代表他艺术成就的、创作时间持续最长、作品数量最多、影响最为广泛的，无疑是他的人物画。而他的人物画又可以概分为仕女画（早期）、罗汉画（中期）、农民画（晚期），而这三个时期他的代表作品又都能独步画坛、引领风骚。

（二）独树一帜的"凤体"

吕凤子先生的书法，最初受李瑞清影响，致力于碑学，融籀（大篆）、小篆、隶书、行书、草书于一炉，突破创新，独创"凤体"。

吕凤子的"凤体"书穷其变化，妙趣横生，得益于他有两种与众不同的书写方式：

一是章法不拘常态。如写左右偏旁的字，本来是先写左边，再写右边，而吕凤子先写右边，再写左边，笔顺颠倒了，字也就不刻板了。

二是运笔随意峭拔。吕凤子在写字的时候，强调以意运笔，注意力不落在纸上，笔在纸上随手运行，写出来的字虚实疏密，各不相同，充满变化，精神气象高古深邃。

他总结的书法经验是起笔慢，运笔快。所以，他的行草，错杂多姿，如行云流水，字在纸上，意在笔外，字近而意远，引人入胜，如同进入画境。

有人评价说，我国书法自明清以来，变法最奇而又获得成功者当属以画入书的郑板桥，郑板桥"六分半书"之后以画入书的就是吕凤子独创的"凤体"。

（三）独一无二的闭目篆刻

当时，国立艺专没有开设篆刻课，学生郝石林喜欢篆刻，想请吕校长为他治一方常用姓名印。吕凤子喜欢他的憨厚淳朴、勤奋用功，便没有拒绝。只见吕凤子拿起石料，端详了一下，不涂墨起稿，甚至不看一眼，左手握石，右手持刀，好似闭着眼睛刻去。只见石屑飞溅，咳咳有声，顷刻间一方小印就刻好了。他在印石的左侧刻下"凤先生"，这是吕凤子惯用的署名。郝石林接过印章，思绪还沉浸在吕凤子的飞刀走石中，愣了半天才回过神来谢道："谢谢吕校长。"同时恭恭敬敬地鞠了个躬。

（四）匠心独运的"正则绣"

著名书法理论家祝嘉评价吕凤子"书、画、篆刻"可称"三绝"。不仅如此，吕凤子先生还探索和发明了"正则绣"，可称"四绝"。镇江丹阳素有"丝绸之乡"之称，刺绣也极为普遍，当地女子皆能穿针引线、缝纫绣花。吕凤子在女子职业学校中，首先开设了缝纫刺绣班，首次把民间刺绣搬进了课堂。在对中国刺绣技法深入分析和研究后，吕凤子先生与杨守玉先生（吕凤子先生早年的学生，后为正则艺专教授）等人，把西画的绘画理论和素描的方法巧妙地运用到刺绣中去，创造了一种新的绣种——"乱针绣"。在吕凤子亲自实践和大力倡导下，经过杨守玉等人的多年努力，终于形成了一套比较完整的体系，并绣出了许多优秀作品。"乱针绣"后定名为"正则绣"，在海内外引起了广泛而深远的影响。

吕凤子一生躬耕画坛，不求名利。论艺术成就，他在立足中国传统文化的基础上，借鉴西洋画法，对传统中国画充分继承并大胆探索与创造，是中国绘画史上承前启后、推陈出新的一代宗师。吕凤子的艺术思想对如何理解继承与创新，如何处理艺术活动与文化活动、政治生活的关系，如何处理外来文化与本土文化的关系，不仅在当时具有特殊的意义，即使在中华文化全面复兴的当代，仍然具有重要的价值和借鉴意义。

张大千评价吕凤子先生时说："他的才华真高，但是他的生性却很淡泊，简直可以说已经到了不食人间烟火的地步，要是他稍微重视一点名利，他的名气就会大得不得了。"钱松喦曾道："我平生最佩服凤先生，他不但艺术高超，而且人品高洁。"傅抱石曾说："凤先生的绘画意境高超，笔墨功夫很深。学中国画就得取法乎上，凤先生的画就是上品。"黄宾虹也称："观于斯作，不胜钦佩。"徐悲鸿称赞吕凤子的艺术："承历世传统，开当代新风，三百年来第一人。"

吕凤子在中央大学任教时，一个学生问他："凤先生，徐悲鸿老师拜在您的门下，听说张书旗老师以前也是您的入室弟子，您真了不起！"吕凤子连连摆手："说'及门'可以，说'门下'实在不敢当！"这个学生不肯罢休，意欲叫吕凤子再开列几个名字。吕凤子笑道："我们做老师的好比育婴室里的奶妈，要吃奶时找到我们，等长大了，就都离开了。所以，认我做老师可以，不认我这个老师也可以。青出于蓝而胜于蓝，这是常有的事。"从中可以看出，吕凤子不慕名利的谦恭品格。

三、全面的教育观

吕凤子做的第二件事是教书。吕凤子是位伟大的教育家，他历任江苏省立五师（今扬州中学）、省立六中（今镇江中学）、北京女子高等师范（今北师大）、中央大学（今南京大学）、金陵大学（今南京师范大学）、国立艺专（今中央美院、中国美院抗战时的合并校）、江苏师范学院（今苏州大学）等多所学校的教授、系主任、校（院）长，先后创办神州美术社、正则女子职业学校、江苏正则职业学校蜀校、江苏省旅川临时中学璧山分校、正则艺术专科学校等多所学校，培养了高、中级美术人才数千名。他所教过的赵无极、张书旗、吴冠中、李可染、谢孝思、寿崇德及同时在他校内任教的陈之佛、林风眠、潘天寿、李剑晨等人，后来都成为驰名海内外的画家。

1. 倡导女子教育

1912 年，吕先生创办学校，学校创办之始就起名为"丹阳正则女子学校"，1925 年又更名为"正则女子职业学校"。在这所职业学校里，蚕桑科、绘绣科、师范科的学生全部是女生。吕凤子先生为什么要办女校？因为他在读书时就逐渐形成了反封建、反礼教思想。他是丹阳第一个剪辫子的，也是丹阳第一个主张放小脚的，他母亲和妻子的小脚，都是在他的努力之下首先放开的。吕凤子先生清楚，女子只有学了文化，学到谋生技艺，才能独立生活而不依附他人，舍此谈不上妇女解放。

2. 提倡艺术教育

吕凤子曾经说过"我们要在美的境界中，发现道德境界"。早在 1923 年，作为省立六中校长的他就在《教育杂志》发表《中学校的美育实施》，从理论和实操两个层面阐述他对美育的系统思考。舒新城《近代中国教育思想史》认为中国美育最早实施方法的提出，要以蔡元培和吕凤子"两人所论为最详"。

吕凤子先生创办正则女子职业学校时，提议和要求各班学生自行筹办学艺会。学艺会就是把平时学习所得用朗诵、对话、演讲、歌唱、讲故事、演短剧等方式表演出来，供校内其他班级的同学观摩，请教师们评审。这种学艺会因为是学生自己筹办，形式活泼多样，能发挥学生的才能，锻炼学生的组织能力，使学生得到平日课堂里得不到的知识和经验。

3. 重视体育教学

当时的丹阳正则女子职业学校，体育设备较为齐全。大操场上有篮排球场、沙坑、爬竿、双杠等；活动室里有乒乓球桌、溜冰鞋、篮排球、网球、哑铃、铁饼、标枪、铅球和跳高架等；活动场上有滚木、秋千等。所有学生保证每周有两节体育课，早上有早操，课间有课间操，课后有课外活动，秋冬两季课后还有集体跑步。此外，每年还要举行一次全校田径运动会和全校同学环城赛跑。平时还经常举办班级之间和师生之间的球类比赛。

正则女子学校由于重视体育工作，学生们的体育水平进步很快，有3人入选江苏省代表队，参加了1935年的第六届全国运动会。

4. 践行劳动教育

吕凤子先生曾说："人活着就要热爱劳动，劳动不是苦，它会使你获得生的乐趣，成为一个有用的人，不劳动的人，他的身心就会腐朽，就会失去生的价值。"在教育实践上，吕凤子非常注重教育与生产劳动相结合。比如，学校的蚕桑科不仅有专门的教学楼，还有蚕桑实验基地；蚕桑科的学生，边学科学技术知识边参加劳动，注重书本知识与实际应用技术并重，尤其重视培养学生吃苦耐劳的精神。

四、无私的办学史

吕凤子先生一生"三办正则学校"。吕凤子先生为了办"正则"，变卖了所有家产；为了办"正则"，两度迁徙，三次建校；为了办"正则"，他卖字画、卖蚕种、卖绣品，举办筹款画展，积劳成疾，昏厥街头。

1. 变卖家产，初办正则

吕凤子的祖辈经商，父亲在上海开钱庄，家资丰厚。后因父亲去世、管家的二叔赌博，家境日趋困难。1912年前后，吕凤子先生为了创办正则女子学校，他卖掉了所有的田产，几乎到了两手空空的地步。办学后，吕凤子作为一校之长，生活相当节俭，平时总是粗茶淡饭，布衣布鞋，被学生尊称为"布衣校长"。

为筹措办学经费，吕凤子先生长期在多处兼任教授，如他在中央大学任教授，月薪300元，同时兼金陵大学研究员，月薪100元。每月共收入400元，分别给母亲100元、妻子100元以充家用，剩余200元交学校作办学经费。当时一般教师月薪20多元，所以200元可以解决八九位教师的工资。

2. 千里迁徙，二办正则

1937年，日本侵略者发动"七七事变"，一路南下抵达长江北岸，败退到丹阳的国民政府军前线指挥部进驻正则学校，并勒令学校解散。国难当头，吕凤子带领全校师生上完最后一节课，忍痛宣布学校停办，第二天率领部分教师和家属向后方撤退，迁址办学。

当时，战争形势十分危急，交通工具均被军政部门控制。因此，吕凤子和随行教师、家属只能徒步西行。白天蹒跚而行，夜晚席地而息，路边的草垛、牛舍、荒庙都成了晚上睡觉的场所。据吕凤子先生的孩子回忆说，每当遇到敌机轰炸时，吕凤子先生总是把小孩护在自己的身下。

后来经多方寻觅，雇到3条粪船，走水路，逆流而上，船上每天吃两顿稀粥，即便如此，年过半百的吕凤子仍不时上岸，与年轻人一起拉纤。这些情景给吕凤子先生留下了深刻印象，入蜀后迅速画成了《纤夫》《流亡图》《敌机又来也》等数幅作品。1938年，《逃亡图》《敌机又来也》被选送到苏联参与展出，引起国际反法西斯同盟的共鸣，吕凤子被苏联推崇为"人民艺术家"，他是唯一获此殊荣的中国人。

到达四川璧山县（今属重庆）之后，吕凤子便四处筹集办学经费，筹办新校。起初将校址选定在璧山县废弃的"天上宫"。当时吕凤子居住在县城东郊陈家院子，以便就近筹措新校事宜。有天夜里，有伙歹徒20余人抢劫房主，波及在此居住的吕凤子，歹徒不仅抢劫财物，还强行绑架未及穿鞋的吕凤子出门。房主鸣枪报警，城内驻军前来营救，歹徒害怕被包围难以逃脱，才把吕凤子丢弃在后山，逃之夭夭。吕凤子因而逃过了一劫。经过吕凤子的辛苦奔波及各界的帮助，1938年，私立江苏省正则职业学校蜀校，简称"正则蜀校"，在四川璧山建成。

创办第一年，学校只能供给教师饭费，而不支付薪酬；再后来，薪酬也只是公立学校的一半。吕凤子目睹学校教师如此清苦，心急如焚，经年累月地为改善办学条件而操劳。有一次，他到成都举办画展，希望能通过卖画赚取办学经费，结果竟因积劳成疾，昏倒在街头，被送到歌乐山医院。

1940年春季，张大千到璧山看望他，谈到办学，张大千知道吕凤子缺乏资金，就劝吕凤子不要自找苦吃，还是卖画谋生，可糊口养家。吕凤子却说："矢志办学，吾意决矣！"张大千见他态度坚决，改口说道："小弟限于财力，爱莫能助，无钱可以出力啊！这样吧，我助你到成都举办个人画展。"然后，陪同吕凤子去成都。吕凤子一鸣惊人，筹款五六千元，一分钱未留，全部做了办学经费。吕凤子在学校开设了"吕凤子奖学金"，帮助品学兼优的学生坚持读书，立志成才。而他自己的儿子谈女朋友，却因为家穷而分手了。吕凤子本来应该很富有，但为了教育事业，却变得很穷，这不能不叫人起敬。

3. 三办正则，移交政府

1946年6月，他把苦心营建的223间校舍连同设备和仪器等，全部无偿地赠送给当地璧山政府留作办学用。同年8月，他率正则师生返回江苏丹阳，作画募捐，亲自设计，在一片废墟上第三次创建了正则学校。1956年，吕凤子又把正则艺专移交给人民政府，学校中很多财产都是吕凤子私人购置的，本可以留给自己，但吕凤子也全部上交。他的女儿想留下一架钢琴给自己。吕凤子说："不，一切都归公。放在学校里，可以让更多的学生用啊。"

五、高端的朋友圈

我们前面介绍了吕凤子先生画画、教书、办学校三件大事。最后，介绍一下吕凤子先生的"朋友圈"。

作为中国近代史上的伟大教育家、艺术家，吕凤子先生将自己的情感、思想与民族的命运紧密联系在一起，以其卓越的艺术成就、博大精深的美学思想，毁家纾国、矢志办学的人性光辉，为中国近代教育和近代艺术的发展做出了杰出的贡献。

吕凤子辉煌的艺术成就和充满博爱的内心世界，不仅得到了同事和学生的尊崇，而且得到了与他同时代的几乎所有不同意识形态、不同政治观点的时代人物所共同推崇。

1. 孙中山

孙中山先生赴南京就任中华民国临时大总统的前夕，他没有忘记吕守成曾在危急中给他捐款和帮助。当他查询得知吕守成已病逝，便命人电召其长子吕凤子来沪面谈，准备委以官职。1911 年 12 月 26 日，吕凤子接到上海发来的急电，只是要他速去上海，但不知道什么事。吕凤子先生到上海后，因孙中山先生忙于国事，让工作人员讲清原委，并请吕凤子先生稍等几日。吕凤子先生当即向孙中山先生身边工作人员表示："先父所为，是尽到一个中国人的义务，不想谋图报答，更不想封官荫子。至于我，不想做官，只想办教育。中山先生国事浩繁，万勿为我分心！"就这样吕凤子先生告辞返乡了。后来，孙中山先生这样评价："吕先生笃志办学，精神可嘉。救国之道，也离不开教育，这乃是长远之计。"

2. 毛泽东

毛泽东同志 1913 年在湖南第四师范读预科时，吕凤子先生即在该校任教。1940 年前后，吕凤子为毛泽东作画，并组织正则学校师生创作书法、绘画等艺术作品数十幅，请朋友专程送到延安。

1944 年，毛泽东同志评价："吕凤子先生矢志办学，精神可嘉。他把眼光已投向了抗战胜利之后。是的，整个民族的文化素质提高，需要教育。"后来，毛主席还专门委托王若飞的舅舅黄齐生带去延安的毛毯给吕凤子，以示感谢。

3. 陈独秀

新文化运动的发起者、中国共产党早期创始人陈独秀这样评说："国难当头，凤先生能继续坚持教育阵地，传播文化，让愚昧的同胞看到光明，实属难得！"

4. 蔡元培

蔡元培曾数次来镇江、丹阳看望吕凤子，并为吕凤子所画母亲遗像题款，高度赞扬吕母。

5. 陈立夫

国民党元老、抗战时期的教育部长陈立夫在晚年回忆："吕凤子与余在抗战期间，同在重庆市青木关服务于教育界。他不独是爱国画家及美术教育家，他在美术方面，有独特的风格，在刺绣方面，发明了乱针绣，他是有创造能力的美术家。"

6. 罗斯福

1941 年，为感谢美国总统罗斯福援华，国民政府邀吕凤子为罗斯福画像，他创作的《罗斯福像》以国民政府名义祝贺罗斯福连任美国第三届总统。罗斯福总统来函致谢，并捐赠 2000 美金，支持吕凤子办学。罗斯福总统回信说："尊敬的吕凤子先生 '我对您精湛的艺术和神奇的中国绘画由衷敬佩……我对您十分关注的一点是，您在极其困难的时期从事着一项极为伟大的教育使命'。"

中共中央政治局原常委、国务院原副总理李岚清同志，为吕凤子画了一幅素描肖像并题诗，称赞他"毕生教书不为钱"。

吕凤子身上，浓缩了中国知识分子的许多优秀品质，堪称一代楷模。吕凤子既是中华民族的骄傲，更是镇江人民的骄傲！

吕凤子与蔡元培交往研究

蒋纯利

吕凤子与蔡元培交往时间跨度较长，从吕凤子任职于国立北京女子高等师范学校始，至吕凤子离开国立中央大学止，大约20年。蔡元培在吕凤子办学、教书、艺术创作等方面给予诸多关爱与帮助，对吕凤子一生发展具有重要影响。

蔡元培是中国现代大学理念的缔造者，是中国近现代教育史上美育的倡导者和重要理论的建树者，毛泽东称其为"学界泰斗、人世楷模"[1]526。吕凤子与蔡元培交往时间跨度较长，从吕凤子任职于国立北京女子高等师范学校（以下简称"北京女高师"）始，至其离开国立中央大学止，大约20年。吕凤子一生在办学、教书、育人、艺术创作和理论研究等方面深受蔡元培影响，得到蔡元培诸多帮助，特别是在"美育兼爱育"教育思想的形成和实践方面。

一、在北京女高师时与蔡元培的交往

1918年秋，吕凤子离开位于扬州的江苏省立第五师范学校，就任北京女高师图画手工科主任、教授。吕凤子离开北京女高师的时间是在1921年夏天[2]。3年时间里，吕凤子经历了新文化运动，受过"五四"运动洗礼，如饥似渴地学习新知识、结交新朋友。此时，对其工作学习产生较大影响的是"与蔡元培交往，深受蔡的器重"[3]241。

蔡元培当时就任北京大学校长，积极倡导"循思想自由原则，兼容并包"[4]1413的教育思想，改革旧式教育体制。他不仅聘请各类学术精英来校任教，组建多个研究学会，开展丰富多彩的学术活动，还带头开设各类新式课程，传播西方学术思潮，以此来推行他的科学、民主思想。

对吕凤子而言，与蔡元培交往是他一生中最为重要的经历。关于吕凤子与蔡元培直接交往的史料档案目前尚未被发现。但考察两人的相关经历及部分研究史料，笔者认为至少有两方面线索可以证实这段经历。

（1）吕凤子任教北京女高师的 3 年时间里，蔡元培曾先后 3 次来北京女高师演讲。分别为 1919 年 11 月 17 日作题为《国文之将来》的演讲[5]253、11 月 30 日出席李超追悼会作演讲[5]255、12 月 8 日作题为《义务与权利》的演讲[5]259。吕凤子作为图画手工科负责人，认真聆听了蔡元培的演讲。蔡元培的演讲对当时渴望接受新知识的吕凤子影响较大。

（2）吕凤子参与蔡元培组织的北京大学（以下简称北大）画法研究会活动。朱亮在《吕凤子传》中曾谈及："蔡元培也十分器重吕凤子。北京大学没有美术系，但有一个画法研究会，蔡元培就聘请吕凤子到北大画法研究会讲课。"[6]32 赵启斌在《折冲东西：吕凤子艺术研究》一书中写道："1918 年，戊午，民国七年，33 岁。2 月 22 日，北京大学画法研究会成立，（吕凤子）受聘为北大画法研究会导师。"[7]268

尽管目前尚缺乏相关历史档案印证，但吕凤子参与北大画法研究会活动可能性较大。首先，吕凤子作为专业人士有机会参与相关活动。陈师曾是吕凤子在北京女高师的同事，当时为北大画法研究会导师，蔡元培委托其审定北大画法研究会章程，同时让他负责指导中国传统画法研究。吕凤子与陈师曾关系密切，且吕凤子崇尚进步观念、追求新知识，很可能参与北大画法研究会的活动。其次，吕凤子可以校外会员身份，参加北大画法研究会的相关活动。莫艾的《蔡元培与北大画法研究会》一文载："画法研究会也由此肩负起向社会普及美术教育的责任。成立仅一个多月后，便开始招收校外会员，1920 年 4 月还曾为社会美术爱好者和'路远及有职业者'设夜班与函授部。校外会员的基本要求为：受过中等教育，有些许美术基础，甚而'无论会否'都可。"[8]

蔡元培先进的思想观念、深厚的中外学术修养等对吕凤子产生深远影响。在京期间，吕凤子大量阅读西方经典著作，"不但学涉西画，而且对达尔文的'天演说'、康德的哲学、斯宾塞的'自然教训说'与'进化论美学'、邦加尔典的'始创美学'以及英国伦理学派与心理派美学、亚里士多德的学说均有较为深入的研究"[9]6。1919 年 7 月，吕凤子在上海美专的《美术》期刊发表《图画教法》一文，展示了他对西方哲学和艺术理论的深刻理解与熟练应用。

蔡元培注重培养学生独立思考能力，主张在大学教育中启发和引导学生发挥自主性、积极性和创造性，为此他在北大成立了各种自治会、研究会，创办刊物、组织展览等。这些科学、进步、新颖的教育实践方法，使北京女高师受到较大影响，各类社团活动也十分活跃，吕凤子积极参与其中，支持学生的"五四"爱国运动，参与学生社团自治及学术办刊等。在吕凤子以后的办学和教书生涯中，不管在私立正则学校、上海美专教学期间，还是在江苏省立第六中学（以下简称"省立六中"）和国立中央大学任职期间，或是在国立艺专、私立正则艺专办学中，他都将蔡元培的教育理念、实践方法贯彻于教育管理和教学过程。在北京这段时间里，蔡元培对吕凤子的影响为其今后事业发展奠定了扎实基础。

二、任职省立六中校长时接受蔡元培视察

1927 年国民政府定都南京，学贯中西的蔡元培担任大学院①院长一职。为进一步办好中国教育，蔡元培在全国范围内进行了考察调研，1927 年 6 月 6 日，来到位于镇江的省立六中。蔡元培在日记中记载："（六月）六日吕濬，镇江六中校长。在镇江。"[10]288蔡元培 5 日在上海与冯友兰见面，6 日专程从上海到镇江进行调研，7 日赶到南京参加劳动大学筹备会。蔡元培在省立六中考察的目的和内容，未有相关文字记录留存。笔者认为，吕凤子在省立六中成功实施的中学美育方案吸引了蔡元培的注意。

吕凤子十分认同蔡元培的美育思想。吕凤子在《本校教育主张》一文中明确表示："民国元年蔡子民先生任教育部长，公布中华民国教育宗旨，末后一句说：'以美育完成道德教育'。……我们却极赞同蔡先生主张，且更进一步说德育寔该于美育中，舍美育而言德育，直是徒费心也。"[11]318吕凤子循着蔡元培的美育思想路径，在理论上进行深入研究，写出了《图画教法》等美育名篇；在实践上，吕凤子身体力行，积极推行美育思想，在他任教的学校，都可以看到其努力实施美育的身影。1922 年 9 月，吕凤子任职省立六中校长后[12]，在学校全面实施中学校美育计划。经过深思熟虑，吕凤子在融合中国传统和西方经典美育思想的基础上，结合学校实际情况，撰写了《中学校的美育实施》。此文发表于 1923 年《教育杂志》第 15 卷，引起教育界的广泛关注。现代著名教育家舒新城评价："这种计划虽说只限于中学，但学校美育实施的方法与原则都详备无遗。十余年来言学校全般之美育设施方法者，实以他此文为独到。"[13]123随后教育杂志社将吕凤子的《中学校的美育实施》与蔡元培的《美育实施的方法》合编成《教育丛著第二十二种》一书，于 1925 年 6 月出版。《中学校的美育实施》不仅有较深入的美育理论研究，还有操作性较强的美育措施研究。吕凤子在学校各个教育教学环节进行了改革实践。如强调在教学、训育、设备配置、建筑装饰设计、体操活动、课外研究等方面都构建美育文化氛围；从全方位人才

---

① 中华民国大学院成立于 1927 年 6 月，相当于之前北洋政府的教育部、国民政府的教育行政委员会。大学院首任院长是蔡元培。此政府机构系蔡元培模仿法国大学院而创办，让大学校长兼理地方教育行政、学人兼教育行政工作。1928 年 10 月 24 日，大学院被裁撤，教育部与旧有教育制度恢复。

培养角度设置艺术科，引进艺术师资，组建各类学生艺术团体，举办艺术展览和文艺会演等。通过这些改革措施，在学校中"使一切生活都成艺术化"[11]112，使学生获得"一般人教养的提高，……成为广义上的艺术家"[11]112，达到"艺术的创造启发生活的创造"[11]112的美育目标。

经过5年的努力，省立六中的美育成功得以实施，不仅使学校面貌发生较大改变，而且在社会上产生积极的影响。吕凤子对蔡元培美育思想的成功实践，使蔡元培看到推进美育事业的希望。蔡元培在就任大学院院长时专程视察此美育典型基地，体现了对吕凤子中学美育实践的充分肯定。

三、在中央大学任教时蔡元培所给予的支持

1927年6月17日，蔡元培就任中华民国大学院院长后十分重视艺术教育。他在《全国教育会议开会词》上强调："当大学院成起之初，鄙人对于教育方针，曾经提出3点，认为今后亟须努力进行者：（1）提倡科学教育，一方面从事科学上高深之研究，一方面推广民众的科学训练，俾科学方法得为国内一般社会所运用；（2）养成全国人民劳动的习惯，使劳心者亦出其力以分工农之劳，而劳力者亦可减少工作时间，而得研求学识机会，人人皆须致力于生产事业，人人皆得领略优美的文化；（3）提起全国人民对于艺术的兴趣，以养成高尚、纯洁、舍己为群之思想。简言之，使教育科学化、劳动化、艺术化。"[4]641为推行他的教育主张，蔡元培积极组建高等艺术院校，开设专业，培养人才；同时，加强学术研究，在理论上引领艺术教育的发展。

蔡元培在"国立中央大学教育学院设'艺术教育专修科'，下设西画、国画、工艺、音乐四组。经蔡元培推荐，李毅士任国立中央大学教育学院艺术科西画主任教授；吕凤子任图画组主任教授，受聘为画学研究员；工艺组主任为吴溉亭"[15]。蔡元培于1928年聘请43岁的吕凤子为大学院画学研究员，以期通过加强艺术教育、艺术理论的学术研究工作，更好地实施其"学术、教育并重"[4]673的理想目标。吕凤子是唯一受聘于大学院"画学研究员"的画家、美术教师，这充分说明蔡元培对其专业能力的肯定。吕凤子在这段时间里，美术创作成果丰硕，学术研究成绩斐然。美术创作成果方面，绘画作品《三百年前之诗人》《庐山云》等代表作品相继问世，《凤先生人物画册》（黄宾虹题词）和《凤先生仕女册》出版发行；学术研究方面，吕凤子承担了《画微》课题研究，相继发表《中国画与佛教之关系——但就六朝唐说》《中国画特有的技术》《中国画义释》等论文。从《中国画义释》中，我们可以看到，吕凤子对中国传统绘画艺术进行了深入思考，他分别从儒、释、道的艺术观上分析中国画的类别，形成了自然主

义宗、教化主义宗、无相主义宗的"三宗"史论观，体现了其对传统绘画史论的独到认识。

在蔡元培的勉励下，吕凤子积极承担了蔡元培主张"而必于欧化之中为更进之发明""而必以科学方法，揭国粹之真相"[14]的研究任务，并努力在绘画理论与实践方面有所建树。在蔡元培的信任、肯定、关爱下，吕凤子的研究空间得到进一步拓展。

四、蔡元培两次为私立正则学校筹款

吕凤子创办了私立正则学校，但办学经费一直十分紧张，为此，他常想尽办法多方筹措办学经费。吕凤子曾三办私立正则学校，每次都变卖家产，倾其所有。吕凤子办学经费的构成主要包括：他在大学任教的部分薪水、出售个人字画所得、地方乡绅富豪的捐赠、银行的贷款、政府补贴等。受社会不稳定因素影响，政府补贴相关要求变化很大。在这方面，蔡元培给予了很大帮助。从目前掌握的资料来看，蔡元培曾两次为私立正则学校筹款。

第一次是在 1930 年。7 月 5 日，蔡元培致信江苏省教育厅厅长陈和铣："丹阳私立正则女子职业中学，办理多年，颇著成绩。前省政府曾二次给予奖金，并指拨本县盐附税一厘为常年补助费，本县教育局亦年给补助费千余金。惟因积极整顿，年支近三万金，筹措为难。兹闻苏省府注意职业教育，如宜兴中学将改职业，已由贵厅特予补助；正则校原属职业学校，且系私立，当亦蒙补助之列。闻该校已经呈请贵厅予以五千元之常年补助，还请俯予批准。"[15]1138

第二次是在 1931 年。4 月 9 日，蔡元培致信吴稚晖（时任中央监察委员），"丹阳正则女校向教育厅请求补助一案，闻教育厅已决提交教育经费委员会讨论。该女校经费竭蹶，渴待维持。兹接吕凤子君来函，嘱转托先生为援手，特代函达，还希于开会讨论时，量予玉成，不胜感幸"[15]1259。

1928 年 10 月以后，蔡元培不再担任大学院院长。蔡元培一生多次兴办学校，他不仅是女子教育的积极倡导者，而且是近代中国职业教育的重要开拓者。他深知办学的艰辛，尤其是筹措教育经费的困难。在吕凤子办学过程中，蔡元培借助自己的影响力帮助吕凤子四处呼吁。他的行为体现了与吕凤子长期的深厚友情，同时也表现出对吕凤子所从事的女子教育和职业教育事业的认可。吕凤子在办学过程中注重人才培养的"美育"内容，这在蔡元培看来十分难能可贵。蔡元培曾在一封信中称"俾该校得以支持，实女子职教前途之幸""量予玉成，不胜感幸"，对吕凤子的教育事业充满殷殷关爱之情。这些无疑增强了吕凤子办好女子教育、办好职业教育的动

力和信心。

五、蔡元培亲自为吕凤子《追摹母像》题款

1936年5月30日，70岁高龄的蔡元培（时任中央研究院院长）与佛学大师欧阳渐为吕凤子作品《追摹母像》题款。欧阳渐的题款为"吕母李夫人遗像，欧阳渐敬题"。蔡元培精心创制了四言古体诗句题跋："病夫之国，众疾方滋。惟有哲人，百乐兼施；教泽覃敷，释典深究。医宗革新，家风恪守；分工并进，子孝孙慈。睦渊任恤，众人熙熙；暂息尘劳，常留范式。善继善述，庶以救国。中华民国廿五年五月卅日，蔡元培敬题。"[11]201 64个字的赞词，将吕母的功绩从哲人的高度、从救国的角度给予高度评价；对吕母子女从事教书育人、佛教研究、医疗治病等职业的情况，蔡元培逐一论及，这从侧面反映蔡元培与吕凤子交往密切，熟谙其家庭情况。

当时吕凤子51岁，离开中央大学近1年时间，蔡元培也已辞去大学院院长一职，但蔡元培一直关心吕凤子的个人发展。从题词的字里行间，我们能真切感受到蔡元培对吕母的敬意、对吕凤子兄弟姐妹从事社会事业的褒奖与鼓励。吕凤子深感自己责任在肩，也深深体会蔡元培"善继善述，庶以救国"[11]201的殷切期盼。在之后的时间内，吕凤子在办学上历经千辛万苦仍矢志不渝，两次重办正则学校，于危难关头承接国立艺专校长重任，并长期践行蔡元培美育教育思想。

关于吕凤子与蔡元培的交往，因史料有限，笔者仅就以上5个时间段内吕凤子与蔡元培的经历做相关考证。从1919年到1936年，吕凤子从33岁到51岁，吕凤子至少5次有幸得到蔡元培的亲授、教导、提携。他们在亦师亦友的交往中，建立了深厚的友情，这对吕凤子个人发展产生重要的影响，给吕凤子在办学、教书、艺术创作等方面带来了巨大的动力。作为中国现代史上做出显著贡献的教育家、美术家，吕凤子的成功固然有其自身的努力，但蔡元培的影响和关心帮助，也是不可忽略的重要因素。

参考文献：

[1] 高平叔 . 蔡元培年谱长编（下册）［M］. 北京：人民教育出版社，1996.

[2] 蒋纯利 . 吕凤子在北京女高师任职时间考［J］. 镇江高专学报，2012（4）：1-3.

[3] 朱学文，郑继棠 . 吕凤子年表［M］//镇江市政协文史资料研究委员会 . 吕凤子纪念文集 . 南京：江苏人民出版社，1993.

[4] 蔡元培 . 蔡元培选集［M］. 杭州：浙江教育出版社，1993.

［5］高平叔．蔡元培年谱长编（中册）［M］．北京：人民教育出版社，1996.

［6］朱亮．吕凤子传［M］．南京：南京出版社，1992.

［7］赵启斌．折冲东西：吕凤子艺术研究［M］．合肥：安徽美术出版社，2011.

［8］莫艾．蔡元培与北大画法研究会［J］．文艺研究，2008（1）：131-138.

［9］周永健．会当澡雪来，于焉证冲寂［M］//吕去病．吕凤子文集．天津：天津人民美术出版社，2005.

［10］蔡元培．日记（1913—1936）［M］//蔡元培．蔡元培全集（第16卷）．杭州：浙江教育出版社，1998.

［11］徐铭．吕凤子文集校释［M］．镇江：江苏大学出版社，2018.

［12］蒋纯利．吕凤子任职省立六中校长事迹考［J］．镇江高专学报，2020（3）：5-8.

［13］舒新城．近代中国教育思想史［M］．福州：福建教育出版社，2007.

［14］尹文．两江师范图画手工科与国立中央大学师范学院艺术学系年表［J］．艺术学界，2010（2）：76-112.

［15］高平叔．蔡元培书信集（下）［M］．杭州：浙江教育出版社，2000.

（原刊于《镇江高专学报》2021 年第 3 期）

吕凤子教育思想

试析吕凤子和谐教育思想的基本内涵

徐 铭

吕凤子和谐教育思想主要包括：公平公正的教育、爱与美的教育、全面发展的教育、尊重个性发展的教育、诗意栖居的教育环境。围绕着这一思想，吕凤子进行了不懈的探索和实践。

吕凤子，我国著名的教育家、美术家。在 20 世纪上半叶，他活跃于中国艺术教育和创作的殿堂之上，终生做了三件事：画画、教书、办学校，件件都有成就和价值。40 年的办学实践、50 年的教书生涯和 60 年的艺术创作，成就了他美育先驱、画坛范模、一代宗师的崇高地位，也形成了他以全面综合成就著称的艺术思想、教育思想、艺术创作三个方面的独特体系，而贯穿于这三大体系中的核心便是一个 "和" 字，即他的和谐观。本文试就其和谐教育思想的基本内涵做一分析。

一、吕凤子和谐教育观点的主要表述

吕凤子先生是何时提出 "和谐教育" 观点的？目前凤先生著作由于挖掘整理不够，面世甚少，但仅从笔者手头掌握的资料来看，他早在 1915 年在扬州中学所作《美育与美的制作》演讲中就明确提出："生的自然状态便是生的意志遵循生的法则的表现。所以我们说美在异，美在一切生的谐和变幻。"他希望 "要在谐和的状态中""提倡美育"，"要构成社会的任何个人都能各尽其变各竭其能"[1]1-2。在 1943 年《论美育》这篇为纪念正则学校立校 31 周年的文章中，吕凤子则从更多的层面阐述了 "和谐教育" 的观点。比如对教育目标的阐释，他认为教育最终要 "使社会生活趋向合焉"。合者，和谐也。再比如，他强调，教育要 "尽性""尽情"，生适动变，"相应斯和"。还比如，在阐述如何 "成己" 问题时，强调学校每一个活动都要 "为群谋"，要 "谋安宁""谋幸福""谋快乐"，应当说，以这 "三谋" 来表述我们今日之和谐校园建设的内涵，仍然有意义。对于怎样指导儿童学习，他则明确要求："我们负最大的责任是指导儿童学习，做合理的儿童。"

"合理"二字，明确指向了学生的和谐发展和全面发展观念，唯全面发展，才能称之为"合理"，唯"合理"了，方能成就"和谐"[1]68-73。1943年3月他在国立社会教育学院所作《艺术制作》演讲中，也多有述及和谐教育问题，及至1945年《纪念立校三十三周年》篇中，吕凤子则更是鲜明地、直截了当地大声疾呼："任何人合理的活动都是在求改善和的方法，建立和的秩序。""异无既极，变及自由，而依于和，而基于和，而俱生俱成于和。美哉，美哉，这理想境界便是我们希求实现的美的境界。"[1]82-89所以我们认为"和"是吕凤子美世界的真谛，是吕凤子人生和社会目标的追求。

二、吕凤子和谐教育思想的主要元素

诚如许多吕凤子研究专家所言，如果我们寻绎吕凤子的教育思想，就不难发现他的教育理念和目标是与他的人生理想、艺术理想完全一致的，而且他也是用一生实践去致力躬行的。同样，他的和谐教育思想也绝非只是停留在演讲、作文的片言只语之中，而是全面地体现在他的一贯办学育人主张中，体现在他终生从事的教育教学和艺术创作实践中，体现在他孜孜不倦的人生追求中。就笔者对吕凤子先生著作的研究和对其生平的了解，觉得他的和谐教育思想涉及之广、印证之众，很难以一言或数语蔽之。在这里只是就自己学习体会，从其主要元素上做一些罗列。

（一）公平公正的教育

教育公平是社会公平在教育领域的延伸和体现，是和谐社会的重要价值取向，也是和谐教育的基本内涵。只有坚持教育公平，让每个受教育者都享有同等的受教育机会，才能使社会成员的潜能、积极性和创造性得到最大限度的发挥。吕凤子对教育公平是和谐社会关于公正、公平建设的起点和基础，是促进社会和谐的重要保障的认识是十分清晰的。所以他强调教育最终要"使社会生活趋向合焉"。尽管由于吕凤子所处的社会及其自身条件的限制，他无法追求公平公正的绝对化，但是，他以自己的无私奉献做了不懈努力。他"毁家兴学、三办正则"的义举，早已为人们所津津乐道：他主张平民教育、致力推进女子教育，他有感于母亲40岁始读书，早在1912年，便自费在家乡丹阳创办正则女子学校，并自此后四十载几度办学均以"正则"为名。正则，就是公平而有法则。吕凤子将"公平而有法则"作为孜孜以求的人生目标，并将其体现在和谐教育思想中，体现在办学追求上[2]。他一生致力于呼吁和推进教育的公平公正，恪尽己责，托钵化缘，以"苦行僧"精神将自己的身心、事业、理想追求始终付之于他的正则学校[3]。

（二）爱与美的教育

吕凤子先生自24岁始，先后执教于两江师范学堂附中、宁属师范、常州江苏省立第五中学、江苏省武进女子师范学校、湖南省立长沙第四师范、扬州江苏省第五师范、北京女子高等师范、上海美术专科学校、镇江江苏省立第六中学、中山大学、中央大学、金陵大学、国立艺术专科学校、国立社会教育学院、无锡苏南文教学院、苏州江苏师范学院等十多所院校[3]，同时担任了不少教育行政职务和与美术有关的社会、学术职务，历经五十个春秋。在五十年的教书育人过程中，他始终坚持以爱立教，以美育人。早在1918年，吕凤子出任国立北京女子高等师范教授兼国画科主任时，就与当时的北京大学校长、现代教育改革的领军人物蔡元培先生引为知己，并相互探讨过教育与美育的问题，蔡元培主张以美育代宗教，吕凤子则主张以爱育和美育代宗教。之后，在吕凤子的演讲和著作中，都反复强调了爱与美的教育。他强调"爱无涯""美无极"，认定有了"爱"和"美"，才有"善"和"真"。他毕生尽瘁于爱与美的教育，从无倦意。他曾经说过："生无已，爱无穷也。异无已，美无极也。成无已，仁无尽也。"他坚持以无尽的爱，作为"创造活动最后推动力"，来构筑美的世界，实现整个学校和受教育者的人生都处在"谐和的状态"中[1]74-81。他不仅言教文述爱与美，而且身体力行爱与美。他视教师为兄弟，待学生如子女。在他创办的正则学校中，率先实行对愿意为学校终身服务教师的养老，这是当时的政府都没能做到的。抗战期间，吕凤子出任国立艺专校长时，自己出钱设立了"吕凤子奖学金"，资助逃难的贫困学生。由私人掏腰包资助公学，这在当时也是少有的。他对教师、学生的爱，饱含着对他们的亲近感、理解感、期望感和无私奉献的自觉性；他的这种爱，不是基于人们之间的血缘关系，也不是出于任何形式的个人需求，而是体现着社会发展寄予教师"茁其芽"的重托、对消除"人间怨毒"的期冀，是对"求改善和的方法，建立和的秩序"的"美的境界"的追求[2]。

（三）全面发展的教育

促进人的全面发展，是和谐教育的核心内容。吕凤子的全面发展人才观，体现在他的"完人"（也称作"成人"）思想中，他强调要通过美育的实施，让学生在心灵、身体和道德等方面全面发展。吕凤子早在1915年就提出"要构成社会的任何个人都能各尽其变各竭其能"，这明显地反映了他作为一个旧知识分子，在经过新文化运动的洗礼后向新知识分子转化过程中对"人"的本身发展意义的觉醒。而在《论美育》中，他则更清晰地提出要"指导儿童学习做合理的儿童"。作为教育者，"应该时刻注意他们身体的发育而袪其障碍，时刻注意他们情意的偏向而指导辅导助其发展，并教以怎样学、怎样思的方法"。特别还强调要"时刻注意他们整个心的活动"[1]68-73。如果说 1915 年他对于"人"的发展的理想更多只是一种萌芽的话，那么到 1943 年，当他办"正则"学校已经 31 年的时候，应该说，他对教育如何促进人的全面发展的认识，已经形成了比较完整的思路。使受教育者自身"合理"——在德、智、体、美、情诸方面自然、和谐发展，是教育的人文使命。而吕凤子在这里正是通过把握住"人类自身和谐发展"这一和谐发展的关键，恰如其分地体现了和谐教育思想的基本内涵。要成为一个全面发展的"完人"，这既是吕凤子自己的人生目标，也是他对学生的殷切期望和要求。他要求学生"培育道德"，追求完美，"求得真我"，他认为"人生制作即艺术制作"，"艺术制作止于美，人生制作止于善"[1]74-81，要把尽善尽美当作人生制作的目标去努力。要求通过成人爱己，来养成自身完美的人格，优化全面素质，从而真正实现人与自身的和谐。

（四）尊重个性发展的教育

吕凤子和谐教育思想的一个明显的特点，就是在充分强调人的全面发展的同时，绝对地丝毫不忽视尊重人的个性发展。和谐教育追求的价值观，是人的自身发展需要与社会发展需要的统一。吕凤子作为教育人才，主张"尊异成异"，人有不同的个性与才华，这便是"异"。他认为，"一切社会事业皆谋个别人生在和谐状态中各尽其生，各成其异"[1]82-89。他十分重视这种"异"，按照每个人个性与才华，促进其有所成就，便是"成异"。因此，1940 年他担任国立艺专校长时，就力主中、西画分列，以利于学生各尽其长，各行其能。当时，国立艺专师生思想活跃，学术空气浓厚，作品风格多样，培养造就了一大批优秀画家，这与吕凤子的办学方针是分不开的。尽管目前所能见到的他的演讲稿为数不多，但我们却能多次见到他反复强调"尊异成异""集众殊为我殊"，即既要尊重每个人的个性，同时又要成就每个人的个性；"和而不同""不同而和"，使两者和谐共生。他要求学生"确实做到尊己尊异，尊一切己尊一切异"，鼓励学生发挥个体的创造才能（穷异），并在遵循宇宙普遍法则（自然，生力之在）的基础上，各造其极（穷异）。他要求学生在艺术创作中，要不羁于现实而超越于现实的更高人文理想的确立，从而努力揭示了艺术终极关怀的应在境界，以及达到和实现这一境界应有的心性修为和智慧开发。他说："怎样才能顺利地达到教育的目的？"就是要受教者知道：我有自己，人亦有自己，我尊重我的自己，人亦尊重人的自己。如我只知尊重我的自己，不知尊重人的自己，人亦如是，那么人我相处必至不能相安，必至相仇视而底于乱。换句话说，社会秩序就不能建立，人们相处不能相安，教育的目的就没有达到。"[1]68-73 由此，我们不难看出，这里所强调的和谐教育，正是通过教育活动促进受教育者在基本素质获得和谐发展的基础上，同时个性也能够获得充分发展。以尊重和促进人的个性发展，来培养学生自我发展能力，特别是注重对学生自主性、主动性和创造性的培养，使学生积极参与发展过程，在德、智、体、美、劳和知、情、意、行等方面都得到有序、协同、全面、主动、充分的发展，这才是教育的根本任务。应当说，在这方面吕凤子比其同时代的美学家、艺术家和教育家有着更高的美学思索，我们今天应当充分体认其价值。

（五）诗意栖居的教育环境

和谐的教育环境是和谐教育得以实施的基本保障，也是学校培育具有和谐人格和和谐理念的人才的必要条件。凤先生心目中有着一个十分美好的理想校园环境。这在 1912 年他亲自为正则学校作词作曲的《正则校歌》中可以得到充分体现："唯生无尽兮爱无涯，璀璨如花兮都如霞，畴发其蒙兮茁其芽，鼓舞欢欣生趣充塞，正则正如秋月华，美呀！"[4]22 校歌描绘的是他一直孜孜以求的一个和谐校园之梦。直至 1945 年，他在"纪念正则立校三十三周年活动"演讲时，再次举出《正则校歌》来描绘自己理想中的和谐校园，并十分自豪而又明确地说："谁要知道我们在这儿①做什么，我们唱了三十三年的校歌可以给他简单明了的答复。"[1]82-89 这里，吕凤子所追求的理想育人环境，绝对是诗意盎然的，因而也是自然美好和谐的。生存的境界决定人的行为，而人的行为与生态有着直接的决定关系。诗意栖居的和谐校园环境，无疑是每个教育者和受教育者都应该追求的一个美好境界。创造和建设一个诗意栖居的和谐校园，标示着一种精神向度和人的存在的独特性和创造性，它的意义不仅在现实层面使生态环境得到保护、使在校园生活的人舒适惬意，而且它也是人的存在的形上境界和超越性的表征，即人不仅是生物性的存在，同时更是一种精神性的和文化性的存在；也是进一步拓展了教育的本质意义，使受教育者自身自然与身外自然和谐发展，是教育的社会使命和自然使命。让人在与自然相融的环境里认识自然，使受教育者习自然之智、学自然之德、感自然之恩，增长与自然和谐守望的能力，逐渐养成和谐意识、和谐人格，不正是充分彰显了人的价值和意义吗？

笔者认为，这样的诗意栖居的教育（校园）环境，至少包含了：

---

① 指正则艺专所在地重庆璧山文风桥畔。

——朴实雅致的自然环境：生生不息的校园充满爱，鲜艳如霞的花儿到处盛开。三建"正则"，吕凤子先生都亲自构思设计，呕心沥血[2]。他说："最容易叫人感觉其美的莫如璀璨的花，都丽如霞。所以举它做例说'璀璨如花兮都如霞'"[1]82-89。"爱无涯"而"如花""如霞"，善与美交融流淌，让人听来始终是那么的真挚、感人、醉人。

——友好交往的人际环境：教师全心培育学生，学生个性得到充分发展，正则校园充满欢乐和生机。吕凤子说："我们现在所做的事，就是启蒙祛蔽的事。蒙蔽祛，爱的芽便可发荣滋长，所以说'畴发其蒙兮，茁其芽'。""我们每个同学都能够做到尽量发展每个不同的个性，尽力的生，自会感到生的趣味和幸福，再不会有人间的怨恨和悲哀。""我们学校也就成为'鼓舞欢欣，生趣充实'的处所。"[1]82-89和谐教育就是通过建立和谐友好的校园人际关系，协调学校中的各种教育因素，并运用符合教育规律、学生身心发展规律，以及学校自身实际情况的教育手段和方法，来促进学生全面素质的不断提升。

——淡泊宁静的心理环境：校园的和谐，应当包含并保持一份特有的宁静，应该避免世俗的喧嚣。宁静而美丽的校园，洒满了秋天月亮的光华。这是一幅多么静谧、纯洁、和谐的美丽图画啊！正如吕凤子说的：正则学校"正如秋月光华照耀人间，你看美不美？所以说，正则正如秋月华，美呀"[1]82-89。这里尽管描述的是自然环境，而实质是吕凤子自身心境的写照。这不争名利，寓"和"于淡泊宁静之中，也是他对教师和学生的人格、心灵修为的理想标准。

综上所述，吕凤子先生对于和谐教育的认识思考是有着他的独到之处的，而他的建设和谐校园的不懈实践和努力，也是足以让我们这些后学之辈由衷敬佩的。他的和谐教育思想缘于他对国学传统和西学新教的慧心参悟，也因着对所处战乱环境的痛恨和感触。为了创造一种理想的和谐美世界，他再三从内心发出呐喊，要"流尽我们的泪与血"，以血泪"洗人间怨毒"。然而由于先生所处的时代和环境使然，他的实践只能是在一校一地的小环境里（由于战乱，他在这小环境也不得安宁），因而他的努力有时也只能是呼号、只能带着无奈。但是，他的和谐教育思想，他关于"和而美""爱而美"的人生信念和哲学、艺术理念，他的"血也不留涓滴"的努力，是足以"长留千古热"的[1]82-89！

参考文献：

［1］吕去病. 吕凤子文集［M］. 天津：天津人民美术出版社，2005.

［2］徐铭. 吕凤子"正则"职业道德教育观初探［J］. 镇江高专学报，

2006, 19（4）：1 -5.

［3］萧平.《吕凤子书画集》代序［G］//萧平. 吕凤子书画集. 香港：爱莲居艺术出版社，2006.

［4］吕去病. 吕凤子韵语［M］. 北京：中国文联出版社，2006.

（原刊于《镇江高专学报》2009 年第 1 期）

吕凤子教育思想与实践的现实意义初探

唐成海

　　吕凤子先生的教育实践活动是其教育思想的体现，而他的教育思想必然是那个时代政治经济和社会文化尤其是社会文化的反映。通过对当时的社会文化的分析，可以追寻吕凤子先生教育思想得以逐步形成并促成其教育实践活动的原因和轨迹，进而探讨其教育思想与实践的现实意义和价值。

　　吕凤子先生不仅是我国著名的国画家、美学理论家，也是一位杰出的教育思想家和教育实践活动家。然而，学界研究得较多的是其作为国画家和美学理论家的一面，对其作为教育思想家和教育实践活动家的一面却少有研究。其实，自"1907年，吕凤子先生到南京投考两江优级师范学堂，选习图画手工科，从此决定了他终身从事艺术、教育事业"。此后，吕凤子先生为绘画、教书和办学三件事奋斗了一生，他除了致力于绘画、美学研究，辗转各地任教外，更于1912年捐卖家产，在其家乡江苏丹阳创办了正则女子学校，并在此基础上扩大创建了正则女子职业学校。正如吕无咎先生所言，"凤先生爱好书画，也爱好诗词，更爱好教育"，"他一生为教育而教育"，既是一位"美的艺术家"，更是一位"爱的教育家"。

　　综观吕凤子先生的一生，尽管没有太多教育思想家的鸿篇巨论，但他十分注重教育实践。根据马克思主义认识能动性原理，亦不难理解吕凤子先生决然"倾家"办学的教育实践活动，无疑具有其深刻的思想根源。也就是说，他的这一教育实践活动正是其教育思想的体现，是在其教育思想指导下的教育实践活动。显然，吕凤子先生的教育思想不仅体现在他的绘画研究、教学活动和国画作品中，更体现在其后近40年艰难曲折的办学实践活动中。他在办学实践活动中所体现出来的教育思想，也足以奠定其既作为教育实践活动家又作为教育思想家的历史地位。尤其是吕凤子先生作为探索中国女子教育、女子职业教育和农副实业教育的先行者，其教育思想和实践具有不可忽视的现实意义和价值。

一、吕凤子先生的教育实践及其思想渊源

正如一定思想的孕育都是一定社会政治、经济、文化等社会存在的反映，指导吕凤子先生办学这一教育实践活动的教育思想，必然是在他致力办学的那个时期的政治经济和社会文化（尤其是社会文化）的影响下形成的。吕凤子先生"倾家"创办女子学校和女子职业学校，正值20世纪初社会大变革的时期。这一时期，包括新教育思想在内的各种新的社会文化思潮得以广泛传播。而这一时期，也正是吕凤子先生从学校走上社会从事教育活动最活跃的时期之一。因此，通过对当时社会文化的分析，从一个方面可以追寻吕凤子先生教育思想得以逐步形成并促成其教育实践活动的原因和轨迹。

（一）创办正则女子学校，致力女子教育

在苦难深重的旧中国，教育事业是非常落后的。封建礼教严重束缚着广大女青年，求学难，女子求学更难。清末，丹阳公立学堂甚少，全县无一所女子小学。

到了20世纪初，由于受世界先进思想的影响，清政府采取了兴办学校、改革文教制度等一系列措施，教育有了一定的发展。从当时的中小学和师范类学校及学生的增加可见一斑。至1912年，全国有学校87272所，学生2933387人。自1907年女子教育正式纳入国家的学制体系，中国大地上兴起了女学热潮。当时统计资料显示，"中国人自办的女学堂已遍布全国各地，大约有15498名女学生就读于428所不同种类的女学堂"。当时，除北京创办的崇实女学堂、外城和中城女学传习所等女校外，江、浙、沪、皖一带也纷纷办起了各类女校，如南京的江南女子公学，扬州的扬州女工传习所，浙江的杭州女学堂、蚕桑女学堂、产科女学堂，上海的爱国女学校、女子蚕桑学堂、国绣女学，安徽的兰花女学堂等。1912年3月，由各地女界团体组织联合成立的"神州女界共和协进社"，集中反映了"力图通过普及女子教育、发展女子实业，提高广大妇女的文化和政治素质"这一特点和要求。在这一思想影响下，女性界建立起普及女子教育的共识，女子教育的热潮再次兴起，女子教育组织纷纷在各地成立，如南京女性界于1912年4月组织成立了女子教育会，北京女性界于1912年5月也成立了争取男女教育平等的女学维持会。这些都体现了普及女子教育、实现男女教育平等提高女子素质和自立能力的时代追求。

这一时期，正是吕凤子先生走出丹阳求学继而就业的人生重要时期。1901年，16岁的"清末秀才""江南才子"吕凤子进丹阳改良学堂学习。1904年，吕凤子19岁，便离开丹阳去苏州入苏州武备学堂求学。次年，因

科举废，转公立宁属师范学堂（南京）普通科学习。1906年以优异的成绩毕业后，于1907年秋考入两江优级师范学堂图画手工科学习。1909年，以各科最优等成绩从两江优级师范毕业后，留校在南京两江附中任教，直至1911年辛亥革命爆发。吕凤子先生在此求学和就业期间，不可能不受当时"反对封建、提倡女权"及"教育救国"思想的影响，也不能不受到"普及女子教育，实现男女教育平等"这一时代诉求的感召，并从母亲和妻子自幼失学之苦的切身体验中，"立志要为妇女教育尽力，为妇女解放尽力"，逐步产生了创办女子学校，致力妇女教育的思想。

显然，也只有确立了这样的思想，才能进而在实际行动中，冲破封建习惯势力的阻拦，慷慨捐献家产，在丹阳首创女子教育，为丹阳女子提供了求学受教育的机会，并培养了一大批妇女人才。即使日寇入侵、丹阳沦陷，正则学校迁蜀创办，亦矢志不移。正则蜀校仍旧"挂起了正则女校的牌子，在璧山既做开发文化的工作，又开璧山女子教育风气之先"，以至抗战胜利后返回丹阳重建，女子教育始终是坚持的。

（二）扩办女子职业学校，致力女子职业教育

吕凤子先生在创办女子学校、致力女子教育的实践过程中，逐步注意到了女性学了普通文化知识，往往仍然是做"贤妻良母"，或是供资本主义社会当着"商品"，或是供官府机关充作"花瓶"，还不能在职业上享受与男性平等的待遇。这有违他的初衷，不能实现他的愿望。因此，他不能不思考学校今后发展的道路和方向。五四运动的爆发，新文化新思想激荡着中国大地，对于吕凤子先生来说，职业教育思潮的兴起，使他在迷茫中得到了启发。

我国的职业教育是从1917年开始的。由于黄炎培等人的提倡、活动，"中华职业教育社"成立了，它以推动、改进、发展职业教育为宗旨："曰推广职业教育，曰改良职业教育，曰改良普通教育，为适于职业之准备。"并直接付诸实施，"曰择地创立都市式乡村式男女职业学校，曰日夜星期职业补习学校"。同年，全国教育联合会通过"职业教育进行计划案"，其中规定了培养职业教育师资和实施职业补习教育的办法，并敦促各省发展女子职业教育。因此，职业教育开始受到各界的重视。1917年10月，教育当局在北京召开的全国实业学校校长会议上，进一步明确办理实业学校的办法、实业学校与普通学校和实业界的联系、鼓励发展职业教育等有关事宜。次年，全国中学校长会议通过"女子中学应附设简易职业科，并须扩充女子主业案"，推动职业教育的发展。至此，职业教育开始兴起，各地职教机构纷纷出现，到1918年职业学校已达531所。女学堂的一个显著特点是"以扶助女子自立为宗旨"，"为同胞女子谋自立之基础"，如女工传习所、

蚕桑学堂、女医学堂、女子师范学堂等，都以职业（实业）启蒙教育为本位。到了 1919 年 2 月，著名教育家蔡元培发表《对于新教育之意见》一文，系统阐述其教育主张，提出"实利主义教育"，"以人民生计为教育之中坚。其主张最力者，至以普通学术，悉寓于树艺、烹饪、裁缝及金、木、土工之中"。他认为这是解决我国实业落后、人民就业困难的途径之一。这一时期开办的女子学校，除了普及教育外，还增加了政法、师范、艺术、实业等专科教学内容，如中央女子工艺学堂的办学宗旨即"以切实应用科学，造就女子专门技术，得入厂扩大工艺，以维社会经济，亦可有自立能力"。专科性、职业性女校，师范学校、工艺学校日益增多。

这一时期，"吕凤子先生正应聘出任国立北京女子高等师范教授兼图画科主任，在京期间，结识了北京大学校长蔡元培先生，并被聘请到北京大学画法研究会讲课，两人因志同道合而引为知己"。1919 年 5 月，蔡元培为抗议军阀政府迫害学生，不辞而别，离京南下。吕凤子先生随后于 1919 年冬，与同事陈中凡一起决然辞职，返回江苏，后去上海任上海美术专门学校教授兼高等师范科主任，其胞弟吕澂辞职后，他接任教务主任。有理由肯定，吕凤子先生接受了蔡元培的职业教育思想，同时，深受五四运动前后新文化思想和爱国爱民思想的影响，因此，开始认识到"女子只有学了文化，并学到谋生的技艺，才能独立生活而不依附他人，舍之谈不上女子解放"，若要"着眼于数千年来身受多种压迫的妇女求解放的事业，不是简单地从小学到中学去培养，而是创办职业学校，使学生毕业后能掌握求职技能，从经济上的自立保证人格上的独立"，"要使广大女性获得立足社会的本领"，并逐步形成了他的职业教育尤其是女子职业教育的思想，并迅速将他的这一思想付诸实践。1920 年，他针对女性的特点，并从当时社会需要和丹阳实际条件出发，在正则女校的基础上，扩办了正则女子职业学校，对求学女子实施职业教育。"不管学校初创时期，还是发展时期，女子职业教育部分始终是坚持的。"中华人民共和国成立后，妇女真正翻身做了国家的主人，和男子享有同等的政治、经济和文化上的权利，吕凤子先生才欣慰地感到："我责已尽，我愿已偿。"

（三）开设"蚕桑""刺绣"等专业，探索农副实业教育之路

吕凤子先生"为旧社会无处受教育的妇女"在丹阳筹设了正则女校，继而"为使妇女能享受与男性平等的待遇"，在正则女校的基础上又扩建了正则女子职业学校，而专业如何设置，也必然是吕凤子先生思考和探索的问题。

20 世纪初，职业教育虽有所发展，但多集中于城市，至 1916 年这项活动渐及农村。当时，为在农村普及科学知识，江苏省立第二农业学校开设

短期实习科并寄发函授讲义，内容包括"作物园艺栽培法""农业动物饲养法""养蚕法"和"农产制造法"等。江苏省教育会于同年 10 月在上海举行职业教育演讲。这次演讲虽然不是对工农进行技术培训，但重点是发展小学的职业教育，并阐述"小学乡土与职业教育的关系"，认为"小学乡土教育应注意乡土情形与物产"。苏、沪等地学校多派员参加，产生了广泛的影响。

吕凤子先生的家乡当时是一个以农桑为主的县份，除了出产稻、麦、豆、薯、棉外，蚕桑业也有一定的规模。丹阳蚕桑业始于春秋战国时期，清康熙帝南巡路经丹阳，曾作诗云："延陵曙色阑，意于诸田宽。人尽农桑力，文风表里现。"据丹阳农林志载，20 世纪初，丹阳桑田面积已达 2000 余亩，植桑 80 万株，产叶 2 万余担。并开办桑林公会，联合县内 20 余个村，植桑 700 余亩。又开办林业公会，利用荒地植湖桑 5 万株。后县内相继开设通益、厚生、大盛等树艺公司，均以种桑为主。至于当时丹阳地区的养蚕数和产茧量，虽然查无史料记载，但据植桑规模推算，也足见一斑。

有理由相信，吕凤子先生之所以在 1920 年扩办正则女子职业学校，除开设绘画、刺绣及后来开设的师范科以外，着力开设了蚕桑科，"培养善于管理农副业的人才"，也正是受当时这种主张职业教育服务农业的思潮的影响以及"根据社会需要和丹阳的实际条件"而决定的，并在办学实践中，逐步明晰了"面向农村，振兴农业"的思想和抱负，为发展我国农副实业教育做了有益的探索。正如当时就读于正则职业女校的朱竹雯、许茞华、朱沛莲等人后来的回忆：吕凤子先生"鉴于我国农业落后、农民文化低、科学知识缺乏、生活贫困的现实，为了更好地发展农村副业，进而振兴农业而设置蚕桑科"，"江南是中国蚕桑生产中心，课程设计旨在振兴我国农副实业"，成立刺绣科、蚕桑科，并"附设一个中等规模的蚕种场"，是为"培养农业人才"，"蚕桑科的学生学习书本知识和实际技术应用并重，毕业后下乡担任栽桑养蚕的指导员"。吕凤子先生一直坚持这一职教方向，1938 年年初，丹阳沦陷后，吕凤子先生等迁往四川，重建"私立江苏省正则职业学校蜀校"于四川璧山（今重庆璧山），除了继续保留蚕桑科外，还增设了三年制初级农科。

吕凤子先生的职业教育取得了显著的成绩，为家乡的农副业发展做了很大的贡献。下列有关资料，可做一个侧面的佐证，"初具一定规模后，植桑 70 多亩"，"蚕桑科师生每年制蚕种 1 万张纸"，并"办了'正则产物出售店'，出售蚕种纸等正则产品"；"早年，丹阳一带养蚕都是土法繁殖，自孵育，自养蚕，有些疾病无法抗御"，而正则职校所制蚕种"因无白僵病，品质优良，故受远近农民欢迎，甚至远销浙江"；"后江苏设立蚕桑业改进管理委员会，划定丹阳、镇江等地为江苏省蚕桑改良区，在丹阳成立改良区总办事处，正则女校等处设置蚕种场。多由正则女校蚕桑科的毕业生担任蚕桑改良区的助理员指导蚕桑改进技术，发展蚕桑业"。吕凤子先生的学生夏遗龙先生在回顾就学正则职校情景时深有感触，"吾生虽晚，但亲身感受颇深"，"现在，我县蚕桑产量名列全省前茅，这与凤先生20世纪初就提倡推广蚕茧事业，在家乡打下的基础是分不开的"。

二、吕凤子先生教育思想与实践的现实意义和价值

吕凤子先生作为女子教育、女子职业教育、农副实业教育的先行者，其一生所追求的理想和奋斗的事业，在许多方面是与目前党和国家的主张相一致的，也正是现实条件下我国所要确立的理念和发展的事业，在其教育实践活动中所体现的教育思想及所凝结的人文精神，对于今天我们所进行的妇女解放、职业教育及职业教育为社会主义新农村建设服务的伟大事业，都具有重要的意义和价值。

（一）吕凤子先生的女子教育思想，对于在新的历史条件下，进一步推进妇女的解放和发展具有重要的现实意义和价值

马克思主义认为，妇女解放程度是社会普遍解放的天然尺度。从一定意义上讲，也就是解放一个民族的创造力。妇女解放，首要的是思想解放，而思想解放的前提必须是经济独立。男女不平等的根源正在于经济方面女子不能独立，只有妇女的经济独立，才能有她们的思想独立。女性全面参与社会发展、参加生产劳动是实现妇女解放、提高妇女地位的先决条件。

中国共产党一直将妇女作为革命和建设的伟大资源。早在1939年，毛泽东同志就曾指出："全国妇女起来之日，就是中国革命胜利之时。"经过近百年的艰苦奋斗，中国共产党领导中国人民推翻了"三座大山"，并为广大妇女斩除了"四条极大绳索"，中国劳动妇女在人民革命和社会主义建设中发挥了"半边天"的作用，在动员妇女参与中，推行男女平等，倡导妇女走出家门，在参与革命和建设事业的同时，获得自身的解放。

进入21世纪，妇女解放和男女平等已经成为不可阻挡的世界潮流。随着经济政治的巨变，并根据全球化和市场化的趋势，联合国性别框架提出了妇女问题的重点关注领域。我国的妇女解放运动作为世界妇女解放运动的重要组成部分，在制定的"妇女发展纲要"中，明确将妇女解放、男女平等作为基本国策，作为国家妇女政策的基本指导思想，同时吸收了联合国性别框架的基本内容，并针对中国城乡二元体制和传统文化的影响，遏制女性商品化、边缘化的趋势，确定了妇女参与改革和经济建设、妇女参与决策和管理、发展妇女教育和职业培训、卫生保健和计划生育、改善妇

女发展的社会环境及妇女与法律等优先发展领域。

今天，人们更加懂得，如果没有占人口半数的妇女的积极参与，我国全面建设小康社会和构建社会主义和谐社会的奋斗目标将难以实现。正如胡锦涛同志所明确指出的："只有得到妇女这支伟大力量的积极支持与参与，我国革命建设和改革事业才能取得成功。"同时更加认识到，妇女享有与男子平等的政治权利，享有接受良好教育的机会，是全面提高妇女地位、实现进一步解放的重要标志，也是妇女进一步解放与发展的必要条件。然而，由于受经济社会发展水平和传统观念的制约，在现实生活中，要全面实现法律赋予妇女在参政、就业、教育以及婚姻家庭等领域的平等权利，依然任重道远。这就需要后人继承和发扬吕凤子先生等先贤追求男女平等和妇女解放的思想和精神，并为之不懈地努力与奋斗。

（二）吕凤子先生的职业教育思想，对于发展我国职业教育事业具有重要的现实意义和价值

21世纪，国际经济和科技竞争日益激烈，而竞争越来越围绕人才和知识的竞争展开。我们要增强综合国力，参与日益激烈的国际竞争，自立于世界民族之林，必须培养一大批能够占领世界科学技术高峰和前沿，探索、发现自然界和人类社会发展规律即"认识世界"的学术型人才，以及运用已知的自然和社会发展规律进行应用研究、开发、设计、规划、决策，领导"改造世界"工程的工程型人才。但是，这还不够。随着经济、社会的发展，人们的分工越来越细，经济、社会发展对人才需求呈多类型和"金字塔"形，还需要大量的在生产、建设、管理、服务第一线，领导和组织工程设计、规划方案实施的技术应用型人才，以及各行各业在第一线的现代操作者。据专家研究，后两类人才在现代化进程中，需求量越来越大，而这两类人才则主要依靠各类职业教育来培养。众所周知，德国等一些国家的产品质量之所以世界闻名，正是得益于发展技术与职业教育而培养的这样一批人。因此，温家宝同志指出，我国"国民经济的各行各业不但需要一大批科学家、工程师和经营管理人才，而且迫切需要数以千万计的高技能人才和数以亿计的高素质劳动者"，"大力发展职业教育，是推进我国工业化、现代化的迫切需要，是促进社会就业和解决'三农'问题的重要途径，也是完善现代国民教育体系的必然要求"。此外，鉴于"我国人口多，劳动力多，特别是农民多，就业问题是一个不可回避而且必须解决好的大问题，需要发展职业教育，提高城乡劳动力的就业和创业能力"。为更好地服务于社会主义现代化建设，满足城乡居民对职业教育的多样化需求，要创新与社会主义市场经济体制相适应，实行政府主导、面向市场、多元办学的机制，与生产劳动和社会实践紧密结合，实行灵活

多样的人才培养模式，要加大对职业教育的投入，加强职业教育实训基地建设，加强师资培养和培训，建立贫困学生助学制度。并要形成有利于职业教育发展和技能型人才成长的激励机制、有利于职业教育发展的舆论氛围，进一步理顺职业教育管理体制，形成齐抓共管的格局，逐步形成具有中国特色的完备的现代职业教育体系。由此，足以见得吕凤子先生思想的先觉和精神的可贵。吕凤子先生早年的职业教育思想及为职业教育事业而奋斗的精神，必将有力地激励后人为现代职业教育体系的形成而不懈努力。而且，他的面向农副实业的女子职业教育思想，将职业教育与妇女解放和振兴农业相结合，又为中国特色的现代职业教育事业注入了新的发展内涵。

（三）吕凤子先生的农副实业教育思想，对于加强社会主义新农村建设具有重要的现实意义和价值

我国是一个农业大国，"三农"问题即有关农业、农村和农民的问题，历来与我国革命、建设、改革的大局紧密联系在一起，至今仍然是关乎我国国计民生的重大问题，所处地位举足轻重。这个问题解决得好坏，直接关系我们整个事业是否有巩固的基础，特别是关系到能否确保国家的粮食安全，能否确保社会稳定、实现国家长治久安，能否确保国民经济又快又好发展。因此，中央十分重视"三农"问题，明确提出要把解决好"三农"问题作为全党工作的重中之重。"建设社会主义新农村"重大战略任务的提出，不仅为解决"三农"问题指明了方向和途径，而且为解决"三农"问题创建了平台和载体。而要有效地实现"建设社会主义新农村"战略任务，必须转变农业增长方式，调整和优化农业结构，以发展生产；必须有效增加农民收入，努力改善农村生活环境和条件，以创造美好生活；必须对农民进行文化教育、精神教育，激发农民的主人翁意识，调动他们的自觉性、积极性、主动性和创造性，依靠自己的勤勉、自助和协作以"整洁村容、文明乡风"。同时，必须培养和造就有文化、懂技术、会经营的新型农民，以新的生产力水平保障农业生产的新发展；要为农村的经济结构的调整和农村城镇化，培养农村社会所需要的实用人才，以满足农村各行各业的发展为目标，促进农民就地转岗、就地转移；要提高农村基层政府组织和经济组织的管理水平并发挥其作用，提高他们的现代社会意识、经济意识和民主管理意识。所有这些，正是职业教育尤其是面向农村的职业教育的功能和作用所在。毫无疑问，这也就为职业教育特别是面向农村的职业教育的发展开辟了广阔的前景。这也正是吕凤子先生一生孜孜以求、不懈探索的目标之一。

综上所述，吕凤子先生不仅是我国职业教育之先驱，更难能可贵的是，

他对面向农副实业的女子职业教育做了有益的探索，这也正是吕凤子先生教育思想与实践的意义和价值所在。今年，正值吕凤子先生诞辰 120 周年，谨以此文表示对先生的敬意。

参考文献：

［1］王绯. 空前之迹——1851—1930 中国妇女思想和文学发展史论［M］. 北京：商务印书馆，2004.

［2］罗检秋. 近代中国社会文化变迁录［M］. 杭州：浙江人民出版社，1998.

［3］吕去病. 吕凤子文集［M］. 天津：天津人民美术出版社，2005.

［4］中国高等职业教育研究会. 迈向 21 世纪的中国高等职业教育［M］. 西安：西安电子科技大学出版社，1999.

［5］毛泽东. 毛泽东选集（第 1 卷）［M］. 北京：人民出版社，1991.

［6］中华全国妇女联合会. 毛泽东周恩来刘少奇朱德论妇女解放［M］. 北京：人民出版社，1988.

［7］朱亮. 吕凤子传［M］. 南京：南京出版社，1992.

（原刊于《镇江高专学报》2006 年第 3 期）

吕凤子的平民教育思想与实践

郑文钵

吕凤子先生是一位著名的教育思想家和教育实践家。他为贫寒家庭的子女提供受教育的机会，使他们获得谋生的手段；他节衣缩食，接济和培养了大量的穷苦学生；他首开女子教育之先河，为平民妇女争取经济上的独立。其教育实践折射出他伟大而又深邃的平民教育思想。

吕凤子先生不仅是我国近现代著名画家和美术教育家，而且是一位著名的教育思想家和教育实践家，他的一生与教育结下了不解之缘。特别难能可贵的是，他心系广大贫苦百姓，为使贫寒子女获得受教育的机会和谋生的手段而殚精竭虑，呕心沥血，耗尽毕生精力。其教育实践折射出他伟大而又深邃的平民教育思想。

一、三办"正则学校"，平民教育的大旗高高飘扬

20世纪初，灾难深重的中国人民在"三座大山"的沉重压迫下，民不聊生，饥寒交迫。吕凤子先生亲眼看见广大平民百姓读书就业难、女子读书就业更难的状况，毅然回到家乡丹阳办学。1912年，他下决心卖掉了所有祖传的田产，创办了中国第一所女子学校——"正则女子学校"，校名"正则"取自屈原的《离骚》篇，原意是"公平而合法则"。吕凤子以"正则"作为校名，鲜明地提出了"对教育者要公平，人人都要受教育，女子也有受教育的权利"的平民教育思想。从此，平民教育的大旗高高举起，从江苏丹阳一直飘扬到四川璧山。

正则女校创办初期，困难重重。没有校舍，凤先生就先把自家的三间旧屋子腾出来做教室，分设小学和妇女补习班两部分；没有教师，凤先生就亲自聘请常州第五师范学校的5位毕业生到校任教；没有教材，凤先生自己编写；没有学生，凤先生一家一家地上门动员孩子们来上学。1925年，正则女校改名为正则女子职业学校，除刺绣蚕桑科外，均兼收男生。小学学员大都是本县学生，中学以上各县和外省的学生都有。正则学校极盛时，

由幼稚园到小学、普通师范科、体育师范科、绘绣科、蚕桑科，建立了完整的艺术教育体系，这在当时中国也仅此一家。

吕凤子先生受当时主张职业教育服务农业的思潮的影响，鉴于我国农业落后，农民文化低、科学知识缺乏、生活贫困的现实，为了更好地发展农村副业，解决广大贫穷的农民子女的生计问题，根据社会需要和丹阳的实际条件而设置了蚕桑科。蚕桑科坚持学习书本知识和实际技术应用并重，以教授科学制种为主，为丹阳和江浙一带的养蚕事业服务。蚕桑科不收学费，把养蚕的产品——蚕茧和蚕种拿出去卖，其收入用于补助教学。其他的费用收得也很少，故一般普通家庭的子女都能入学。当时丹阳靠城墙处有大片荒地，另外还有公家地，都种上桑树，这些桑树都被划归正则学校管理，用来养蚕。县里建有桑业推广所，把正则学校生产的蚕种推广到农村，卖给农民。早年，丹阳一带养蚕都是土法繁殖，自孵育，自养蚕，无法抗御有些疾病，而正则学校所制蚕种品质优良，成活率高，无白僵病，蚕养得好，结下的蚕茧质量好，卖的价钱也高，农民养蚕的收入多，所以"正则牌"的蚕种深受远近农民欢迎，甚至远销浙江。后来江苏设立了蚕桑业改进管理委员会，划定丹阳、镇江等地为江苏省蚕桑改良区，在丹阳成立改良区总办事处，正则学校等处设置蚕种场，多由正则学校蚕桑科的毕业生担任蚕桑改良区的助理员。蚕桑科的老师主要讲授"土壤学""养蚕学"和"生物学"等课程，还有的老师专门管蚕种，指导学生做实验。每星期都安排有很多养蚕的实践课，学校专门备有二十多间房子做养蚕用。一开始，一年养一季蚕，只养春蚕。到了抗战前两年，因为要供大量的学生实习，来不及育种，就改为一年养两季蚕——春蚕和秋蚕。养秋蚕时，学生在八月上旬就到校了，养完蚕后再上课。经过几年的学习和实践，蚕桑科的学生都掌握了丰富的养蚕专业知识，大部分学生毕业以后都到乡下去指导农民养蚕。当地的丝织厂也办产业推广所，聘请蚕桑科的毕业生担任养蚕指导员。这些平民子女利用自己学到的职业技能作为谋生的手段，解决了他们的就业和生计问题。

绘绣科的学生年龄较大，收的学费很少。正则学校的教师创造的"乱针绣"深受社会各界人士的关注和青睐，我国曾把它作为礼品赠送给国际友人。这些精美的刺绣品拿出去卖，卖得的钱，又可用以资助贫苦学生读书。所以家庭经济困难的学生可以不交学费，特别困难的学生不但可以免费上学，回家还发给路费。学生们一方面学习刺绣课程，一方面根据各人的文化程度，分别到小学或中学的某一个班去听语文和算术课。此外，还开设了公民英语、文化史略、美学绘画、史地、书史、绣史、音乐、体育、书法、教育等课程，让学生掌握各种文化知识，为他们走向社会和就业打下了坚实的基础。

师范科（包括体育师范）的正式学生都是女生，年龄都比较大。学生中的大部分是平民的孩子，交的学费很少，一年 10 元钱不到，家庭经济有困难的可以减免。每年入学考试的分数在前 5 名的品学兼优的学生，如家庭经济困难，可暂时不交学费，请社会上有名望的人作保，待学生毕业后留校任教，以工资来补交学费。现年 84 岁的陈静仙女士，1936 年进师范科学习。当时有 400 多人报考，只录取几十人，陈女士的考分独占鳌头。但她家庭经济相当困难，靠父亲帮农民上街卖草获取少量的佣金来维持生计，所以交不起学费。吕凤子爱才心切，同意她找人担保后免费入学。现年 85 岁的钱锁女士当时考分名列前五，因家境贫寒也获得同样待遇。由于学校的办学方针、课程设置都从实际出发，符合社会需要，都是面向平民阶层，所以发展很快。到了 1937 年，已发展到除女职外，还有小学、中学、师范等科，男女兼收，在校人数 1500 余人，校舍 300 余间，成了江浙一带很有影响力的私立学校。

1937 年 10 月，日寇攻陷丹阳。凤先生携学校的教师和家属一行 20 余人一路颠沛流离辗转逃难到重庆璧山。不久，吕凤子再次办学，收容流亡青年，于 1938 年白手起家，在四川璧山县办起正则蜀校。由于途中横遭兵匪洗劫，他几乎不名一文，创办学校异常艰难。1940 年，凤先生又在四川创办了私立正则艺术专业科学校并任校长。为筹措办学经费，他日夜作画，举办筹款画展。为了得到教育部的支持，他受聘担任国立艺专校长。由于身兼两校校长之职，凤先生劳累过度，在去成都筹集创建经费、举办画展时晕倒街头，回璧山后也经常头昏并大吐血，最后不得不住进歌乐山中央医院。私立江苏省正则职业学校蜀校发展很快，设正则中学和职校两部分。职校设初级蚕桑科、初级农科和高级建筑科。抗战胜利后，返回丹阳前，他把历经千辛万苦建成的正则蜀校无偿地移交给了四川璧山县政府。

吕凤子返回丹阳后，再一次萌生办学之念，得到了众多志同道合者的支持和学生们的赞同，在一片废墟上建起了第三个"正则学校"，并迅速恢复了昔日的规模和风采。到 1948 年，正则学校已有小学、中学、职业学校、艺专四个部分，全校师生共约 1300 余人，校舍 300 多间。

正则学校自创办以来，学生中的绝大多数来自贫寒家庭，如果确实因经济困难，交不起学费，只要找到吕凤子先生，一般都能解决。1915 年，吕凤子去扬州讲学，讲到办学目的时说："办正则学校，不是为做官，为名利，而是为国家培养人才，教给人们'美'，为民办学。"吕凤子先生作为一校之长，为平民子女着想，允许来正则学校读书的一些贫困学生可不交学费，并对一些品学兼优的贫困学生予以补助。那么学校的办学经费从何而来呢？据考证，大致从以下几个途径来筹集：（1）争取社会人士的广泛赞助；（2）凤先生的工资收入：凤先生长期在中央大学任兼职教授，每月工资600元，除留100元作为家用外，其余的全部放在学校里以补贴教学用；（3）凤先生作画赠人，募捐经费：1941年，美国参加反法西斯战争后，吕凤子先生应政府要求作"罗斯福像"，作为祝贺罗斯福再次连任总统的贺礼，罗斯福收到后极为赞赏，除来函致谢外，还附上2000美元，先生就将此款全部用于正则蜀校购地扩建；（4）师生的实践产品出售收入：正则学校每年制蚕种1万张纸，并办了"正则产物出售店"，出售蚕种纸、刺绣品等正则产品，以此来补贴学生的学费；（5）学校接受教育部委托办班：政府按培训班学生人数核算给经费，以此来补贴维持学校的日常开支。由此可见，吕凤子先生为办好这名副其实的平民学校，费尽了心血，耗尽了资产，他的胸怀、品格、无私奉献的精神将永远光照人间。

二、堪称"布衣校长"，平民教育的楷模光照千古

吕凤子先生在办学中坚持平民教育思想，在行动上更是率先垂范，争做楷模。他散尽千金，为民办学，生性淡泊，不计名利，堪称万世之表。

吕凤子先生的祖辈经商，父亲在上海开钱庄，有家产万贯、良田千顷。他父亲曾出巨资帮助孙中山闹革命。辛亥革命胜利后，孙中山先生授吕凤子官衔，凤先生坚辞不受。据吕凤子先生的堂妹吕湘灵女士回忆说："我家原先住在丹阳城新桥西公园后1号，凤先生家就在我家西侧，他家是单门独院，一个很大的花园里，分布着许多幢造型精巧的小洋房。他家家底殷实，是丹阳城里的第二大富户人家。家里平时都有几十人吃饭，佣仆成群，凤先生从小就过着锦衣玉食的优裕生活，但是为了创办'正则学校'，他甘愿卖掉了所有的田产，几乎到了两手空空的地步。办学后，吕凤子作为一校之长，却过起了'一介平民'的淡泊生活，生活相当节俭，平时总是粗茶淡饭，布衣布鞋，被学生尊称为'布衣校长'。"

抗战期间，凤先生客居璧山九年，在社会各界的帮助下，他利用各种办法，办画展、跑政府、筹措资金，来提升办学规模，完善办学条件。在凤先生担任国立艺专校长期间，大公无私，一切为学生设想。从艺专的选址、建设，到整顿教学秩序，广揽人才，无不一一过问。为了能够有效地利用有限的经费，吕凤子殚精竭虑、事必躬亲，连各教室窗户都亲自设计，没有一间窗形相同，省料美观，真是费尽心神妙落成。为了能够办好当时国家唯一的国立艺专，吕凤子以博大的胸怀，广泛聚集人才，聘请当时艺术界的名流来校任教，确保人才培养质量。他以个人特有的魅力感召他人，在他周围集聚了一大批有生力量，使得当时国立艺专名家荟萃，教与学的气氛十分浓厚。

他身兼两职，工作千头万绪。十分繁忙，但仍勤恳求实，竭尽所能，常奔走于两校之间，以致精疲力竭，身心交瘁，病倒在歌乐山医院里，展现出了一个著名教育家的伟大形象。抗战胜利后，凤先生决定返回丹阳，临走时，他把9年来燕子衔泥般一点点建成的私立正则蜀校全部无偿地移交给了四川璧山政府，不要一分钱酬谢，自己则携带着儿孙，"一枝秃笔，两袖清风"地回到家乡。

凤先生回到丹阳后，在原址复建正则学校。凤先生积极支持人民政府对教育机构的接管工作，主动将自己历时5年余、亲手从焦土瓦片堆上重新建造起来的丹阳私立正则学校毫无保留地献给国家。他把学校的资产全部交给政府，没留下任何一件用品。他的小女儿喜爱音乐，和父亲商量："留下一架钢琴吧！"凤先生却说："不！一切都归公，放在学校里，可以让更多的学生用啊！"

榜样的力量是无穷的，正则学校的一批终身教师，也因长期耳濡目染校长的良言嘉行，以凤先生为楷模，淡泊名利，把自己的一生献给了平民教育事业。在创建正则蜀校时，他们不拿一分钱，只需一日三餐便全身心投入工作。陶吟然老师终身未嫁，把父母给她的嫁妆全部捐献给了学校，过世时仅剩的800元积蓄也捐献给了学校。吕凤子先生的学生杨守玉在他的指导下，不断地研究和总结，终于创造了"乱针绣"，凤先生提议把此绣以"杨绣"命名，因杨守玉坚辞不受，最终命名为"正则绣"。

吕凤子的文化素养博大精深，有着深厚的传统文化底蕴。在中国画领域，他以罗汉、美女、凤体书"三绝"成为国画大师，以《中国画法研究》成为中国画学史上里程碑式的美术理论家，堪称一代宗师。著名画家徐悲鸿对其评价很高，曾说："承历世之传统，开当代之新风，三百年来第一人，非凤先生莫属。"但吕凤子生性淡泊，一生忙于"画画、教书、办学校"，寂寞耕耘，不计收获。这也正如著名画家张大千所言："他的才华真高，但是他的生性却很淡泊，简直可以说已经到了不食人间烟火的地步，要是他稍微重视一点名利，他的名气就会大得不得了。"由于吕凤子生性谦和淡泊，不愿过分宣扬自己，加之一些社会政治原因等，使其受到冷落，但他毫不在意，仍然始终不渝、无怨无悔地为人民办学，在他的身上，浓缩了中国知识分子甘守清贫、淡泊名利的宝贵优点。高风亮节，深为后人敬仰。1959年凤先生74岁生日那天，身患肺癌两年卧床不起的他强撑病体，在妻子的帮扶下靠坐在床上画了两幅画，其中一幅是《老松图》，画上题词"老凤今年七十四，一身是病不肯死。新国建立才十年，似已过了一百世，还待一阅千世事"，表达了他对生命的眷恋，对平民教育事业的无限热爱。1959年12月，凤先生在苏州病逝。身后只给其一身相伴的妻子留下200元钱。他逝世后的一切遗物，包括书画、印章、日记本等，都按照他的遗愿全部无偿赠送给苏州博物馆。

凤先生画风高古，其人品也一如其艺品，生性淡泊，不计名利，为民教育，呕心沥血。真是：一代宗师为楷模，光辉思想照千古。

三、资助贫困学生，平民教育的阳光洒满校园

吕凤子先生一生倾情于为民办学事业，平民教育的光辉洒满了正则校园。他还亲自资助了许多贫寒子女，其中不乏成就佼佼者，一代巨匠徐悲鸿就曾经受到凤先生的无私资助和亲手指点。

1895 年，徐悲鸿出生在江苏宜兴一个乡村小镇的贫寒画师之家。幼年时他半耕半读，从事艰苦的田间劳动。13 岁时，家乡发大水，他跟随父亲到处为人画肖像、写春联，完全依靠卖艺为生。17 岁时，由于父亲得了重病，他独自挑起全家 8 口人的生活重担，在宜兴三个学校同时担任图画教师。1912 年，17 岁的徐悲鸿只身闯荡上海滩，想学西画却找不到门路。这一年，吕凤子先生在上海创办"神州美学院"。经友人介绍，徐悲鸿结识了吕凤子。吕凤子早年致力西画，精通水彩、油画、素描。听说徐悲鸿想学西画，吕凤子对他说："学西画先要学好素描，打下基础。"于是吕凤子免费授艺，教徐悲鸿学素描。吕比徐大 9 岁，徐尊称吕为老师。1919 年春，徐悲鸿赴巴黎留学。1927 年回国，吕凤子爱才如玉，推荐他到国立中央大学艺术系西画组任教授。那时"中大"艺术系分中国画、西洋画两个组。西洋组不少学生都选修吕凤子的课程，这给了徐悲鸿一个启迪："我的中国画水平不及西洋画，何不趁与凤子先生同事的机会，向他学习水墨画和书法，以求绘画艺术的全面发展。"徐悲鸿拜师心切，他谦恭地对吕凤子说："以前您教过我素描，现在我再向您学中国画。"吕凤子抱拳答曰："您是西画大师，怎敢收你为弟子？"徐悲鸿坦诚说道："中国有句古语：'三人行必有吾师'，能者为师么，不必推辞。"吕凤子执意不肯称师，徐悲鸿转弯子说："那就做个亦师亦友的同道吧！"吕凤子欣然应允。以后每逢散课，吕凤子就向徐悲鸿讲授中国画精髓与技法，有时还挥毫泼墨做示范。徐悲鸿的中国画画艺大进，他笔下的奔马、人物、翎毛、花卉，都受到吕凤子用笔的影响，终于成就为中国现代绘画艺术大师、杰出的美术教育家，在国内外享有一代宗师的盛誉。

在国难深重的年代里，许多优秀学子为了避开战火而辗转南北，过着流浪生活。虽然在大后方有着一个相对安宁的学习环境，但不少学生生活并无依靠。这时吕凤子先生为了激发和鼓舞无依靠的优秀学子的学习热情，在稳定不久的国立艺专中，设立了"吕凤子奖学金"，以激励学生立志成才。这一事实感动了许多人。在胡继志的回忆中有："当他应聘担任国立艺术专科学校校长时，经济收入稍微好转，便于 1942 年在该校设立'吕凤子

奖学金'。"闵叔骞就是获益者之一，他后来感慨地说："当时在抗战的大后方，师生们的生活都很困难，但凤先生还节衣缩食，个人设了'吕凤子奖学金'，对清寒优秀学生多所鼓励，我亦是获得奖学金的学生之一。"徐伯璞则感言："高贵的奇迹又在先生身上体现了：国立艺专就绪不久，便在学校中设立了吕凤子奖学金……吕先生只知有别人，永远不知为个人，这是多么崇高的品德！"

四、开办女子学校，平民教育的光辉普照妇女

辛亥革命后，吕凤子先生受当时"反对封建、提倡女权"及"教育救国"思想的影响和"普及女子教育，实现男女教育平等，发展女子实业，提高广大妇女的文化和政治素质"这一时代诉求的感召，并从母亲和妻子自幼失学之苦的切身体验中，立志要为妇女解放和妇女教育尽力，逐步产生了创办女子学校的思想。于是，在妇女读书、就业难的情况下，吕凤子先生为旧社会的丹阳妇女筹设了正则女校，使她们能学技艺、反封建、争取女权，享受和男性平等的待遇，从而把平民教育的阳光普照到广大妇女。一开始办妇女识字补习班凤先生把自家的客厅腾出来做教室，帮助广大妇女摆脱不识字、受人欺负的痛苦。凤先生挨家挨户地上门动员，宣传妇女读书求自立的好处。来学习的几十个妇女都从未念过书，大多是贫民的女儿，凤先生热情地欢迎她们，不收一分钱学费，义务教她们识字，得到当地人民的高度赞赏。后来在正则学校增设了小学部和初中部，目的是普及教育。

吕凤子先生在致力于女子教育的实践过程中，逐步意识到：女性学了普通文化知识，仍然只能是做"贤妻良母"，还不能在职业上享受与男性平等的待遇。五四运动爆发后，吕凤子先生接受了蔡元培的职业教育思想，开始认识到"女子只有学了文化，并学到谋生的技艺，才能独立生活而不依附他人"。正如吕凤子先生经常在教师会上说的："创办女子职业学校的目的，是为了争取女权，为平民女子寻求经济上的独立，给她们一个谋生的手段，一种职业技能，做到妇女独立，不依靠丈夫就能生活，真正实现妇女的自立和地位的提高。"正是由于确立了这样的思想，凤先生才能在实际行动中，冲破封建势力的阻拦，慷慨捐献家产，在丹阳首创女子职业教育，为女子提供求学受教育的机会，使她们获得求职的本领。1920年，他针对女性的特点，并从当时社会需要和丹阳实际条件出发，在正则女校的基础上，扩办了正则女子职业学校，对求学女子实施职业教育。学校针对女性特点，开设了绘画、刺绣、桑蚕、烹饪等科。1938年丹阳沦陷。正则女校被迫迁蜀重建，凤先生亦矢志不移，正则蜀校仍旧挂着正则女校的牌子，在璧山开女子教育风气之先。抗战后又返回丹阳重建。不管学校初创

时期，还是发展时期，始终坚持女子职业教育，自始至终地为争取妇女解放、解决她们的生计问题而不懈努力，并为国家培养了一批妇女人才。吕凤子先生的儿媳殷统华女士就是一例。她出身于一个贫寒家庭，6 岁那年和姐姐一起进正则学校小学部读书。先上半年级（当时无幼儿园），12 岁时进入中学，即女子职业学校学习。后来正则学校规模扩大后，她进入师范科学习。1929 年，从女子初级职业学校毕业后，去了苏州，在江苏女子蚕桑学校学习。毕业后回到正则女校任教，1949 年后一直在丹阳地区任教师，直到退休。

中华人民共和国成立后，妇女真正翻身做了国家的主人，终于能和男性享受同等的政治、经济和文化教育上的权利，经济上也获得了独立。此时，吕凤子先生欣慰地感到"我责已尽，我愿已偿"，于是把学校全部无私地奉献给了国家。吕凤子这种为平民妇女争独立、求解放，敢于反封建、反礼教的进步思想和时代精神，永远值得后人学习和敬仰。

吕凤子先生一生致力于为人民办学，勤勤恳恳，为国家培养了无数有用的人才，为广大平民做了大量的好事。他在办学实践活动中所体现出来的平民教育思想。足以奠定其既作为教育实践活动家又作为教育思想家的历史地位。先生之风，山高水长。吕凤子先生虽然离去了，但他那为民办学的崇高的人生价值观和无私奉献的光辉风范，将流芳百世，先生举起的平民教育的大旗将永远飘扬，激励着我们在全民教育的大道上奋勇前进。

参考文献：

［1］朱亮. 吕凤子传［M］. 南京：南京出版社，1992.

［2］吕去病. 吕凤子文集［G］. 天津：天津人民美术出版社，2005.

［3］钱凯，吴海祖. 吕凤子纪念文集［G］. 南京：江苏人民出版社，1993.

［4］唐成海. 吕凤子教育思想与实践的现实意义初探［J］. 镇江高专学报，2006，19（3）：14-18.

［5］潘耀昌. 20 世纪中国美术教育［M］. 上海：上海书画出版社，1999.

［6］朱鹏举，蒋纯利. 吕凤子与重庆国立艺专［J］. 镇江高专学报，2006，19（4）：6-9.

［7］吴东平. 走进现代名人的后代·寒门走出的画家徐悲鸿［M］. 武汉：湖北人民出版社，2006.

（原刊于《镇江高专学报》2007 年第 2 期）

吕凤子"正则"职业道德教育观初探

徐 铭

吕凤子职业道德教育观是他的教育思想的重要组成部分，其灵魂是"正则"（生死刚正、循常理而求变则），核心是"爱无涯"（无私无涯、爱己爱异、和谐尊异），目标和基础是"美无极"（立德、成人、造境、创新）。学习研究吕凤子职业道德教育观，对促进当代高职院校学生的职业道德教育和加强师德建设有着重要意义。

吕凤子（1886—1959），是镇江高等专科学校丹阳校区（原江苏省丹阳师范，前身为1912年创办的正则女子职业学校）的创始人，是一位"名气大得不得了"（张大千语）[1](1-6)的教育家、艺术家。他是我国近代第一所美术专科类学校创办者，是1949年后出版的第一部中国画法理论——《中国画法研究》的作者，他是20世纪中国在艺术思想、教育思想、艺术创作三个方面都有体系构筑，并以全面而综合的成就著称艺术界的第一人，有研究者称其为中国本土意义的文化、艺术、哲学的全面通悟者，也是勘破艺术最高境界的智者和不朽的实践者[2]。

1912年，吕凤子在家乡丹阳创办了正则女子职业学校，它是我国近代最早的职业教育学校之一。该校曾先后开设绘画刺绣、蚕桑、师范等专业科目，并办有自己的校办产业——"正则产物出售店"和实训基地——"一个中等规模的蚕种场"。在此后的40多年间，正则学校数次迁徙重建，规模不断扩大。凤先生作为一名杰出的教育思想家和教育实践家，在其40多年的办学育人实践活动中，构筑了自己的职业教育思想体系，而他的职业道德教育观又是他的职业教育思想和实践的重要组成部分。尽管在目前所公开的凤先生著作中我们还没有发现其专门论述职业道德教育观的文献，但细阅他的画论和有关艺术教育、美育等方面的论著和演讲等，不难发现他是多么重视对师生进行职业道德教育，特别是从哲学层面，从社会责任和人生修养的角度，围绕着职业道德的核心内容，比如道德观念、道德修养、道德行为、道德养成环境等方面提出了许多真知灼见，并且一生身体力行。他的"正则"思想和"爱无涯""美无极"的观念，构成了其职业道德教育观的中心内容，可以说吕凤子正是以他的伟大的一生实践了自己的职业道德教育观。因此，分析和研究凤先生的职业道德教育观，对于深入研究、丰富和完善他的职业教育思想体系，实事求是地继承和弘扬他的育人观、道德观、推进社会主义道德建设和构建社会主义和谐校园，特别是对于充分运用校本资源加强和改进高职高专师生的思想政治工作和职业道德教育，有着十分重要的现实意义。

一、"正则"——吕凤子职业道德教育观的灵魂

吕凤子对"道德"有着自己的独特理解。他认为"道德为完全幸福之本原，即为完全幸福之实体，舍道德无所谓幸福，舍抑欲无所谓道德"，并强调"道德所在，即真我所在"。[3](3-25) 他在同时代人中较早地客观分析了道德的起源和本质，并将自己的精神体验和所见的社会现象有机结合，用独特的道德视野去寻求历史文化和社会现实的各种现象的内在关系，从而自觉地对宇宙、社会、历史、人生进行价值判定，由此形成了他的精神境界、处世境界、艺术境界和育人境界，成就了自己的超凡脱俗、宁静淡泊、严以律己、高洁清雅的情怀。

"正则"是吕凤子孜孜以求的人生道德目标。这首先体现在他的办学追求上。办学，具体而言就是办正则学校，是吕凤子终生所做的三件大事之一（另两件为画画、教书）。自1912年创办正则女子职业学校起，直至1951年他将丹阳正则学校交政府公办的40年间，无论是学校创办之初，还是日寇入侵江南，正则学校迁蜀，在重庆筹建正则蜀校，在璧山创建正则艺专，乃至抗战胜利后正则学校迁还丹阳，他都倾资倾情，耗尽心血，他将自己的身心、事业、理想追求始终相随于他的正则学校，始终相随于他的"正则"梦。

"正则"是吕凤子对师生完善道德的殷殷期望。这可以用几个实例来佐证。一是正则学校的校名"正则"为凤先生亲自所取，且几经迁徙、数度重建，校名始终未变，足见其对此名的喜爱程度和对育人意义的深远考虑。二是他在1915年亲自撰写了声情并茂、词曲俱佳的《正则校歌》。他的教育思想、办学理念和职业道德教育观从正则校歌中得到了充分反映。歌曰："唯生无尽兮，爱无涯。璀璨如华兮，都如霞。畴发其蒙兮，茁其芽。鼓舞欢欣，生趣充塞。正则正如秋月华，美呀！"[4](82-89) 校歌给我们描绘了一幅和谐校园的美景：生生不息的校园充满爱，鲜艳的花儿到处盛开，教师全心培育学生，学生个性得到充分发展，这就是充满欢乐和生机的正则学校，她就像秋月的光华，多么的美啊！这既是吕凤子对办学理想的憧憬，也是

他作为校长对师生成长的道德关怀和教师育人职责的要求。

这里，我们有必要讨论一下"正则"的含义。对于为何取名"正则"，据凤先生弟子朱九皋回忆，1947年秋季，他在一次校庆会上，曾听凤先生亲自解说："我们的学校是以屈原的名字做校名的。这是为什么？就是要以屈原的精神和形象——他的思想、人品、才能和成就，作为我校师生共同追求的目标。屈子魂就是我正则的校魂。"[4](348-356)笔者认为，从吕凤子对屈原的追崇来看，从正则校歌的文体形式来看，以及朱九皋的亲历证明，校名源自屈原名字当属无误。

关于"正则"的含义，未见有凤先生亲自撰文解释，从笔者目前所涉资料来看，比较流行的不外这么几种：一是依据屈原之名为释。《楚辞·离骚》篇有"皇揽揆余於初度兮，肇锡余以嘉名；名余曰正则兮，字余曰灵均"之句。马茂远《楚辞选》注："屈原名平，字原。'正则'，是阐明名平之意，言其公正而有法则，合乎天道。"二是认为有"勤劳朴素，以身作则"之意。出自凤先生弟子朱竹雯、李坚等回忆文章。朱曾于20世纪30年代就读于正则女校，并得到凤先生的资助和耳提面命。[4](251-255,330-331)凤先生弟子、台湾著名画家泰彦斌则综合两说，认为："校名本意为'勤劳朴素，以身作则'，亦具纪念两千年前爱国诗人屈原（正则）的崇高节操的含义。"[6]笔者也曾专门询问了凤先生的孙子吕奇先生，他的表述为"品行端正，思想纯正，为人正直，处事公正"，但无出处。笔者认为，朱竹雯等的解说虽有一定道理，但终觉失之于浅显直白；而仅套用《楚辞》注释作解，似乎意犹未尽，特别是对于凤先生这样一位国学底蕴丰厚、才识出众的"高人"而言，一生在风云变幻中数度办学而始终以"正则"为名，其中是否另有玄机？

笔者最近重读凤先生晚年抱病用两年时间完成的、堪称其一生心血结晶的《中国画法研究》一书，因其阐述中国画用笔要有"骨"（"生死刚正谓之骨"）和构图的"常理"（则）、"变则"的辩证而有所顿[3](106-138)，不揣冒昧：凤先生对"正则"内涵阐述的玄机抑或在此。我觉得，焉知凤先生此处不是隐含对人生道德的感悟和追求呢？纵观凤先生的一生道德追求和修炼，"生死刚正"、循"常理"而求"变则"，不仅是其艺术思想的总结，更是其修身道德观的真实写照，这一"正"一"则"不也正是"正则"的最贴切的诠释吗？

凤先生以其崇高而坚韧的奋斗为特点的人生实践，自始至终都体现了"生死刚正"的优秀品格，体现了在继承中创新的卓越精神，在修身、正心、立行、立言上，在"知行合一"上充分展示了他恒久长远的人格魅力，先生之风，山高水长。以致在今日凤先生诞辰120周年之际，笔者亲见他的那些如今已经白发苍苍、颤颤巍巍的弟子，聚首相忆先生人品，依然是充满深情，充满尊敬。他的"正则"办学思想充分体现在他的人生信念、艺术思想中，一以贯之地融化于他的教书育人实践里，从而成为他的职业道德教育观的灵魂之所在。

二、"爱无涯"——吕凤子职业道德教育观的核心

"爱"是中华民族传统道德之精华，也是凤先生职业道德教育观的核心之所在。"爱无涯"[3](82-89)是凤先生在正则校歌中为我们描绘的正则学校美景，也是他终生努力追求的境界。他强调："爱者，顺之本，争所依也。""生之能终不可竭，生之爱亦终不可也。"[3](68-73)"无限生欲暨无尽爱，实为创造活动最后推动力"，"生无已，爱无旁也"[3](74-81)。在他关于正则学校的8项"教条"（教育方针）中，有3项专门强调了爱，他说："我们爱一切己，不仅爱自己；我们要从爱完成每个自己；我们要从事表暴爱的力量。"他认为"我们要从爱完成每个自己"，这"需要我们毕生的时间，因为这是我们毕生要做，且非毕生不能告一段落的事"，因为"唯生无尽兮爱无涯"。所以，对于爱，"我们也只有抢着做罢了"。"泪应涓滴无遗，血也不留涓滴。不留泪滴，要使长留千古热。"[3](82-89)这是先生对爱的无悔追求的宣言。他是这么说的，更是这么去做的。

无私无涯，是凤先生的"爱"的一个鲜明特征。凤先生一生执教50年，作为校长、教师，他的爱，包含着对学生的亲近感、理解感、期望感和无私奉献的自觉性。在长期的教育实践中，他产生了对学生的自觉、真诚、普遍持久的爱，这不仅仅简单表现为对学生的经济资助和生活关怀（尽管这些关怀在今天仍然能令他的那些弟子们热泪盈眶），而更多地表现为一种充满科学精神和献身精神的爱，这是人世间一种极具魅力的特殊的爱。他对教师们强调："由于人们为私欲蒙蔽，常不能尽其生，穷其爱，竭其力的变幻，这就有待于教育。我们现在所做的事，就是启蒙祛蔽的事。启蒙祛蔽，爱的芽便可发荣滋长。"[3](82-89)他的这种爱，不是基于人们之间的血缘关系，也不是出于任何形式的个人需求，而是体现着社会发展寄予教师"苗其芽"[3](82-89)的重托、人类进步对消除"人间怨毒"[3](82-89)的期冀。他在1943年纪念立校31年演讲时，再次明确：我们办学的目的，就是要"使这处所成为爱的源泉"。"一念永怀人可爱，遂教苦绝世间心，剩有泪如倾"，表示要为"爱""流尽我们的泪与血"[3](68-73)。应当说，这种人世间最为博大的情感，在凤先生的示范倡导下，最终通过正则教师的共同劳动直接、集中地体现出来了。

爱己爱异，是凤先生的"爱"的一个独特观点。吕凤子在他的办学"教条"中特别强调："我们要从爱完成每个自己……所谓每个自己当然是

我之自己也包括在内，连我自己也成为爱的对象时，爱的表现才是就异成异。成有大小，爱无等差。爱所在即己所在，己所在即异所在。"[3](82-89)他认为："形殊才殊，于是有己。与己并存而导之成其异的一种作用名曰爱"，"艺术制作即穷异成爱，穷爱成己，穷己成异的人生自己制作"，"无尽爱的唯一作用即爱异"。"永久爱就异成异，就异生异"，他断言"无尽的爱便指导一切心作用尽力的创造。创造复创造，永久以成己为事，即永久以成异为归"。[3](74-81)从而展示了凤先生博大宽阔的胸怀和以永久创造为己任的人生目标，揭示了个人和众生、个人之异和万物之异相互关联的一体性。我们可以看到，在这里无穷无尽的爱表现为爱自己（异），爱他人（他人之异，直可由人及物而至无尽），继而以生的意志和无尽的爱为原动力，确立和实现永久超越现实的理想，只有这样，人类才可以在永久的创造复创造中过着理想的生活。正如周永健先生所说，这可以看成是吕凤子儒家理念的升华，也是他自己认同并确立的人的终极关怀和人文理想。[2]同样，我们也可以看到，这里还包含着现代职业道德所要求的"爱岗敬业"这一对人们工作态度的一种普遍要求，通过"爱己爱异"来培养干一行爱一行的精神，从而刻苦钻研业务，不断学习新知，掌握新的技术技能，做到精益求精、锐意进取，在不断地创造、创新中建设新的美好的未来。

和谐尊异，是凤先生的"爱"的又一个显著表现。凤先生一生努力，不懈奋斗，试图在他的"小世界"（正则学校、艺术和职业教育）里建设一个"和谐"的环境（大致同于我们今日所要建设的和谐校园）。他认为"任何人合理的活动都是在求改善和的方法，建立和的秩序"，"一切社会事业皆谋个别人生在和谐状态中各尽其生，各成其异"，"一切个别活动皆直接对建立社会秩序负责"[3](82-89)。为此，抗战期间，在国民政府再三邀请其担任国立艺术专科学校校长时，对于教育部长陈立夫的邀请，他还是敢于提出了"五个不"的条件，即：不要委任状，不要给我简任官，不在昆明办学，要迁到璧山附近；学校用人和教书，教育部不要干预；学校经费开支教育部不要管；我不是国民党员，赌咒许愿事我不做！特别是这最后一条的提出，是需要勇气的。陈立夫对此虽面有愠色，但最后还是只好答应。在凤先生主持下的国立艺专吸引了一批名师，学科改革也得到加强，特别是有着良好的校园环境和自由学术氛围。"在那种物质条件非常艰苦的情况下，具有这样的校风是难能可贵的"[1](91-94)，所有这些，足以说明凤先生为创造"和谐"状态（校园）所做出的努力和良苦用心，也反映了他的一身正气和光明正直柔中有刚。不仅如此，他还将他的"爱"，他为"谐和"所做的一切努力延伸向社会，他在《纪念立校三十三周年》的演讲最后，特意感谢璧山地方人士对正则办学的理解支持。在丹阳，他则在正则学校内设立"正则产物出售店"，服务乡梓，便利蚕农。为了"谐和"，他强调"尊异"，要求学生"确实做到尊己尊异，尊一切己尊一切异"，他说"怎样便可顺利地达到教育目的？有一件事必先做到，就是要受教者知道我有自己，人亦有自己，我尊重我的自己，人亦尊重人的自己。如我只知尊重我的自己，不知尊重人的自己，人亦如是，那么人我相处必至不能相安，必至相仇视而至于乱。换句话说，社会秩序就不能建立，人们相处，不能相安，教育的目的就没有达到。"同样，他也给教师树立了一个理想的榜样："我们理想中的教师是这样的：——能鉴赏认识一切己之异；——能建立容一切己之秩序；——能绝一切私欲；——能以血泪洗涤一切罪恶。"[3](106-138)凤先生的爱，就是付出一切的爱去爱一切。

三、"美无极"——吕凤子职业道德教育观的目标和基础

"美"是吕凤子一生为之奋斗不息的人生、艺术和教育的崇高目标。他将正则学校的宗旨定位为：实施美育，构成"爱"与"美"的教学园地。凤先生认为，教育的大目标，是创造人间文化，增加人类福利。要造就出有道德、有理想、有文化，有工作能力，有益于社会的人才。[4](330-331)通过实施美的教育来培养出极致的美，用无极的美构成谐和的世界。这就是他美育的中心主张。他为正则学校所写的校歌为我们淋漓尽致地描绘了一幅教书育人的最美的图画，那是他高远的理想、毕生的追求和奋斗的目标，也是他职业教育人才观、职业道德教育观的综合体现。美为立德之基。从凤先生的艺术和教育论著中不难看出，他始终是把美、美的教育和美的创造作为道德和立德的基础。他说："教育事业，纯粹道德事业也。教育儿童，允为道德事业之根本事业。于时不能培养其美感，使立德之基，不道德之甚也。教育事业，福人之事业也。宜乎首绝祸根，宜乎首抑兽性的无厌之欲。"[3](74-81)强调只有从小、从一开始就对学生进行美的教育，确立美好人生的目标，厌恶一切丑恶的东西，才能培养出有道德的人才，才是尽了教育的职责，完成了教育的任务。他始终主张要以美育和爱育来培育人，认定有了"爱"和"美"，才有"善"和"真"。因此他毕生尽瘁于美育，从无倦意。对于将来无论从事教育（师范）、艺术创作、刺绣还是蚕桑等任何职业的学生来说，从"美"入手，帮助他们确立对美的事业的追求（职业理想）、美的心灵的培育（职业精神）、美的行为的展示（职业态度）、美的产物的创造力（职业技能）和美的环境的融入（职业合作）等，无疑都是有着至关重要的作用的。

吕凤子职业道德教育观所确立的职业道德目标，有其独特之处，突出表现为：追求完美的人生、创造完美的环境、不断地追求美的完善。

成为完美之人。这既是吕凤子自己的人生目标，也是他对学生的殷切期望和要求。"成人"，是凤先生为学生培养职业理想树起的一面旗帜。他要求学生"培育道德"，追求完美，"求得真我，做到"才尽其用，力尽其变也，斯为美"，他强调"艺术制作即穷异成爱，穷爱成己，穷己成异的人生自己制作"，他认为"艺术制作止于美，人生制作止于善。人生制作即艺术制作，即善即美，同名异指也"。要把尽善尽美当作人生制作的目标去努力。他辩证地指出了这种美的形式与内容的统一，"有美的形式不应无美的内容，有美的内容必须具备美的形式"[3](3-25)。我们可以看到在凤先生在许多艺术的论著和演讲中，其实已经跳出了就艺术论艺术的范围，更多是或明或暗地喻指人生。它不是单一地对艺术表现手段——"术"的强调，而始终不舍教育的根本目标——"成人"。这成人绝不是以个人的一技之长、功成名就来做界定，而是"在自然的本质规定下，以顺应自然的物物不相侵害的原则，使人在培育高度道德心的同时变为高尚，从而开发巨大的才量、能量、心量、德量、智量以求得真我的实现"[2]。

构筑和美之境。如果说"为人"是凤先生对人生的具体要求的话，那么构筑和美之境就是凤先生在环境育人上苦心孤诣的努力了。三建正则，他都亲自构思设计。他在纪念正则立校三十三周年演讲时再次举出"正则校歌"来描绘自己的理想校园："最容易叫人感觉其美的莫如璀璨的花，都丽如霞。所以举它做例说'璀璨如花兮都如霞'。"同时，他还从学校延伸向社会，要求学生依靠自己的力量和不息的劳动，来满足自己生的欲求，从而获得知识和技能，创造文化，获得福利，建立和谐秩序，构成美的环境，并且"要在美的境界中发现道德境界"，[3](82-89)进而让全社会人人都能各尽其变，各竭其能，在和谐中创造未来。为了创造这样一种和谐的美世界，他再次从内心发出呐喊，要"流尽我们的泪与血"，以血泪"洗人间怨毒"，他通过提倡"和"竭"爱"、止"乱"、绝"执"等的思辨，要求师生"每一个活动尽为群谋"。"谋安宁"、"谋幸福"、"谋快乐"，从而使他关于"和而美""爱而美"的人生信念和哲学、艺术理念得到了进一步阐述。[3](68-73)

创新为美之源。凤先生对于中国画"常理"和"变则"的揭示，是"石破天惊"的[2]。他说："成物之理不随着环境变迁而常变，叫作常理。生形之则随着环境变迁而常变，叫做变则。变基于常，常寓于变。"[3](106-138)这里，实际上凤先生是通过两者的辩证关系进一步揭示了创造、创新的要义。强调了通过创造、创新使人生穷其爱、穷其真、穷其善、穷其美，穷其慧，实现自然本源回归的最高境界。"人生永久在创造复创造中过着理想生活。"[3](74-81)他认为"美在异，美在一切生的谐和变幻。"[3](1-2)"穷极变幻，真是美绝"，[3](82-89) "异无已，美无极也"[3](3-25)，在艺术教育中，他强调"穷异成异""穷己成己"[3](68-73)，"他培育人才，主张'尊异成异'，人有不同的个性与才华，这便是'异'。他重视这种异，依其个性与才华导致其有所成就，便是'成异'"。[1](13-22) 鼓励学生发挥个体的创造才能（穷异），并在遵循宇宙遍有法则（自然生力之在）的基础上，各造其极（穷异）。他要求他的学生在艺术创作中要不羁于现实而超越于现实的更高人文理想的确立，从而努力揭示艺术终极关怀的应在层境，以及获取这一层境应有的心性修为和智慧开发。他强调"要学者从破执入手，以祛其私，而尽其美，得图实现万异并存并成的美的社会"[1](35-45)，鼓励"每个同学都能够做到尽量发展每个不同的个性，尽力的生，自会感到生的趣味和幸福，再不会有人间怨恨和悲哀。我们学校也就成为'鼓舞欢欣，生趣充实'的处所，正如秋月光华照耀人间，你看美不美？所以说，正则正如秋月华，美呀"[3](82-89)。

综上所述，凤先生超常的人性修养和人生追求堪称风范，同样正是他的正则办学思想和他的爱育、美育主张这些道德教育和职业道德教育的核心内容，支撑起了他的职业道德教育观，并且又通过他的躬身践行和一生奋斗，成功地印证了其在吕凤子教育思想体系中的地位。进一步深入广泛地开展对吕凤子职业道德教育观的探索研究，必将对加强和改进高职高专院校学生职业道德教育，提高人的综合素质和职业道德水平，进而对于加强全社会精神文明建设和推动和谐社会构建，都会产生许多积极意义。

参考文献：

[1] 吕去病. 吕凤子研究文集第一辑 [C]. 镇江：吕凤子学术研究会，2000.

[2] 周永健. 会当澡雪来，于焉证冲寂——《吕凤子文集》序 [M] //吕去病. 吕凤子文集. 天津：天津人民美术出版社，2005.

[3] 吕去病. 吕凤子文集 [M]. 天津：天津人民美术出版社，2005.

[4] 吕去病. 吕凤子研究文集第二辑 [C]. 镇江：吕凤子学术研究会，2005.

[5] 马茂远. 楚辞选 [M]. 北京：人民文学出版社，1980.

[6] 秦彦斌. 后记 [M] //吕凤子学术研究会台湾分会. 吕凤子先生逝世三十周年纪念书画册，台北：江苏丹阳同乡会台湾分会，1989.

（原刊于《镇江高专学报》2006 年第 4 期）

吕凤子职业教育的特点和启示

汤金洪

吕凤子的职业教育具有鲜明特点：适应地方实情，同生产劳动相结合；敢于突破，善于创新；职业教育与美育相互渗透；培养技能，实业报国；注重实训，产教结合。这对当今快速发展的高等职业教育具有重要启示。

吕凤子是我国著名的国画家、美术教育家，在他辉煌的一生中，除了为我国培养了大批优秀的画家和专业人才，在艺术教育方面做出杰出成就和贡献外，他还积极倡导、举办职业教育。吕凤子先生对职业教育的认识站得高、看得远，职业教育的实践经验相当丰富，一些好的经验和做法值得传承和借鉴。笔者在认真研读有关文献资料、走访"正则"时期的一些老校友和吕家后人的基础上，对吕凤子的职业教育特点做一些探讨，以期对当今快速发展的职业教育能有一点启示。

一、吕凤子职业教育的特点

（一）适应地方实情，同生产劳动相结合

吕凤子先生为使丹阳女子有受教育的机会，于1912年，卖掉自家田产，在家乡江苏丹阳的三间旧房子里办起了"正则女校"，后更名为"丹阳正则女子职业学校"。开办之初，仅有9个学生。随着学校声誉日增，本县和外县的学生都慕名争相来校就读，办学规模越来越大，抗战前夕，学生已超千人。

吕凤子先生创办女子职业教育的主要目的是谋求妇女解放，使学生掌握求职的技能，以求得经济上的自立，从而保证人格上的独立。所以，吕凤子先生非常注重对学生职业技能的培养和训练，一直致力于积极探索一条符合地方实情、与地方经济发展相适应、与生产劳动相结合的职业教育之路。

江苏丹阳地处长江三角洲，民国初年，蚕桑业就非常发达。鉴于当时丹阳种桑养蚕的实际情况，正则女子职业学校在课程设置上，主要开设绘

绣科、桑蚕科，还有师范科。蚕桑科以科学养蚕制种为主，绘绣科除普通针绣外，还积极推广乱针绣（又名"正则绣"），师范科主要为地方学校培养一些具有艺术素养的教师。

在教育思想上，吕凤子先生非常注重劳动教育。他说："人活着就要热爱劳动，劳动不是苦，它会使你获得生的乐趣，成为一个有用的人，不劳动的人，他的身心就会腐朽，就会失去生的价值。"在教育实践上，吕凤子先生非常注重教育与生产劳动相结合。比如：蚕桑科不仅有专门的教学楼，还有蚕桑实验基地近500万平方米。蚕桑科的学生，边学技术知识，边参加劳动，注重书本知识与实际应用技术并重，尤其重视培养吃苦耐劳的精神。每年春秋两季，学生育制蚕种近万张，供销到江浙两省的农村。一方面，学生在生产劳动中获得了养蚕育种的知识和技能，学生毕业后，就能下乡担任栽桑养蚕的指导员，获得立身于社会的本领。另一方面，所制蚕种销售后，不仅能更好地发展农村副业，促进农村养蚕事业的发展，从而振兴农业经济，逐步改变农村的落后面貌，同时又能获得一部分办学经费，切实帮助学校解决经费困难。教育与生产劳动相结合，能使学生知识技能的掌握和学校职业教育的发展获得双赢的效果。

（二）敢于突破，善于创新

吕凤子的职业教育善于继承和发扬传统，但又不拘泥于传统，敢于突破和创新。最典型的是他在传统的刺绣领域，积极探索进而发明了"正则绣"。

江苏丹阳素有"丝绸之乡"之称，刺绣也极为普遍。家庭女子皆能穿针引线、缝纫绣花。为了进一步发展刺绣技术，培养和造就更多的有文化、有知识、有技术的刺绣人才，吕凤子先生在女子职业学校中，首先开设了缝纫刺绣班，聘请杨守玉为刺绣教师，首次把民间刺绣搬进了课堂。

中国的刺绣技法，经几千年的不断完善，已臻炉火纯青的境地。可吕凤子先生认为，中国的刺绣虽精美绝伦，但人物、花鸟的神态却显得形似而不传神，错丝配色也落于俗套。究其原因，一是善绣者不善画，二是绣法机械呆板。找到了问题的症结后，吕凤子就把西画的绘画理论和素描的方法巧妙地运用到刺绣中去。他先在绣棚上勾勒一幅风景画，试着用铅笔素描中的线条来塑造景物，又根据西画中的色彩原理，用不同的颜色丝线在绣面上进行调配。试来试去，绣面上逐渐出现了一种各色丝线交叉重叠，且又长短不一、方向不一的奇特效果。从此，吕凤子先生酝酿已久的艺术构想终于变成了现实，一种新的绣种"乱针绣"诞生了，这无疑是刺绣领域中的一个石破天惊的革命。在吕凤子先生亲自实践和大力倡导下，经过缝纫刺绣班杨守玉的六年努力，终于形成了一套比较完整的体系，并绣出了许多优秀作品。"乱针绣"后更名为"正则绣",在海内外产生了广泛而深远的影响。

"正则绣"的诞生,不仅充分展示了吕凤子先生不墨守成规、敢于探索创新的无畏精神,而且从另一个侧面,充分凸显了吕凤子先生所倡导的职业教育的又一个鲜明特点:创新性。

(三) 职业教育与美育相互渗透

吕凤子先生是一位热心传播民主主义新文化的美育教育家,他不仅有独到的美育思想,更有细致入微的美育实践。他一贯倡导美、宣传美、实践美,坚持以美陶冶人、培育人,努力使学生在和谐的状态中,发展个性,培养共性,成为对国家有用的人。吕凤子的美育思想,不仅在他的艺术教育中充分体现,在他的职业教育中也同样体现得淋漓尽致。

吕凤子的美育观与众不同,他勇敢直面自己所处的时代,以智慧的头脑、别样的思维去认识社会,爱憎旗帜鲜明,美丑泾渭分明。吕凤子认为:"旧社会愈变愈丑恶,又谁能强人舍美而好丑呢?就因为好美恶丑是人们的天性,所以美育才有可能。"他坚信这是颠扑不破的真理,实施美育就一定可以无往而不胜。这就是吕凤子先生的美育信念。

到底什么是美育?吕凤子的观点更与他人有所不同。吕凤子认为:"美育是就异成异";"美在异,美在一切生的谐和和幻变","万异并异,即美之所在,善之所在"。吕凤子还说:"我所说的美育,要学者从破执入手,以祛其私,而尽其美,得图实现万异并存并成的美的社会。"吕凤子美育观的核心之一,就是"就异成异""万异并成"。即承认差异、尊重差异、善待差异,包容差异,根据差异,因材施教。同时,要对所有具有不同差异的人,都要"祛其私""尽其美",不能"成此蔑彼"。这样,社会就会更加和谐,就会变得更加美好。

在吕凤子的职业教育中,他的这种美育思想同样得以充分体现。吕凤子先生非常注重教育渗透,时时处处都突出"美"和"爱"。一情一景、一举一动、一言一行,无不充分体现"美"和"爱"。

首先,吕凤子先生非常注重环境育人的功能精心打造优美的校园环境。正则校园里,时时处处庄严、安静、和谐、整洁,大至建房图纸,小至门窗设计,均由吕凤子先生按其美学思想精心设计规划,楼上楼下走廊每个门窗都由不同线条构成。一进校门,如进艺术殿堂,吕凤子手书的"正则"二字石刻镶嵌在校门一侧,遒劲有力。每一幢楼,吕凤子先生都亲笔题写楼名,如"乡爱楼"等,并用石刻镶嵌到每幢楼的墙上。校园内绿树成荫,花香扑鼻,窗明几净,清新雅致,处处充满着美的感受。

其次,吕凤子先生非常尊重学生个性差异,不管是谁,都施之以

"爱"。他视学生为子女，对他们无微不至。尤其对出身贫寒的学生，一律免收学费，并对他们在校的生活给予各方面的照顾，毕业后尽力帮助他们找工作。用自己无私的"爱"去激发学生对人类、对社会关好的感受，从而使学生更好地去爱别人、爱人类、爱社会。

再次，吕凤子先生不仅注重环境美，更注重学生的仪表美、行为美和心灵美，注重发展学生和谐个性，塑造学生高尚的人格。全国妇联原秘书长胡耐秋在《吕凤子先生与正则职业女校》的回忆文章中，曾写过这样一件极不起眼的小事："记得是一九一八年，一次，凤先生来到我们教室，向全班同学进行了一次亲切的讲话。他劝说大家要讲究卫生，冬季也要经常洗澡，如果没有洗澡的条件，可以用毛巾擦身，把全身的皮肤擦红，对汗腺排泄和血液流通有好处……听了吕先生这次讲话，大家都意会到整洁卫生是一个人强健身体、增进外表美的最起码要求，也是文明生活最起码的要求……"吕凤子先生注重从学生点点滴滴的生活小事入手，实施美育不露痕迹，润物无声，使学生终身受益，永世不忘。仅此一例，足见吕凤子先生注重美育渗透，细致入微到何等程度。

（四）培养技能，实业救国

吕凤子先生办职业教育，还有一个鲜明的特点，就是"培养技能，实业救国"。

1912年，吕凤子说服祖母，动员全家，拿出田契，变卖地产，创办正则女子职业学校。这是吕凤子先生第一次办正则学校。这完全是为了反对封建压迫，提倡女权，争取男女平等。但是，到了1937年，日寇入侵丹阳，吕凤子先生仍不屈不挠，率领师生及家属向四川撤退，历尽艰辛抵达重庆璧山，在时任璧山中学校长钟芳铭的鼎力相助下，把璧山城内的天上宫租赁来作为校舍，于1938年春办起了"正则职业蜀校"。这次艰难办学，吕凤子先生绝非仅是为了反对封建压迫，争取妇女解放，而更多的是为了"实业救国"。吕凤子把"实业教育"作为救国救民的重要途径来看待，他希望更多的人能够学习文化、掌握技术、练就本领，将来能够用技术和本领建设祖国、振兴国家。在私立正则职业蜀校里，分设职校和中学两部。职业学校除仍然开设蚕桑科外，还开设了农科和高级建筑科。高级建筑科中，"石木工造"，专业门类较为齐全。在正则职业蜀校中，学生可以学到更多实实在在的专业技术和本领，从而使吕凤子"实业救国"的思想得以充分的贯彻和执行。

（五）注重实训，产教结合

吕凤子先生办职业教育，能根据职业教育的规律和特点科学地办学。

他非常注重实训环节，在经济非常拮据的情况下，仍想尽一切办法，建设一些供实训用的专用教室和实训基地或场所。当年，正则职业学校里就有劳作专门教室、土工室、石工室、养蚕制种室，等等。同时，吕凤子先生积极倡导并实行产教结合，既重视职业知识传授，更重视职业技能训练，坚持走产教结合、以产养教的路子，不仅使学生在实践中增长才干，又为学校的发展积累了资金。

（六）以女性为主，培养女性的独立自主意识和能力

吕凤子创办的职业教育还有一个鲜明特点，即以女性为主，注重培养女性的自主意识和能力。1912年（民国元年），学校创办之始就起名为"丹阳正则女子学校"，1925年（民国十四年）又更名为"丹阳女子职业学校"。职业学校里，蚕桑科、绘绣科、师范科的学生全部是女生。日寇入侵丹阳后，吕凤子先生率部分师生员工西迁四川，1938年在四川璧山县重建"正则职业蜀校"。这时候，在高级建筑科才有了部分男生。吕凤子创办正则女子职业学校，注重对女子的职业技能培养，不仅唤醒了广大妇女敢于冲破封建桎梏、积极谋求妇女解放的"女权"意识，而且不断增强了广大妇女自立、自强的奋斗精神，推动了历史的发展和进步，产生了深刻而广泛的历史影响。

二、几点启示

当今，中国的高等教育已经进入了大众化阶段，高等职业教育发展迅速，已成为中国高等教育的"半壁江山"。据《中国青年报》2005年12月6日报道：目前，全国高职院校已有1200多所，加上一部分普通高等院校（本科）设立的高职学院，我国高等职业技术院校的数量、招生数和毕业生数都已占到普通高校的50%以上。在高等职业教育规模迅速扩张的同时，高等职业教育的问题也不断暴露出来。就高职院校自身来看，还存在不少问题。

第一，办学观念还没有跳出普通教育的框框，教学理念，教学改革滞后，课程体系与教学内容相对陈旧，重课内和校内教育，轻动手能力的培养，实验室建设和实践基地建设严重滞后等，影响了高职教育为生产、建设、服务、管理第一线培养急需人才的目标的实现。

第二，技能型和"双师型"教师缺乏。高等职业教育的特点要求专业教师不仅要精通专业理论知识，更重要的是要具有十分熟练的动手操作能力和技术应用能力（简称"双师型"）。而许多高职院校的现任教师，绝大多数是从学校到学校，缺乏实践能力的培养和锻炼，难以胜任高等职业教育对技能培养的要求。

第三，高职院校与企业和社会缺少广泛的、有效的、紧密的合作，重学不重产，这与高职院校必须走产、学、研相结合的路子很不吻合。

上述问题的存在，严重影响着高等职业教育办学质量和高职人才的培养质量。

鉴于吕凤子创办正则职业教育的特点与经验，在大力发展高等职业教育的今天，我们不难得到如下几点启示：

（1）高职教育要了解市场、符合国情。职业教育就是就业教育，职业院校必须进一步确立以就业为导向、以服务为宗旨的观念，更好地面向社会、面向市场，切实了解市场对人才的需求，培养"产销对路"的面向生产、建设、管理、服务等一线的专门人才。高职教育的专业设置、课程安排，学制设定及学校的设施，都要在深入调查市场需求的基础上科学决策，要克服什么专业热就设置什么专业、什么专业赚钱就办什么专业的盲目倾向。发展职业教育一定要实事求是，既要了解市场行情，又要符合中国的国情。若盲目攀比、盲目跟风，那只能造成国家有限的职业教育资源的巨大浪费。

（2）高职教育要敢于创新。当今的时代是不断创新的时代，没有创新就不会有发展，没有创新就不会有跨越和飞跃。高职教育必须紧跟时代的发展步伐，要敢于突破传统，认真学习发达国家职业教育的先进经验，在办学理念、发展思路、办学模式及教学内容、教学方法等各个方面大胆创新，努力提高高职教育的水平和质量。

（3）高职教育要注重学生的技能培养。高职院校的学生必须具有高技能性，要有真才实学，要有真技术、真本领。"教室里种田，黑板上造机器"，永远培养不出现代化的高技术人才。因此，高职教育要十分注重实验实训基地的建设，突出职业技能和实践能力的培养，要跨出教室，走进实验室、工厂、农村……让学生在实践中理解和掌握知识，训练和培养技能，努力做到理论与实践并举、专业技术与综合素质并重，真正使学生成为拥有知识和本领、拥有技术和素质的知识型技术型专门人才。

（4）高职教育要注重培养学生的职业精神。目前，高职毕业生"有业不就"的情况比较普遍，不少毕业生缺乏正确的择业观，在工作中"挑精拣肥""眼高手低"，不愿下基层，不愿到艰苦的工作岗位上去。这些都必须引起我们的高度重视。我们要学习和发扬吕凤子先生提倡的"祛其私""尽其爱"的职业精神，切实加强对学生职业精神的培养，认真抓好以敬业和诚信为重点的职业道德教育，帮助学生树立正确的择业观，引导学生转变就业观念，降低就业期望值，调整就业心态，自觉到基层到艰苦的地方和行业去就业和创业。同时，要关注他们的心理变化和心理健康，进行必要的心理辅导，使他们顺利完成人生的转折，努力把他们塑造成为品德、精神、知识、技术和能力皆备的全面发展的人才。

参考文献：

［1］徐蔚如. 艺术教育家吕凤子［G］/钱凯，吴祖海. 吕凤子纪念文集. 南京：江苏人民出版社，1993.

［2］唐成海. 吕凤子教育思想与实践的现实意义初探［J］. 镇江高专学报，2006，19（3）：14-18.

［3］徐铭. 吕凤子"正则"职业道德教育观初探［J］. 镇江高专学报，2006，19（4）：1-5.

［4］吴俊发. 纪念一代宗师吕凤子先生诞辰一百一十六周年［G］/钱凯，吴祖海. 吕凤子纪念文集. 南京：江苏人民出版社，1993.

［5］汤金洪，王玉叶. 崇高的人生境界，伟大的办学思想——浅谈吕凤子"正则"办学思想的时代意义［J］. 镇江高专学报，2006，19（3）：23-25.

（原刊于《镇江高专学报》2007 年第 2 期）

吕凤子职业教育的特点和启示

崇高的人生境界　伟大的办学思想

——浅谈吕凤子"正则"办学思想的时代意义

汤金洪　王玉叶

吕凤子先生一生致力于"教书、作画、办学校"。40年办学中，"三办正则"的意义广泛而深远。它不仅开创了中国女子职业教育之历史先河，树起了反封建、反礼教的革命旗帜，倡导了团结、求实的作风，更体现了吕凤子先生爱国主义的情怀和精神，对当今职业教育的发展和创新具有指导作用和现实意义。

今年是吕凤子先生诞辰120周年，不由得又勾起我们对一代宗师的无限怀念！

吕凤子是我国著名的国画家、美术教育家、正则学校（原江苏省丹阳师范学校的前身）的创始人。他15岁中秀才，31岁出任国立中央大学国画组首席教授，次年被聘为大学院画学研究员，是中国艺术院校第一个研究员。1959年12月在苏州病逝。

吕凤子奋斗一生，办了40年学，教了50年书，画了60年画，一生致力于美术教育，艺术创作、艺术教育成就卓越，为世人称颂。40年办学中，最具代表性的当数"三办正则"。

一办正则：1912年，在读书就业不易、女子读书就业更难的情况下，吕凤子卖掉田产，在家乡丹阳三间旧屋子里办起了"正则女校"，先为女子小学，后增设刺绣、缝纫、师范、蚕桑等科，更名为"正则女子职业学校"。"正则"校名一词出自屈原的《离骚》篇："皇览揆余初度兮，肇锡余以嘉名；名余曰正则兮，字余曰灵均。"意思是：父亲端详我初生之时的气度，开始他赐给我一个相称的美名：给我命名平象征着公平守法，表字原象征着灵善而又均调。"正则"在《离骚》中的原意是公平而合乎法则。吕凤子以"正则"为学校命名，一为倡导对教育者要公平，学校教育要有法则，二为纪念爱国诗人屈原的崇高节操。

正则女校创办初期，困难接踵而至。没有教师，凤先生设法聘请常州女师的五位毕业生到学校任教。在"女子无才便是德"的社会背景下，学生招不到，凤先生就一家一家登门说服动员。没有教材，凤先生就自己编写。没有办学经费，凤先生就变卖家产。为了给正则筹措经费，他还长期在外地当兼职教授。同时，作画赠人，募捐经费，以此来支付教师工资和办学的一切开支。经过20多年的艰苦奋斗，正则学校从无到有，从小到大，逐步成为蜚声江南的一所名校。

二办正则：1937年10月，日寇攻陷丹阳，学校被迫停办。凤先生率部分教师和亲属，辗转逃难到重庆。1938年在四川璧山县办起正则职业蜀校，1940年在四川创办私立正则艺术专科学校并任校长。为筹措办学经费，他日夜作画，在成都举办筹款画展，因劳累过度竟昏厥街头。经过9年的苦心经营，正则蜀校发展很快，设正则中学和职校两部。职校设初级蚕桑科、初级农科和高级建筑科，还兼办江苏省旅川临时中学璧山分校，自建校舍146间。直到抗战胜利，吕凤子虽已决定返回丹阳，但他还在继续整修校舍，并把9年来燕子衔泥般一点点建成的学校无偿地移交给四川璧山政府。

三办正则：1946年8月，吕凤子率教师返回丹阳，在一片废墟上重建了第三个正则学校。"正则"两度迁徙，三次建设，吕凤子虽饱尝艰辛却仍矢志不渝。他手书"再造"二字，叫人镶刻在校前的墙上，正则学校迅速恢复了昔日的规模和光彩。中华人民共和国成立后，凤先生把学校全部交给人民政府。1952年改为苏南艺术师范学校，1956年改为江苏省丹阳师范学校。如今，随着教育事业的不断发展，这所具有光荣传统的近百年的老校，于2003年成建制并入了镇江高等专科学校，在办学的光辉史册上又掀开了崭新的一页。

40年间，吕凤子痴心办学，捐献了所有家产，耗费了无尽心血，受尽了千辛万苦，无怨无悔地献身教育，他崇高的人生境界和伟大的办学思想，具有极其广泛而深远的历史影响，对当今的教育改革和发展更具有现实指导意义。

一、"三办正则"，开创了中国女子职业教育的先河

吕凤子40年办教育，一直在积极探索一条与中国社会实情相适应、与生产劳动相结合的职业教育之路。早在20世纪初，凤先生就实行产教结合，用以产养教的办学方式，开设了工艺、缝纫、刺绣、蚕桑、烹饪等多门学科。特别值得一提的是，凤先生倡导并精心探索扶持的"正则绣"，享誉海内外。著名艺术大师刘海粟在给郭沫若先生的信中称赞"正则绣系用乱针法，以针代笔，以色丝为丹青，使绘画与绣工融为一体，自成品格"。吕凤子先生的艺术思想和艺术创造，不仅赢得了荣誉，而且在艺坛上留下了永

恒的光辉。这种"敢为天下先"的创造精神，将永远激励一代又一代中国人自强不息，努力创造中国职业教育更新的辉煌！

二、"三办正则"，树起了反封建、反礼教的革命旗帜

吕凤子先生是一位反封建、反礼教、思想进步、具有时代精神的美术教育家。他在读书时就逐渐形成了反封建、反礼教的进步思想。在丹阳，他是第一个剪辫子的，也是第一个主张女性放小脚的，其祖母和母亲的小脚都是在他的努力下，首先放开的。他亲眼看见妇女受欺压、男女极不平等的社会现实，对此极为愤恨。辛亥革命后，立即在家乡丹阳创办了正则女校，学生一律剪短发、穿校服、学技艺，志在反封建、争取女权。1938年，正则女校被迫迁蜀重建，抗战胜利后又返回丹阳重建，学校不管是在初创时期，还是在发展时期，始终坚持女子职业教育，始终不渝地为争取妇女解放而斗争，为国家培养了一批妇女人才。中华人民共和国成立后，妇女真正翻身做了国家的主人，和男性享受同等的政治、经济和文化教育上的权利，此时，吕凤子先生欣慰地感到"我责已尽，我愿已偿"，于是，把学校无私地奉献给国家。吕凤子这种敢于反封建、反礼教的进步思想和时代精神，永远值得后人敬仰和学习。

三、"三办正则"，倡导了团结、求实作风

我国著名语言学家吕叔湘在《怀念凤子大哥》一文中这样写道："凤子大哥办正则学校，成绩优异，这是有目共睹的。他的秘诀在哪里呢？其实，也没有什么秘诀，只有两条原则：一条是团结。首先是团结教职员，然后是通过教职员团结学生，使全校师生员工都觉得生活在一个非常和谐的大家庭中。另一条原则是求实。正则学校是一所女子职业学校。那时候男女分校，男校多而女校少，丹阳连一所女子学校都没有，所以凤子大哥才办起女校，提倡女子教育。又因为当时妇女不能在职业上享受与男性平等的待遇，所以针对女性的特点，开设了绘画、刺绣、蚕桑等科。后来，也有了小学部和初中部，那也是以普及教育为目的，没有追求升学率这一类事情。"吕叔湘对吕凤子办学成功的秘诀做了精辟的概括，这种团结、求实的精神，不仅当时"三办正则"需要，如今更需要，今后仍然需要。任何时候办教育，都必须坚持"求实"的原则，要根据实际情况办教育、发展教育。同时，要团结所有的教职员工，团结学生和家长，团结其他各界人士，调动一切可以调动的力量，齐心协力，这样，教育才能兴旺发达。

四、"三办正则"，体现了伟大的爱国主义情怀和精神

吕凤子是一位爱国的画家、美术教育家，为了办"正则"，他变卖了所有家产；为了办"正则"，他艰苦备尝，甚至不顾自身生命安全，两度迁徙，三次建设；为了办"正则"，他卖字画、卖蚕种、卖绣品，举办筹款画展，积劳成疾，昏厥街头。他说："生的意义便是不息的劳动、不息的创作。"他还说："泪应涓涓无遗，血也不留涓滴，不留涓滴，要使长留千古热。"吕凤子先生是这样说的，更是这样做的。1946年夏，吕凤子决定从四川返回江苏，临走时，他将在四川璧山县创建的私立正则职业蜀校全部交给璧山政府，不要一文钱的酬谢。1951年，吕凤子出于对中国共产党和人民政府的高度信赖和热爱，又把他历时5年多亲手从焦土瓦砾上再次重建的丹阳私立正则学校毫无保留地交给人民政府。吕凤子先生以其不平凡的一生实践了他的金石之言，充分体现了伟大的爱国主义情怀和精神。吕凤子不愧是伟大的爱国主义美术教育家，他的爱国主义精神将永存史册。

参考文献：

［1］贡献之. 忆正则［G］//钱凯，吴海祖. 吕凤子纪念文集. 南京：江苏人民出版社，1993.

［2］黄选能，周立成. 序［G］//钱凯，吴海祖. 吕凤子纪念文集. 南京：江苏人民出版社，1993.

［3］周永健. 会当澡雪来，于焉证冲寂——《吕凤子文集》序［G］//吕去病. 吕凤子文集. 天津：天津人民美术出版社，2005.

［4］吕叔湘. 怀念凤子大哥（代序）［G］//钱凯，吴海祖. 吕凤子纪念文集. 南京：江苏人民出版社，1993.

（原刊于《镇江高专学报》2006年第3期）

吕凤子美育思想

吕凤子美育思想基本内容
及现实意义研究

蒋纯利

吕凤子（1886—1959）是我国近现代著名的教育家、美术家。吕凤子曾说他一生做了三件事：画画、教书、办学校。这三件事哪一样都不好做，而吕凤子却将这三件事做得都很出色，给后人留下了大量的珍贵遗产。其中最为可贵的是，吕凤子在办学的过程中积极倡导、实施学校美育。这在当时的社会环境和办学条件之下，实属罕见。作为美术家、教育家，他一面教书育人，一面在办学的过程中思考人才培养的正确、有效途径。他赞同民国初年首任教育总长蔡元培所拟定的"国民教育方针五项内容：军国民教育、实利主义教育、公民道德教育、世界观教育、美育"，并公开宣称自己的私立正则学校办学是"极赞同蔡先生主张"[1]318的。同时在他的私立学校招生简章广告中明确注明"本校实施美育"的条目，在展现自己办学特色的同时供学生选择。几十年的办学、教书过程中，他一直坚持致力于美育的实施，并通过不断的研究探索、实践完善，逐渐形成了属于他自己的美育思想，建立起富有个人特色的美育理念、美育体系及美育方法。

吕凤子美育思想散见于他的论文论著中。其中代表性文稿有《图画教法——教旨第一》（1919）、《中学校的美育实施》（1923）、《凤先生说美育》（1942—1947年）、《关于生的一种解释》（1942）、《本校教育主张》（1943）、《艺术制作》（1943）、《人生制作即艺术制作》（1943）、《我们的教条》（1944）、《我们成立这个学校的目的》（1945）、《美育与美术制作》（1945）等。要了解吕凤子美育思想具体内容，我们将从以下几个方面做一些浅析，以期能够了解和把握吕凤子美育思想，并得以窥视其思想的精髓。

一、吕凤子对美、美育等基本概念的看法

吕凤子自两江师范学堂毕业后，任教于两江师范附中，开始从事教育教学工作；民国元年（1912）创办私立正则学校，开始了他的办学生涯。由于受到蔡元培美育思想的影响，使得他一方面在教育教学的过程中发挥

自身艺术专业的优势，身体力行积极实施美育各项内容、措施，另一方面还就美育基本理论、实施方法等问题，认真学习、研究。他不仅大量应用了中国传统哲学思想、历代艺术流派与史论等经典，还注重吸收西方哲学、美学及美育等方面的各种思想理论，提出了他对美育基本内容的一些看法和思考。也正是这些十分成熟的成果，使得他有了实施美育的坚定意志、执着精神，形成属于他自己的美育思想体系。

1. 吕凤子对美的认识

吕凤子对美的认识，通过长期实践感悟，在基本概念、基本原理等方面，有着十分清晰的论述和个人观点。从目前掌握的文献来看，他最早应该是在 1914 年《风景画法》著作中提及美的概念。他从色彩心理学的角度提出对美的概念的一点认识："同感色之调和，则令人如对曲线而生优美之感，反对色之调和，则如对直线而生壮美之感。"[1]19 "鉴小儿爱反对色不调和之玩具，成人多爱同感色调和之饰物，知识宏富者更爱反对色调和之一切天然物、人造物，夫亦曰美情相伴。"[1]19 "即知识最浅者，仅具不完全之审美之感情；渐进，斯渐有优美、壮美之情愫。"[1]19 从以上文字表述中可以看到，吕凤子已熟练掌握美的概念，并做了一些简单分析运用。这三段文字中分别提到了"优美""壮美""美情"和"审美之感情"，显然吕凤子是在两江师范学习时受到西方美学思想影响的结果。但从他提出"美情"概念及他的"阿凤不信"的语言陈述上，表现出他已经开始有了自觉建立独立美学思想的初步意识。

1919 年的著作《图画教法——教旨第一》中，他就多次明确给美这一概念下定义，并用其浅显的语言来表达他的认识："若虚感者，感而唯觉快否之谓，快则即合若虚物我于若虚意识界，别成一合体焉，所谓美是也。"[1]63 吕凤子对"若虚"的解释是："实在相者，实在物之生灭相也；若虚相者，实在相之映象也。"[1]63 "映象"从心理学的角度讲其意思是指"一个独立于意识的客观现实存在并认为人类意识有能力反映这个现实"。而"若虚相"是针对客观具体事物形态的"映象"，换句话说就是建立在客观事物具体形态基础上所呈现为人的主观意识之形象思维的结果，具有"想象思维"行为状态。"若虚感者"也就是在观照现实事物的同时能够在人的主观意识中发挥想象思维能力的人。如果感受到快乐，并且这种快乐是来自于主观思维中客观"映象"（若虚物）与理想状态下的主观个体（若虚我），在想象思维意识中（若虚意识界）达成相互融洽、形成共识，这就是美的感受、美的状态。

在吕凤子看来，美与人的想象思维能力相关联。对此，他进一步强调："曰：若虚感感若虚相，而生若虚快焉。快则合若虚之真我真物，于若虚意识界之谓美。此吾说也。曰：客观之实在，适合于主观之理想内容，即抽离焉，而成假象之谓美。"[1]75人的想象思维能力能够促使人们在感受事物时生成对事物本质形象（真物）的想象，从而在个体意识中生成想象的愉快感。而这种愉快感一定建立在想象思维意识中事物本质内容（真物）与人的本质内容（真我）相协调的状态中。想象思维能力（若虚感）和想象意识建立（若虚意识界）是生成"美"的关键点。其核心问题就是要生成"假象"，这个"假象"是在人思维想象中客观现实事物与主观理想内容高度融合所形成意识形象而"抽离"出来的，也就是"合若虚之真我真物"的"象"。这段表述在上一段解释"美"的生成过程中涉及"若虚相""若虚感""快""映象"等词语基础上，增加了"理想内容""抽离""假象"等词汇，在讲清"美"生成过程中的状态后，对"美"形成的基本肌理提出了自己的认识。

有了这两个前提，吕凤子将"美"与真、善做关联比较，进一步挖掘"美"概念中的丰富内涵。他说："自自然本体言之，美即真，真即善，善即美。美者，真与善之若虚质；真与善者，美之实在形也。"[1]73吕凤子认为，真、善是人们对美在社会生活中可以感知到的外在客观面貌，而美是真、善的客观现象经过人主观思维想象后的内在形象表达，其所显示的是真、善的本质特征。这时的"美"不仅存在抽象的概念解释层面，而且显示为社会生活层面的具体运用因素，有着重要的操作内容。

对此他还分析道："若虚与若虚交感若快焉，斯谓美；感若不快焉，斯谓丑。斯谓美者，若虚、物我交而契也。交而契者，客观之实在，适合于主观之理想内容也。彼不知理想内容有若虚焉，发见于若虚意识界也曰美，有实在焉，发见于实在意识界也曰真与善。"[1]77这段话有四个层次内容：一是"若虚与若虚交感若快焉，斯谓美；感若不快焉，斯谓丑"。他认为人的各种思维形象通过意识交流获得新的感受，这种感受能够带来愉悦快乐的心理状态，那就是"美"的，反之的就是"丑"的。这是"美"的最基本状态。二是"斯谓美者，若虚、物我交而契也"。这讲的是"若虚"与"物我"（即实在）要相交流并达到融洽、默契，浑然一体才能显示出"美"的感受。三是"交而契者，客观之实在，适合于主观之理想内容也"。这里出现了"交而契者"涉及的两个内容，即"客观之实在"就是"实在相"，"主观之理想"就是"若虚相"；而他强调"实在相"要适合"若虚相"才能显示出浑然一体的样子。四是"彼不知理想内容有若虚焉，发见于若虚意识界也曰美，有实在焉，发见于实在意识界也曰真与善"。"美"就是理想内容有想象思维的成分并将它"发见于若虚意识界"所形成的；而这个"理想内容"具备"有实在焉"，即"物（含我）"的"实在相"，在现实生活的理解上就显示为"真""善"。通过这段解读，"美"的概念至少在社会生活运用过程中，首先要体验到"快乐"的愉悦感受，这种"愉悦"是通过一定因素的默契交流得以完成，而默契交流的因素是来自于"客观之实在"与"主观之理想"，这些因素的默契交流所达到的"美"的状态，是建立在"意识界"中。这样的认识有着很强的逻辑性，在弥漫着浓重的基础理论研讨和分析中，使我们充分感受到吕凤子较高的学养及不错的理论思辨能力。

对"美"概念的认识，他还提出："无限的生力（即宇宙）有限的显现（谓一切个别形象），谓之生命。美即指生命可能幻变及幻变可能言，生命幻变非生命绝灭，生力是不灭的，故曰美是客观存在的。"[1]320他从宇宙观的整体视角来看待人类的发展变化，看待美育的重要作用。他在赞美宇宙生命变化发展的状态时，由衷地提出无限生力（即宇宙）的有限显现值得人们珍惜重视。因此他认为美就是"一切个别形相"不断变化发展中的生命状态，应该是个鲜活的状态。这个鲜活的生态从"爱"与"美"关系上看，更能提升"美"的价值，"爱者，顺之本，争所依也。爱以己著，己成于爱。爱可鉴，己可观也，斯曰美"[1]288。这里的"爱"是生命生长发展的根本内容，是所有个体不断茁壮成长的必要条件。正由于"爱"对生命的重要作用，才使得"爱"很好地体现在每个个体身上，换句话说就是每一个个体的成功均是"爱"这个重要因素所造就的。而"美"就来自这个"爱"，来自个体对照"爱"这面镜子观照所带来的感受体验。这时的吕凤子对"美"的概念的认识，已经从基本的感觉状态、生成机制和人的思维意识层面上升至更富有哲理的生命价值系统。他接着论述道："相应斯和。独应众，和；众应独，和；众应众，和；独应独，和。和斯美，不相应斯乱。"[1]297他不仅用"爱"来丰富"美"的意义，还提出"美"所具有的人与人关系的协调、和谐内容。这样的"美"越发具有实际生活的价值意义了。而对于个体发展上所具有的"美"，他认为："才尽其用，力尽其变也，斯为美。"[1]342

在《艺术制作》一文中他针对艺术专业学习者提出了美的认识："艺术制作是美的表现，制作艺术是美的追求。"[1]331这就告诉人们，艺术制作，或者学习艺术的目标就是从美的角度来思考自觉的行为和结果。在这个行为过程中，需要充分认识美是有具体的方法的，即美具体体现在形式方法、内容要求上的。他说："美的形相是变化调和，调和变化，愈变化愈调和，变化便是调和；愈调和愈变化，调和便是变化。这样的愈变愈复杂的形相也就愈美。美的内容是作者对于事物之理的感。理无二致，感有深浅。感愈深理愈邃，配合愈复杂的形相，也就愈感美容丰富而愈美。形相内容总是调和的、统一的。"[1]339作为一个艺术家、艺术教育家，他有着扎实的艺术美学理论和极高水平的创作能力。这段话里提到"变化""调和"原理，"内容（感）""形式（理）"的关系，并由这些原理、关系通过实践运用所显现的是艺术的"美"。从中，我们既可以窥视出他对艺术原理的熟练掌握运用，也可以体会到他的艺术实践功力和丰富经验。

2. 吕凤子论述美与真、善的关系

吕凤子对美的认识不是单独孤立的，而是放在艺术整体框架中陈述，放在教育、社会生活的大环境中讨论。这就要求我们在认识吕凤子美育思想过程中，要从他的艺术整体内容、美育整体思想来考察。而他在表述"美"的概念中，言及频率较高的词语就有"真""善"，这两个概念是他思考较多的内容，对认识"美"的概念有着重要的作用。

在《图画教法》中，他就将美感的生成与真的实现和达成善的道德感相联系，来阐述他从本体论的角度所认识的真、善、美关系。他说："实在欲息，斯若虚欲兴。若虚欲者，美欲也。美欲盛，斯美感强，斯无往而不感物之若虚相，斯一切之自然理法、自然现象获由感而发见其若虚，无异乎由智而发见一切自然理法、自然现象之非妄。故余曰：自自然本体而言之，美即真，真即善，善即美也。美者，真与善之若虚质；真与善者，美之实在形也。"[1]73他从人类不能实现完全之幸福的"乱源"——"无厌之生欲"谈起，从本体论的深层次上讨论了抑欲之关键在于启发人们从宇宙观的视角看待"一切现象"，即认识"自然本体"的"真物""真我"，并由此推演至如何去改变人们的思维方式。在他看来，人们如果不用私利的眼光看待事物的点滴好处，而都以"若虚"即想象来思维，来看待事物的发展规律、人类的整体生存，那就自然会形成美的欲望，从而调动起对"自然理法、自然现象"的理想思考。这样的想象思维方式所呈现出理想的"自然现象"即真、理想的"自然理法"即善；而这真、善所呈现的想象思维的理想形态，就是美的形态。

"自感之方面说明自然本体曰绝对美，自知之方面说明自然本体曰绝对真，自意之方面说明自然本体曰绝对善。名因说明方便，别而为三，其实一也。"[2]74他十分清楚真、善、美从本体论的角度来认识就对应着人的心理行为的知、意、情（感）。他是从人生命本体的"生力观"来思考人类理想的"最后实在"："但我们却尝说，一切非实在的客观现象、主观心象是生力的幻变，生力不减便假定这是最后的实在。便分别名生的法则为真，生的意志为善，生的状态为美。"[1]371"生力不减"便是他的"真我""真物"的存在方式，在此基础上所具有的"一切非实在的客观现象、主观心象"组成的"生力"，在不同的知、意、情（感）角度呈现为"真"　"善"

"美"。他所思考的是人的全面发展所包含的各方面内在因素的变化，使人们充分理解什么是"美"，什么是"真"与"善"，从而达到抑制"无厌之生欲"实现人类完全之幸福的理想。所以他还说："彼不知理想内容有若虚焉，发见于若虚意识界也曰美，有实在焉，发见于实在意识界也曰真与善。"[1]77这里强调的是人们理解社会生活理想状态需要想象思维，而所呈现的想象思维在人的意识状态下所表现出来的一定是美的形象；同时这个美的形象可以是具体形态构成的，对这个具体形态构成进行分析、研判，便能够体会到其中所包含的真与善的内容。

他甚至用简便的语言解释说："即非美，是名美。即非真善，是名真善。即非若虚，是名若虚。即非实在，是名实在。是皆从方便而为之名，其实无有差别，无可名指也。"[1]80在他看来，如果把握这些概念之间的相互内在联系，也就没有什么差别。这一想法他在1947年的《美术节上的演讲》稿中讲得更加具体："物之美者止于美，不必叫做善，但也可叫作善。事之美者则多叫作善，便因善无不美，美无不善。"[1]339虽然"美"与"善"没有多少差别，但仔细分辨还是有一定不同具体指向。"美"主要指向的是具体物的形态，而"善"更多的指向人与人之间具体的各种社会生活关系、事件。不管是物的具体形态，还是具体的人事的关系事件，如果将这些内容借由想象思维在人的意识状态下而表现为各种"若虚"的理想形态，那不就是"美"吗？所以，吕凤子将此推演至人的个体发展时，自然就提出了他的著名论断："才尽其用，生尽其性也，斯为善。才尽其用，力尽其变也，斯为美。艺术制作止于美，人生制作止于善。人生制作即艺术制作，即善即美，异名同指也。"[1]342

3. 吕凤子论述美与爱的关系

吕凤子美育思想的起点，是从人类发展的终极目标——"谋人类完全幸福"来研究美育、实践美育。他不仅从理论上解决美在形成过程中的原理、构成方式，寻觅美在概念上的意义，同时他还十分注重美在实践中的运用、价值。于是在美育的实施过程中，他逐步将理性很强的"美"与社会性很强的"爱"联系起来，形成了他的"美与爱"的美育思想内容。

最早在他文稿中论及"爱"，是1941年《赠国立艺专一九四一级卒业同学》赠言中："从事艺术制作的人，无我无物，即我即物，对于人间却止有爱而无恨。"[1]278"认定一切人一切物，永久是构成艺术品的素材，永久是爱的对象。"[1]280这两段话是吕凤子作为国立艺专校长送给卒业学生的赠言，寄希望他们从学校进入社会后能从艺术专业的角度去爱他人、爱社会，以提升自身的专业能力和素养。真正将爱与美联系起来思考美育思想，是1942年《凤先生说美育》一文。他说："爱者，顺之本，争所依也。爱以己著，已成于爱。爱可鉴，已可观也，斯曰美。"[1]288 他在这里将"爱"定义为人类生存发展的基本条件，是正常生存发展"顺"的根本内容，也是人类不断完善的必要动力。然而"爱"是要通过个体的"己"来呈现，成就个体亦来自于"爱"。那么，这个"爱"如同一面镜子，个体从中可以看到自己，这个自己也就可以称其为"美"。吕凤子将"美"所包含的内容做进一步落实。在他的美育思想体系中，"美"不仅是人的思维想象能力发展变化的心理现象，也不仅体现了人的本体内容中借以美的方式来实现真与善达到抑制"无厌之生欲"，更重要的是"美"能够体现由"爱"而成就个体的重要因素。

应该说，吕凤子对"美"的认识，是从理论的抽象理性思辨层面，逐步进入生活实践操作层面，将"美"与"爱"联系起来，就是要通过具体生活方式的转变提升，来实现他的美育理想。他明确指出："鉴惟爱，斯行乎爱而无悖义。契夫义，斯行乎公而无违仁。美育，始于无为，终于无为也。为无为，善之至也。"[1]289 吕凤子是希望通过所有个体拥有的"爱"而不失去"义"，并获得"公"的行为规范而具备"仁"的品德要求。这就是吕凤子美育理想的最佳状态，这个最佳状态通过"始于无为，终于无为也"的过程而达到"至善"的结果。

吕凤子十分看重这个"美育"理想的过程和结果所依赖"爱"这一重要因素，他给予其很高的定位。这个定位在他的美育思想体系中终究还是归位于他一直强调的生命价值意义上。他说："生命依所含一种最高指导力量，各竭可能幻变、各著作其生命史，这力量便叫做爱。美所在，即爱所在；爱寔美之用，故曰美的存在，即爱的表现。"[1]320 他认为"爱"是生命发展变化所依赖的力量，它无形中指导着生命。而这种生命发展变化所呈现的就是"生力"，是"生命幻变非生命绝灭，生力是不灭的"的"生力"，其所具有理想的"自然理法"而表现为"爱"；同样"生力"呈现为想象思维的理想形态时，也就是形成了"美"的形态。这就是吕凤子所说的"爱寔美之用"，"美的存在，即爱的表现。"在 1945 年《我们要做的事》一文中，他不无感慨地说道："生的现象便是爱的表现，穷极变幻，真是美绝。"[1]367

以上的讨论使我们认识到，吕凤子的美育思想不单纯对"美"做理性阐释，更多是从实际应用角度去思考"美"在人生命发展系统中的价值及社会和谐生活所具有的意义。因此，吕凤子的"美育"思想内容较为丰富，包含着浓浓"爱育"内容，应该是"美育兼爱育"思想体系。他强调的正如他所说的："生无己，爱无穷也。异无己，美无极也。成无己，仁无尽也。这便是人生所以为人生，艺术所以为艺术。"[1]336

4. 吕凤子对美育概念的思考

对于"美育"的具体概念，吕凤子有一段表述讲得很清晰："美育是'要一种用直观力量，鉴赏生力与生命宇宙与个己及与个己间相关联、相引斥的幻变情形，同时悟彻这个客观美的存在，它是爱的表现，从而认识人生价值的一种创造生命的广义的教育。'"[1]320 这个阐述十分吕凤子化。在他的认识中，美育概念由三个部分组成，分别是基础内容、过程内容和目的内容。美育的基础内容是"一种直观力量"。这个"直观力量"是用来实施美育的动力，是推动美育各个内容达到目的的手段、方法等。美育的过程内容有两个，其一是"鉴赏"，"鉴赏生力与生命宇宙与个己及与个己间相互关联、相引斥的幻变情形"，"鉴赏"过程内容中实际上需要对二类关系及相互作用进行充分"鉴赏"，即"生力与生命宇宙""个己及与个己间"及前两者之间的"相互关联、相引斥的幻变情形"；其二是"悟彻"，"悟彻这个客观美的存在，它是爱的表现"。"悟彻"是有了"鉴赏"后的充分认识，对"美"和"爱"的认识。前两个阶段完成最后就得以实现美育目的："认识人生价值的一种创造生命的广义的教育"，他强调美育目的有三："认识人生价值""创造生命"和"广义的教育"；换句话说，即美育这个广义的教育，真正的目的是创造生命的教育，是必须通过认识人生价值才能完成的。应该说，这个概念的陈述具有深邃的理论学养，熟练的研究功底，丰富的学术价值，最为重要是这个概念生成有着很强的实践操作意义，是吕凤子一生美育实践的结果。

吕凤子对"美育"概念的思考，很看重"鉴赏"及"悟彻"能力、修为这一过程。他多次说到"我们要从鉴赏一切，认识一切。我们认识始终基于鉴赏的行为，是最有价值的行为。"[1]290 在鉴赏过程中，"集中注意力于任何事物，静观久之，纷念既戢，己便会暂时脱离欲得羁勒，恢复原来地位，和所对事物相对立，而发见对立事物统一于彼自己的整个形相。则因这时候观者自己已获独立故。"[1]291 通过"鉴赏"中"注意""静观""纷念""发见"等心理变化，使"欲"脱离而感受到自己的"整个形相"，这时自己个体达到了"独立"的境地，并在此基础上认识自己个体或他己的"美"，"无论为观者自己或他己，当初成鉴赏对象时候，虽一瞥即逃，然发见既数，其印象留观者意识中自不易消失，鉴赏复鉴赏，终至有见尽为美的现象。"[1]291 这就是"鉴赏"的意义，通过鉴赏，发见自己的整个形相以使自己具备独立思想而再去认识一切现象。所以他断言："没有能够看见自己，爱与想便未由启发"。[1]315

对于美育的实施，基于以上概念和"鉴赏"培养要求，他在基本操作过程上提出了一些方法。他说："合者，若虚合于实在，则若虚消；实在合于若虚，则实在失也。引者若虚先，实在后，相别而不相悖，相依而不相淆也。引之合之，美育之事也。"[1]82这里的"引""合"便是美育能力和素养提升操作中的关键方法。他是最反对在实施美育的过程中用强制的办法来实践，而强调用引导的方法来诱发个体内在情感的享受和行为上的积极性，使得个体的美好理想思维与现实生活相切合。他认为使用这样的方法应该是最为妥当的。"是故引者合之缘，合者引之便，变无害常，常引便合，便合常引，以至于无穷尽。美哉！善乎？真之谓欤。"[1]83

对美育的具体实施，他认为其主要切入点是艺术教育。"所谓美育呢，最简单地说，就是以艺术（此就广义而言，凡美的自然人事也包含在内）为教育，而期效果于艺术根本态度的贯彻人生。"[1]108"艺术教育，绝缘之教育。夫于外断绝一切实在关系，即断绝一切物缘；于内完全谓美的观照，即完全为若虚意识作用之为绝缘。绝缘之相，曰美相；绝缘之感，曰美感；绝缘之教育，曰美的教育。曰美的教育，合美相美感言之；曰美感教育，则但从主观方面言之。"[1]85通过艺术教育培养个体的"艺术根本态度"，这个"态度"中若虚感所形成的"美相"——美的形象意识构建，能逐步建立起个体的"鉴赏""悟彻"能力，使个体自身的美感意识得以提高；这样就能够在"引""合"的机制过程中达到改变对"实在"中"物欲"的迷恋，生成倾向于"真""善"的认知而制止"私欲"发生，确立起道德的意志行为，继而完成"谋人类完全之幸福"。

对于美育实施所要达到的目标、效果，他有着美好的希冀。他感慨地说道："我们现在提倡美育，便是要构成社会的任何个人都能各尽其变、各竭其能，而在和谐状态中。"[1]372这是从整个人类发展的社会层面提出理想目标。从个体角度来思考，"美育是就异成异，美术制作也是就异成异。不过美术制作所成者，是作者自己的异；美育所成者，是一切被成者自己的异，这是最要弄清楚的。"[1]373自身个体美育理想"就异成异"效果的构建，用来自美育的具体实施。"我们提倡美育，便是要每个先生、每个同学都能够看见自己一面，藉助礼法，使勉强行之成习，内宥外铄，同时并行。"[1]315"认识人生价值是良知，爱的表现是良能，惟美育能发良知、良能。……我们实施美育，便是要学者本良知、良能，以尽其生、以抒其爱。"[1]321具体地讲就是在"都能够看见自己一面"的鉴赏基础上，达到个体"以尽其生、以抒其爱""内宥外铄，同时并行"的"就异成异"。

吕凤子对美育的事业十分乐观，他说道："什么是美育？这以艺术为教育，不但使一般人由教养而得享乐艺术便算，并且还期望他们一概成功艺术家——最广义的艺术家。还有，这不但以艺术的创造启发生活的创造而已，并且要推广艺术的创造于一切方面，使一切生活都成艺术化。"[1]112吕凤子美育理想的"一概成功艺术家""使一切生活都成艺术化",以实现"最合理教育云者,即穷异成异、穷己成己之谓。是即吾侪谋在此实施之美育"[1]295,这就是吕凤子美育的愿望所在。

5. 吕凤子关于美育与德育的关系分析

吕凤子的美育思想中还包含着德育的内容和作用。他曾明确道:"然则谓美即道德,美育即德育,又奚不可哉。"[1]80吕凤子认为美育的过程人们可以通过"若虚感"(想象思维的作用)认识"真我"(人类的发展),而获得社会道德理法。在他看来:"真我由若虚感而发见,即道德获由美感发见其若虚也。"[1]73正是"美育"的想象思维过程中所拥有的道德感,使得德育带有了十分积极的作用。就因为美育在认识"真我"时所生发的"美欲"可以抑制个体的"物欲",并引发同情心。他认为:"同情为道德心之根本作用,而易引起于美感者,同情亦若美的乐受曾经客观化。"[1]83吕凤子提出了关于同情心来源于美感的说法,主要原因就是审美过程的客观化。"曾经客观化者,主观之实在,视若客观之实在,化主为客,视我犹人,人我无分,谓之反真。反真者,实在我与一切客观实在,并列而为真我之对境"[1]83。这段话使我们认识到,现实的人通过反真这一角色转化成为他人时,将心比心地站在客观现实的角度,来与"真我"(人本体的基本要求)相对应观照,这时自然就生出同情心来,进而"我相既泯,执着自化,此实在我之同情,所以易与若非实在之美感合也"[1]83。就是因为实在的我已转化为客观人,障碍就自动化解,人的审美感受就由此合理地生成。所以吕凤子认为:"己之用在异;爱之用在成己之异。己不幸役于欲而罔其生,爱必随之而湎于役而表其德。是以美育最初步工作,在解放己、解放爱及从事道德教育。"[1]291

即此吕凤子总结道:"良心作用,谓心性全体作用。同情,谓全体作用中感性作用。前说第一转念,第二推想,则谓全体作用中知性作用。知性感性二作用合,所谓第二推想始无乖误,始克尽良心作用。谋尽良心作用,斯有所谓德育。"[1]84他坚信:"美育者不但为抑欲之方便法门,亦即德育之所以为德育。舍美育而言德育,吾见其徒劳而无益也。"[1]73

二、吕凤子美育思想的基点是"尽力的生"

吕凤子的美育思想是理性的,也是实践性的。他不仅注重个体自身生理、心理发展变化,更注重构建"人间文化""人类福利"的"一切己"和"一切异"如何和谐美好发展。他甚至在解释"我"的概念时这样表述:"'我'是限制称谓。是限制称个体表现的有限生力,生力不灭,'我'之称谓存在人间也就永久不灭。"[1]359在他看来'我'也应该看成是一个发展的、人类整体概念，而不应该视作个体内容。所以他的美育思想范畴是从"宇宙"和"无限生力"的人类群体来展现他的思想。吕凤子美育思想是从"人类完全之幸福"思考人的生命状态，是在对每个个体"尽其生、穷其爱、竭其力"的认可和尊重的基础上，注重在感知生命（生欲）的过程中自发地认识自我本体。

1. 吕凤子美育思想基本出发点是人的"生力"

吕凤子美育思想及其实践有着明确的逻辑起点，那就是他不断描绘提及的"生"与"力"。他认为培养人的问题，其基本出发点应该定位在人的"生力"这一最为基本层面上。"一切在外的现象起灭无常，我们不承认它是实在。一切在内的心象倏忽起灭我们也不承认它是实在。但我们却常说，一切非实在的客观现象、主观心象是生力的幻灭，生力不减，便假认这是最后的实在。便分别名生的法则为真，生的意志为善，生的状态为美。"[1]371随后他明确提出"生"的法则、意志和状态的解释："我们又尝解释生是尽变竭能，必也一切生不相侵害，才能各尽其变、各竭其能，这便是生的法则。而要一切生各尽其变各竭其能便是生的意志。生的自然状态便是生的意志遵循生的法则的表现。所以我们说美在异，美在一切生的谐和幻变。"[1]372吕凤子用他富有哲理的思考，将美育建立在"构成社会的任何个人都能各尽其变各竭其能，而在谐和状态中"。[1]372因此"生力"的提出反映了吕凤子对人生命状态的认可和尊重。

在他看来，"一切现象都是力，物是力，人也是力。力是整个的，不可剖分"[1]352。吕凤子认为这个力不可能是静态的，它是有活力的"动"，而这个"不可剖分"的整个的"力"会"一动万动，任何一动都会影响一切动，也就是任何一动都会受一切动的影响，而成动的法则。"[1]352然而正是有了"动"，才有"生"，"动而有，曰生。"[1]353在这个宇宙所有现象的"力""动""生"的关系里，只有人能够表现出无限的"生力"，"本人认宇宙间一切现象是无限生力的有限表暴，惟人生可能表暴无限生力，可能无限的生。"[1]330因为宇宙的存在就是生命力的体现，但最能体现这无限生命力量的是人的不断生长、传承、发展。《易传》谓"天地之大德曰生"，扬雄谓"天地之所贵曰生"，这就是说中国传统文化中最重视、最敬仰的莫归于对"生力"的崇拜。"'生'在这里已经不是具体的自然生命，而是包括从自然生命中所超升出的天地创造精神。"[2]3吕凤子美育思想的起点其实就是中国传统文化精神的起点。

2. 吕凤子对"生力"的具体阐述

正则学校校歌中他撰写道："'惟生无尽兮爱无涯'。是说宇宙间一切事象，都是力的表现。你也是力，我也是力，力的表现永久不会完全相同。

你是你，我是我，虽父子兄弟也不会一样无异。这不一样的异的事象，便叫做生。宇宙无尽，便是力无尽，生无尽。若问为什么要这样异的生，只好说是爱这样生便这样生。所以说生无尽，便是爱无穷。生的现象便是爱的表现，穷极变幻，真是美绝。最容易叫人感觉其美的，莫如璀璨的花、都丽的霞，所以举物做例说：'璀璨如花兮都如霞'。可是人们为私欲蒙蔽，常不能尽其生、穷其爱、竭其力的变幻，这就有待于教育。我们现在做的事，就是启蒙祛蔽的事。蒙蔽祛，爱的芽便可发荣滋长，所以说'畴发其蒙兮茁其芽'。我们每个同学能够做到尽量发展每个不同的个性，尽力的生，自会感到生的趣味和幸福，再不会有人间怨恨和悲哀，我们学校也就成为'鼓舞欢忻，生趣充塞'的处所，正如秋月光华照耀人间，你看美不美！所以说'正则正如秋月华，美呀！'"[1]366-367这段吕凤子对校歌的说明，清楚地看到他对"生力"的尊崇，对美育的迷恋。他希望人类社会都要"尽力的生，自会感到生的趣味和幸福"。用吕凤子的理解，"这个可能无限生的自体通常叫作精神作用，或性，或自己，即宇宙本体。"[1]330他取用《周易正义》的"天本无情，何情之有？而物性命，各有情也。所禀生者谓之性，随时念虑谓之情"。这里所讲的性即是万物所禀生之理，生即是"性"。"生为天之理，天只以生为道。生命是宇宙的根本精神，是最高的本体。"[1]3

从他的美育理论中我们体会到他在尊崇"生力"的"宇宙无尽，便是力无尽，生无尽"的同时，不断张扬他的美育理想。正是由于"生无尽，便是爱无穷。生的现象便是爱的表现，穷极变幻，真是美绝"[1]366-367。这就是他美育思想的追求目标——"尽其生、穷其爱、竭其力"，"这就有待于教育"，"就是启蒙祛蔽"，"蒙蔽祛，爱的芽便可发荣滋长"，"我们每个同学能够做到尽量发展每个不同的个性，尽力的生，自会感到生的趣味和幸福"。

三、吕凤子美育思想的根本目标是"谋人类完全幸福"

吕凤子美育思想是有着清晰的目标指向的，而这个目标就是"谋人类完全之幸福"。用他的话讲，就是"构成社会的任何个人都能各尽其变各竭其能，而在谐和状态中"，让"每个同学能够做到尽量发展每个不同的个性，尽力的生，自会感到生的趣味和幸福"[1]367，即"成己成异"。

1. 实施美育的根本缘由是"抑人类无厌之私欲"

作为有强烈社会责任意识的教育家、艺术家，吕凤子对教育目的、任务和内容等进行过严肃认真的研究探讨。他说："彼未尝知人类教育绝对的目的，在谋人类完全幸福，根本在抑人类无厌之私欲，而实施道德教育。

欲实施道德教育，根本在兴美感教育。"[1]84他认为人类教育要解决的关键问题是要做到"抑人类无厌之私欲"，并非常理性地分析了"无厌之私欲"产生的根源"即在各谋完全幸福之不得乎"。正是这个原因，"而为争战之直接凭藉者，厥唯智力与体力，智力与体力愈发育，争战之祸愈烈"。

当然，吕凤子也看到了国内外历史上大家也纷纷提出了一些解决的办法，"虽有消极之法律、积极之德目，为群动之限制之标准，根本制裁之宗教，赫然以绝对势力之上帝临之，莫解其纷，转益其扰。"[1]54这些办法并没有消除这个根本问题。他认为原因还在于大家都没有探清其中的真正缘由，他理性地分析指出："生欲为患者，原子始结合而成物，为一种法则的机械作用。既成物而能自动，欲遂以生（吾名之曰：结合欲），且无射焉。遂使在人之一切智情意作用，均为欲用，不复为真我用也。"[1]65正是其中的"欲"为"物我"而不是为"真我"所用，所以问题不能得到解决；而且随着人的智力、体力和情感的增加，越发陷入不可救药的状态。

2. 吕凤子美育目标实现的理想方案思路

如何解决这个问题，吕凤子的理想方案是："争而欲厚其生，争而转促其生，何如息争而安其生。"通过"息争"，首先达到"安斯顺、顺斯全、全斯乐，何如息争而乐其生。"[1]69进而"如此如此，庶几争可抑乎，如此如此，庶几争可息乎。"[1]69这两个过程中的第一"可抑"是起于经验，第二"可息"是"所谓成于人心也"。对于人心的引导和教育就是关键，凤先生以为要从人心理的感知觉认识事物能力开始考虑。他认为："情之感于物而动也，始一刹那，感快否？既一刹那，欲生，曰二刹那一瞥耳。"[1]62正是"一瞥耳"这"二刹那"，人的视觉感知心理完成了"生欲"与"抑欲"的思维过程。他对此进一步举例："有二人焉，同时于同地同感一物，一则情动欲生，心境顿呈骚乱；一则视若无睹，心境转暂静寂。"[1]62对于这两种视觉感知心理认知过程，"一感实在物为实在，一感实在物若非实在而若虚也。"[1]63他对此做了较为精辟的分析："感物实在，感亦是在，快否亦实在，斯欲生焉。感物若虚，感亦若虚，快否亦若虚，斯欲息焉。"[1]63并总结道："实在感者，感而即生实在物我之利害关系于是在意识界之谓，利则谋所以取纯欲之事也。若虚感者，感而唯觉快否之谓，快则即合若虚物我于若虚意识界别成一合体焉，所谓美是焉。"[1]63简单地说就是实在感者，由于感觉实在物的利益关系，人的意识同时便生出私欲而生争；但若虚感者则是在感知觉上生成一种思维形象，于是人便从想象意识中生出美的感受。原因就是"实在相者，实在物之生灭相也。若虚相者，实在相之映象也"[1]63，即实在物是具有"生灭相"的实物（个体），而若虚物才是"实在相之映象"的真物（全体）。

在理解了人的视觉感知心理思维过程后，吕凤子提出："实在欲息，斯若虚欲兴。若虚欲者，美欲也。"于是"美欲盛，斯美感强，斯无往而不感物之若虚相，斯一切之自然理法自然现象获由感而发见其若虚，无异乎由智而发见一切自然理法自然现象之非妄。"[1]73至此，吕凤子美育思想的生成和意义就清楚了。他通过人的争欲、私欲和物欲等与实在欲相关联的分析，解决人的这些欲望就要从人感知事物、认识事物开始，将认识事物的目标定位在对"真物""真我"的认识（不要围在小我和具体的物欲上），生成"美欲"的方法上。这里的"真我"是"人的本体"，是代表全体的人的状态，"真物"亦如此。也就是"自然现象本总结一切过去现在未来有生有灭有差别之现象言之，一切现象所在，即自然本体之所在也。"所以"在物曰真物，在我曰真我"[1]65。于是美育目标实现的理想方案就是对人的智力开发和知识的学习、对自然现象和自然规律的认识也要建立在对"真物""真我"的认知上。

四、吕凤子美育思想的现实意义

我们对吕凤子美育思想的基本内容做了一点讨论，目的就是使大家能够看到吕凤子美育思想的博大精深。吕凤子将美育问题的基本出发点定位在"生力"上，"生力观"的提出反映了他对人的生命状态的认可和尊重，他将中国传统文化中"天地之大德曰生"的精神起点为他的教育思想的起点，倡导"尽其生、穷其爱、竭其力"的理想追求。他的美育思想力求从培养个体的"鉴赏""悟彻"能力中，使人在感知、认识事物的过程中伴随认识独立的"真我"而生发"美欲"以抑制个体的"物欲"；与此同时，在"美感"意识生发的过程中，建立其个体的同情心而获得社会道德理法，形成道德教育。他乐观地认为，实现他的美育理想的重要途径就是要通过艺术教育养成个体自身"美的态度"来观察、认识和评价事物、生活及学习，使人的活动进入艺术化的层面。正如他自己总结的那样："生无已，爱无穷也。异无己，美无极也。成无己，仁无尽也。这便是人生所以为人生，艺术所以为艺术。"[1]336吕凤子的美育思想有着他自身的独特之处，因为他是建立在东西方文化基础之上，从科学、理性的学术层面进行了缜密的思索、分析，并通过多年的美育实践，形成了符合人类社会生活和个体生存发展的美育思想体系。这是一个十分珍贵的思想遗产，值得我们学习继承。

习近平总书记在 2018 年 9 月 10 日全国教育大会上指出，要全面加强和改进学校美育，坚持以美育人、以文化人，提高学生审美和人文素养。这一重要论述，指明了新时代加强和改进美育工作的方向路径、目标任务，也对新时代教育工作提出了明确要求。2018 年 8 月 30 日，在给中央美院 8

位老教授的回信中，习近平总书记提到，"美术教育是美育的重要组成部分，对塑造美好心灵具有重要作用"，"做好美育工作，要坚持立德树人，扎根时代生活，遵循美育特点，弘扬中华美育精神"。要求以"大爱之心"与"大美之艺"来培养"大德之境"。中华美德是真正的大德。培养中华美德必须关注时代、关注社会、关注人民，让美成为每个人的生命底色。我们进行美育就要以中国精神为灵魂，以中华美学精神为审美理想，将爱国主义注入生命，对生活充满热情，对人民充满温情，对国家充满深情。

当下教育界正积极开展各类的改革，为实现国家伟大复兴而振兴教育，以培养更多优秀的社会主义事业接班人。如何实现这一伟大目标，这就要求各级各类教育工作者，认真实施"立德树人""以美育人、以文化人"，吸收古今中外优秀美育思想和美育方法，培育高素质人才。吕凤子一生从事教育事业，他的贡献主要体现在他长期从事办学育人、教育教学过程中所形成的"美育兼爱育"思想中。吕凤子美育思想有着自己的完整体系，他的"美育兼爱育"思想是经过认真思考、长期实践、富有成效的科学理论。吕凤子提倡用美育来"谋人类完全之幸福"，正是我们今天要求的"人民的需要就是我们奋斗的目标"；吕凤子通过美育的对人们思维方式的改造，来达到"抑制个体的'物欲'并引发同情心、形成道德感"的美育方法，就是我们今天要求的"立德树人""德才兼备"的基本原则取向；吕凤子的美育实践所提倡的"美的态度""艺术化生存"要求，其实就是今天我们实现教育"注重能力培养，促进人的全面发展""学生创新创业能力的培养"等人的发展规律要求。因此，通过对吕凤子美育思想基本内容研究，可以有针对性了解吕凤子美育思想所涵盖的具体内容、实践方法，探寻吕凤子美育思想与当下教育教学改革之间的有效关联，建立起符合自身改革的路径和方法，实现教育教学改革新突破。

参考文献：

［1］徐铭. 吕凤子文集校释［M］. 镇江：江苏大学出版社，2018.

［2］朱良志. 中国艺术的生命精神［M］. 合肥：安徽教育出版社，2006.

吕凤子艺术教育思想探究

夏淑芳

吕凤子的艺术教育思想体现了他对真、善、美的认识和追求，其倡导的爱育、美育思想和"缘异穷异""穷异成异"的实践追求具有鲜明的个人特色，对当代艺术教育的发展具有重要的借鉴作用。

吕凤子的艺术教育理想与他的人生理想密切相关。1904 年，面对中国的内忧外患，青年吕凤子决心以身报国，考入苏州武备学堂。1907 年，吕凤子受当时民主思想和美育思想的影响，"深感必需开发民智，灌输爱国思想，培养美的情操，才能群策群力，共挽危亡"[1]，于是考入两江师范学堂图画手工科，从此走上了艺术教育救国之路。

1915 年，吕凤子自创正则学校校歌："惟生无尽兮爱无涯，璀璨如花兮都如霞，畴发其蒙兮苗其芽，鼓舞欢欣，生气充塞，正则正如秋月华，美呀！"[1]26 意思是说：宇宙间一切事象都是生的表现、力的表现。生命无尽则爱无涯，爱无涯便美无极，最美的莫如璀璨的花、都丽的霞，学生犹如花的嫩芽，需要我们启蒙祛蔽，使他们茁壮成长，每个学生都能尽力发展自己时，自会感到生的趣味和幸福，学校就成为鼓舞欢欣、生气充塞的处所，正如秋月光华照耀人间，美呀。这就是吕凤子心中爱与美的世界，这歌词充分表明了他的艺术教育理想。

一、吕凤子艺术教育思想的核心是"爱无涯，美无极"

（一）"爱无涯，美无极"的思想内涵

"爱无涯，美无极"是吕凤子的人生理想和艺术教育理想，与他对真善美的认识是分不开的。吕凤子认为世界上之所以有战争，是人类无厌止的欲望引起的，是各自谋取各自的幸福所引起的，人类应抑制无厌止的欲望，去追求人类的完全幸福。"人类完全之幸福"就是"一切生都不相侵害"，都能"各尽其变，各竭其能"，处在"谐和的状态中"。他认为"真"是生

的法则，容许一切个体自由发展的秩序[2]1。"美"是生的状态，"各尽其变，各竭其能"[2]1即是美的表现，美即是异，异即是美，"异无已"则"美无极也"[2]78。"善"是生的意志，是使事物按照理想的法则发展表现出理想状态的能力[2]1。所以吕凤子提出"万异并存，即美之所在，善之所在"的观点[2]71。

如何通过善到达美是吕凤子苦苦追寻的。中国传统道德观以仁为核心，强调人与人之间相互亲爱。曾经学习佛学的吕凤子又从佛教理念中获得启示，觉得艺术之路应该是心灵修炼之路，艺术家应该像佛家一样无欲无念，用平常心对待世间万物，用一颗悲悯的心对待众生，于是他想强化人与人之间爱的力量。吕凤子认为义和利并不相抵触，利他才能利己，把两者完美地结合起来，才能最大限度地谋取大多数人的利益。所以把爱定义为"与己并存而导之成其异的一种作用"[2]81。吕凤子说"有了爱和美，才有善和真"[2]81，人有了爱，才会去做有利于他人、又有利于大众的事业，产生善的意志和行为；有了美的观照，人类才能发现社会的合理性和不合理性，认识到人类的理想所在，进而总结出自然发展规律和社会发展规律。

吕凤子认为好美、恶恶是人们天性，所以美育才有实施可能[2]2。如果祛除人性中的自私、狭隘，就可以使人不为功利的追求所异化，还原其本性，获得最大的本真自由，以一种更纯洁善良、代表人类终极追求的"大我"的面貌出现。他说："爱生者爱美，教止乱而尽爱，是为美育。"[2]69私欲使得人仇视别人，仇视社会，以至于相互残害，毒害社会毒素。人间的教育者，尤其是艺术教育者，就是要消除这人间的毒素，所以教育学生一定要从破"执"入手，"执"是指对某种事物的固执希求，即私欲。他提倡"观和，平执；观爱，止执；观执，绝执"[2]69，祛除人心中的私欲，最大量地释放每个人心中的爱，去爱自己、爱他人、爱祖国、爱人民，做到"每一个活动尽为群谋"[2]71，在家以家为群，在校以校为群，在外以国家、人民为群，"谋安宁、谋幸福、谋快乐"[2]71，从而实现万异并存并成的美的社会，达到"爱无涯，美无极"的境界。

（二）"爱无涯，美无极"的实践追求

1. 构建科学的艺术教育体系

吕凤子倡导用科学的方法实施美育。首先，他强调"美育始于无为，终于无为。为无为，善之至也"[2]68。即从事美育，要以无为的心、无求的心做事，用这种心神自然坦荡、内心全无挂碍的积极态度做事，才能有好的结果而至于善。其次，吕凤子强调美感教育需从儿童做起。教师从一开始就对学生进行美的教育，帮助其确立美好人生的目标，厌恶一切丑恶的东西，才能培养出有道德的人才，才是尽了教育的职责。人类幼小时，思

想单纯，易于接受美的事物，产生美感，且从小打下的良好基础能受用终身。于是增设正则小学部、幼稚园。在当时，开设幼稚园是非常具有超前意识的。第三，强调从根本上解决问题。他反对惑于现象头痛医头脚痛医脚，因此，建立了系统的艺术教育体系。正则学校从幼稚园到大专不论是小学、职校、中学、艺专、职业专科都是以艺术为手段，一以贯之注重学生艺术素质的培养，开创各种各样的艺术教育活动，按照他的美育思想办学，培育学生美的心灵和行为，促进学生综合素质的发展[1]46。

2. 构建爱与美的教育园地

爱与美是吕凤子一生为之奋斗不息的人生、艺术和教育的崇高目标。吕凤子认为美能激发人心中的感美和乐美之情，祛除人性中的自私和狭隘，因此，他一生都在努力营造爱与美的教育园地。他以一片真心、一片爱心善待每一个人，对学生的关心无微不至，把学校的教师视为兄妹，对陷入困难的朋友尽心尽力给予帮助，并把无穷的爱、无极的美、无尽的仁的理念传递给教师和学生，通过教师对学生的善待和爱护，把爱的种子播撒到每一个学生的心中，再通过学生把爱传播给更多的人，他努力让爱成为人们的共同语言。他认为"生无已，爱无穷也"[2]2。他事事讲"异"，在他眼里，异就是美，美就是异。三建正则，大至建房图纸，小至门窗设计，均由他精心规划。校园里"堆石成山，凿池养鱼，羽禽飞鸣，玉兔跳跃，桃李争艳，松柏益青，呈现出一派生机"[3]1。一草一木、一石一花，无不具有艺术性。学生校服也讲究美观和艺术性，绘画作品更是随处可见，一进校门，如进艺术之宫。优美的环境陶冶了学生性情，振奋了学生的求学精神。

二、吕凤子艺术教育实践的理念是"尊异成异，穷异成异"

（一）"尊异成异、穷异成异"的思想内涵

吕凤子吸收了西方自由平等思想、达尔文进化论思想和庄子的自由思想，结合实践提出"美在异，美在一切生的谐和幻变"[2]1，"美育是就异成异"[2]2的观点，旨在开启民智、推广平等教育、促进社会发展。吕凤子曾说，他主张万异并存、并成的原意是任何人都应有机会受到平等的教育而各展其才、各成其业。有成异的人，才会促使异的事物产生，促进社会的繁盛。吕凤子将其艺术教育思想贯穿于人才培养过程中，通过"尊异成异、穷异成异"得以实施。

"异"是指不同的思想、个性与才华，"尊异"就是尊重学生的独特思想、个性、才能并加以发扬。"尊异成异、穷异成异"有两层意思：一是教师应尽力了解每个学生的思想、个性和潜力所在，充分发展他们的思想，依其个性与才华，因材施教、因材施学，挖掘出他们的潜力，引导其有所

成就。二是鼓励、促使每个学生充分地了解自己，能够在遵循自然规律和社会发展规律的基础上，尽量丰富自己的思想，尽力发展每个人不同的个性、创造才能，各造其极。他认为美育的成异与美术制作的成异的根本区别在于"美术制作所成者是作者自己的异，美育所成者是一切被成者自己的异"[2]2。

"艺术制作即穷异成爱、穷爱成己、穷己成异的人生自己制作"凝聚了吕凤子"尊异成异、穷异成异"的思想精华[2]78。"每一个异或每一个己不能离开同时并存的一切个异或个己谋自成"[2]70。即每个人都不能脱离他人而存在，社会可以缺少某个人，但是每个人却不能离开社会，人必须在社会中才能成为自己。每个人不但要尊重自己，成就自己，也要尊重别人，成就别人，这样，每个人才能在谐和的状态中发展自己。一个人如果认识到不同异存在的必要性和异之间的相互依存关系，对不同的异就会有不同的忍耐和欢喜，心中自然而然就产生了爱。人有了爱，就能祛除心中的欲望，充分展示天性，获得人的本真自由，获得独立的思想，具有独特的个性和才华，才称得上成己。拥有个体特色后，还须深入研究探索自己，把自己的潜力挖掘出来，充分展现出与众不同的自我风采，创造出异的美的事物，创造独特的自我和创造独特的事物是相辅相成，进而合二为一的。

吕凤子告诉学生，成"异"绝不是以个人的一技之长、功成名就做界定，而是"在自然的本质规定下，以顺应自然的物物不相侵害的原则，使人在培育高度道德心的同时变为高尚，从而开发巨大的才量、能量、心量、德量、智量以求得真我的实现"[4]。吕凤子眼里的"异"、心目中的理想学生是像屈原、辛弃疾一样具有崇高的理想和不屈不挠的"大爱"精神的人。

（二）"尊异成异、就异成异"的实践追求

1. 认识、包容每一种异

吕凤子经常说，如果有学生不理想，只能说是我们教育不到家。吕凤子要求教育者应鉴赏认识每一个个体并承认差异、尊重差异、善待差异、包容差异。他在所办的学校努力建立容许一切个体自由发展的秩序，反对造就人上人，反对用成物的方法去成人，认为人才的培养不能违背人的天性，要在谐和、快乐的状态下充分发展人的个性[2]88，用最美的心灵去完成一个个"人生制作"。

2. 发展、成就每一种异

首先，要培养学生的大爱精神。吕凤子理想中的教师是能够使学生绝缘于一切私欲，能够以血泪、以爱荡涤净人间的一切罪恶。在他眼里，成才的关键在于成人，成人比成才更重要。他以诗人屈原名正则为校名，称屈子魂就是正则的校魂。他"一生爱写稼轩词"，认为绘画具有教育的功能

和社会意义，绘画应"写神致用"。他的很多作品是人民血泪的写照，被苏联杂志誉为"人民艺术家"。他以实际行动告诉众人，做人要无私无欲。他教育学生要"尽其爱"，爱祖国、爱人民、爱和平、爱一切美的事物，对美的向往是创造美的动力，只有真心喜欢美的事物，才能专心去研究事物，挖掘事物的理想所在，展现事物的异。他教育学生画画要走进生活，表现生活，乐于把自己的才华奉献给社会，为社会进步和发展多做贡献，为国家和人民造福。

其次，要培养学生的创新精神。吕凤子要求学生从事艺术创作要有个性特色，要有不断创新的精神，努力在各种活动中促进学生创新思维的发展，如开展学术活动，主张百家争鸣，进行艺术创作，要求百花齐放。他认为书法应人各有体，绘画应人各有面。因此，他所办的学校或他所任校长的学校往往思想活跃、学术气氛浓厚、作品风格众多。教师、学生多秉承他的创新精神，有的学生在学校期间就已经有了自己独特的风貌，著名画家吴冠中就是其中之一。吴冠中后来在油画中国化、中国画现代化上取得成就与吕凤子对创新精神的倡导不无关系。

三、结束语

吕凤子的艺术教育思想是其世界观、人生观、艺术观的综合体现，是其所有思想的核心，并贯穿其所有的实践活动中，他终生为着"生无已，爱无穷也。异无已，美无极也"[2]78 的艺术教育理想而努力。反观当代教育则对艺术教育的本质缺乏足够的认识，吕凤子的艺术教育思想和为艺术教育理想奋斗的精神值得我们学习和借鉴。

参考文献：

[1] 朱亮. 吕凤子传 [M]. 南京：南京出版社，1992.

[2] 吕去病. 吕凤子文集 [G]. 天津：天津人民美术出版社，2005.

[3] 钱凯，吴海祖. 吕凤子纪念文集 [G]. 南京：江苏人民出版社，1993.

[4] 周永健. 会当澡雪来，于焉证冲寂———《吕凤子文集》序 [G] //吕去病. 吕凤子文集. 天津：天津人民美术出版社，2005.

（原刊于《镇江高专学报》2012 年第 4 期）

吕凤子绘画艺术的"画格"理论研究

蒋纯利

凤先生的"画格"理论，是创作者"品格"与其作品所具有的"风格"为一的艺术概念，它必须充分体现传统绘画中"笔力构成"的特质，在内容上要积极地反映人生、时代和民族精神。他的这一独特艺术理论，对于我们认识传统绘画艺术，提供了十分有价值的借鉴。

吕凤子是一位对我国现代美术产生过重大影响的书画大家和艺术教育家。同时，他又是一位具有完备艺术思想的理论家，对中国传统文化有着深刻的理解，又积极地直面西方文化思潮的激荡，并进行了深度的理性思考，在艺术史论、美学理论、艺术本体论、绘画创作理论等方面都有着独特的见解。深入探讨吕凤子先生的绘画实践及其艺术思想，对认识中国绘画在近现代的发展规律，指导当今的绘画理论研究和创作，必将提供十分有价值的借鉴。

吕凤子在艺术理论上的成就是多方面的，也基本形成了体系。他在"爱美力"的美育说、画史的"三宗"说、艺术本体论中的意象说、类象说、笔力骨线说等方面，均达到了同时代的许多画家所不具备的思想深度，也给我们留下了宝贵的文化遗产。本文拟通过深入研究凤先生的"画格"理论来体会他的艺术思想、艺术实践的精妙所在。

一、凤先生的"画格"理论

凤先生的"画格"理论，是经过漫长的学习和艺术实践，认真地体会总结出来的著名艺术论断。在《中国画法研究》一书中他说：画格"是止存于用渗透作者情意的笔力构成的能够在表现'实对'同时显示作者自己的画中"[1]129。这段话表面浅显实则深奥，有着他独特的见解。首先，凤先生提出的"画格"理论是就绘画作品而言，其中有作品的"风格"问题。至于"显示作者自己"是要"渗透作者情意"，这就包含个人"品格"对作品的作用。因作者的禀赋不同、修养不同，用同样绘画语言（表现因素）

构成的中国画，会形成所谓"逸、神、妙、能"等不同的"品格"。但凤先生独特的关注还在于他对作品的表现方法也提出了明确的要求。在他看来，"笔力构成"是中国画的根本特征，舍此则无所谓中国画。同时在对作品表现的内容上，他提出的"实对"即是一种对现实生活的高度关注，并要加以艺术的提炼。只有"通过'实对'的'神'与'道'来表达作者对现实的理解和感情，应该是'为象'的目的了"[1]113。在他看来，艺术创作就是要与人生、时代和民族精神联系在一起，为社会趋于和谐美满而努力。

我们之所以不能简单地认识凤先生的"画格"理论，就是因为我们从中可以看出"画格"涉及4个方面内容：（1）绘画的主体——作者；（2）渗透作者情意的笔力构成；（3）表现"实对"，即客观现实生活；（4）绘画作品——画，其中也就涵盖了作为艺术所具有的情感性、形象性、审美性和主体性等4个基本特征；同时，他还鲜明地指出了作为中国画的重要因素"笔力构成"在其中的绝对意义。"作者在摹写现实形象时，一定要给予所摹形象某种意义，要把自己的感情即对于某种意义所产生的某种感情直接从摹写形象中表达出来，所以在造型中，作者的感情就一直和笔力融合在一起活动着。"[1]108这一"笔力主情"的艺术主张和艺术实践，是对传统绘画在艺术本体理论上的进一步构建，也是"画格"内容不可或缺的。"画格"理论概念的生成，主要来自他对传统绘画艺术理论的长期浸淫，在结合个人艺术的实践中，创新传统艺术理论。他的"画格"理论的建立具有很强的实践意义，对传统绘画艺术的发展将会产生巨大的指导作用。

二、凤先生"画格"中的品格

凤先生"画格"理论的基础就是对作者个人"品格"魅力的重视。作为艺术的主体性特征，它对理解凤先生"画格"理论及他的艺术实践，有十分重要的意义。

人品的高下决定了作品的高下，一个人的内在品质、思想感情、性格气质、趣味爱好，决定了艺术作品的审美价值。凤先生十分重视个人品格与艺术创作的密切关系，"道艺无分，善美无别"[2]76。他认为："美术，是人们追求美的一种成物或成事的活动，成物叫做美术品，成事叫做人生制作，实则是同样的艺术活动或艺术制作。"[2]79而这同样的艺术活动，在他看来，"艺术制作止于美，人生制作止于善"[2]81。但善与美的关系又是"即善即美，同名异指"；因为"物之美者止于美，不必叫做善，但也可叫做善。事之美者则多叫作善，便因善无不美，美无不善"。作为成事的人生制作，凤先生更强调"穷异成爱，穷爱成己，穷己成异的人生制作"，即止于美、止于善的过程是"无尽的爱"的过程，而这一过程又是一个人道德生活的指归，"道为生之质，艺为生之文，故载道之文，论道之学，修道之教，凡需表出才技者皆谓之艺"[2]78。

从以上的文字中可以看到，凤先生所谓的个人品格修炼，不是简单的"成己"，更多的是从"构成社会的任何个人都能各尽其变各竭其能"的"成异"的过程中"成己"，这就形成了他独特的"品格"理念。这独特的"品格"理念主要通过他毕生践行的"爱无涯"和崇高的"善"而构筑起来的。"爱"使我们体会到凤先生博大的胸襟。凤先生认为"爱"是"我们毕生要做的，且非毕生不能告一段落的事。……成有大小，爱无等差，爱所在即己所在，己所在即异所在……我们既复爱欲之自由，还要使这自然意志被认为道德意志，做到我们毕生行动的最后指导者"[3]84。而"善"则更让我们领略到凤先生高尚的道德情操。在他看来，"善即诚，诚为不欺，行乎自然者行不自欺也"，"善即信，有诸己之谓信，行乎自然者行乎己所同得也"，"善即美，充实之谓美，充实犹言慊足，行乎自然者行乎己所快乐具足"[3]76。正是由于他的"爱"和"善"，使得他"只一片爱他心，藉图画倾吐"，"一念永怀人可爱，遂教苦绝世间心"，来完成他"有益一切己生长和成就的事"的人生理想。由此我们可以得出，在凤先生看来，个人的道德品质即等同于其所形成的艺术品质，而爱与善则能充分地在美中得到体现。

清人王昱在《东庄论画》中写道："学画者，先贵立品。立品之人，笔墨处自有一种正大光明之气概；否则，画虽可观，却有一种不正之气，隐跃毫端。文如其人，画亦有然。"[4]400这里将"正大光明""正气"作为人品的标准及其本质，强调人品的积极一面，并且认为它决定了作品格调高低。凤先生则是从更深层面来认识自我，"物之现象，即物之本体，自然之现象，即自然之本体也……现象所在，即本体所在，舍现象无所谓本体……一切现象所在，即自然本体之所在也。在物曰真物，在我曰真我，是故物、我有生灭有差别，而真我、真物无生灭、无差别"[5]8。这种承认即生即灭无限于宇宙之中的精神实相、即体即用、即现象即本体、承认精神实体是宇宙一切万物的根源的思想，也正是将真我放置在宇宙之中，使他具有了大爱、大善的理想信念，并练就出积极、正气、高尚的人格品质，吕凤子的艺术才能明晰地体现出包蕴的精神气息，拥有雍容浑穆、庄严高旷、坚韧朴实、清空飘逸的高古气象，自然形成了他人无法窥破的境相。

三、凤先生"画格"中的风格

在凤先生的"画格"理论中，"风格"的形成是其中的重要内容。在他看来，风格是成就一个艺术家的关键所在。1929 年为中央大学艺术教育系国画组毕业同学的"国画一辑"所写的序中，他明确提出："感同也，恩殊、嗜殊、意象殊，我在也。曰画，同也。风殊、术殊，我在也。我廓有极殊，集众殊是曰大家，我仍在也。"[6]166凤先生认为，人们对外界事物的感受、内在思想、感情因素及想象等方面都有不同，这是个性的存在。就绘画而言也有风格和技巧的不同，个性的发展可以使自身的风格很独特，而只有广泛学习众人的特长才可能成为大家，但仍然要有个人的特征。他十分清楚艺术的成熟是要有自己的面貌，尤其是成为大家，那就要使自己的艺术广泛吸收各种文化精髓，将个体置于民族、时代、社会的天地之中。所以，他进一步强调："我在，虽欲无殊，不可得也。故曰：殊者，势也，生之力所由奋，形之成所由极其变也。学者知所以殊，不矜知所以成我不画。斯可以言画矣！"[6]166他很清楚"集众殊"虽然不着意于个性的追求，但我依然还在。个性的存在，是自然（人）的内在生命力量的奋发，是由生的力遵循生的法则而演化，是物质的形象凭借这法则生而尽其变化。所以，学画者要体会个性的生成过程，不可固执或含有偏见，只有这样，才能有讨论绘画艺术的可能。透过他的"集众殊"可以体会对传统文化、民族精神的吸收；透过他的"生之力""形之成"的思考，可以感受到他对风格所表现的内容上形成的理性论述。

凤先生经过长期的艺术实践，深刻认识到艺术风格的形成与艺术家个体之间有着紧密的关系。"然艺术制作究为无限理想之表现，究为主观情感自觉的创作，则主观客观又岂不可合二为一"[2]75。这种认识在《中国画法研究》中也有更为具体的阐述：艺术创作过程"就是要作者的思想在'为象'过程中一直接受他自己感情的指导。这样，构成的形象才是具有个性和感染力或称感染力的形象，才能尽恺之所说的'生'之用。否则，就只能空陈'形似'而缺乏生命的形象，就不会有任何功用从它产生出来，也就更无途径可达终极目的"[1]114。艺术风格的形成就是作者"思想""情感"的具体体现，"风格是艺术作品的因于内而符于外的风貌，是艺术作品在整体上呈现的具有代表性的面貌"[7]409。而这样的个性风格，在凤先生的心目中是需要具有一定的"感染力"的。他认为"感染力"应具有"生之用"的生命形象的内在力量，是要符合"善"的功用性。也正是由于这样的个性、感染力及其"尽生之用"，艺术的风格必然"就因作者情意和气力不尽相同，所以同一题材的画会有多种不同的风格"[1]115。

四、凤先生"画格"中的笔力骨线

凤先生对风格的认识不仅在理论上形成了精辟的见解，在绘画实践中也显示出其鲜明独特的风格。这种独特一方面是个体人格品质的表现，同时也来自对传统文化的深刻体认和时代的责任意识。他所拥有的雍容浑穆、庄严高旷、坚韧朴实、清空飘逸的高古气象，奠定了他绘画风格的内在基础。而外在面貌的呈现则更多地建立在继承传统艺术、在对中国画本质内涵作的极为深刻研究和学习之上，以其超人的睿智将其化为自己的艺术语汇并进行创造性的表现。这集中体现在他用毕生的精力对中国画的形态塑造上"生死刚正"骨线的探索和运用，并形成了系统的理论，在创作中得到有效的表达。这不仅给他的艺术带来了极大的成功，也"从某种意义上说有矫正当代中国画创作积弊的积极意义"[8]21。

他认为："中国画一定要以渗透作者情意的力为基质，这是中国画的特点。"[1]110而他所崇尚的绘画，是那种"无论所取之象或备或遗，而隐现与行迹之间者自觉谐和而绝俗，其迹则生死刚正历久不败"[9]64。这里所说的"生死刚正"的"迹"就是凤先生特别强调"固须永久保存"的中国画特有的技巧——用笔及其构成的骨线。他说："懂不懂'用笔'应该是指熟悉不熟悉怎样使力与感情相融合的技巧，不是仅知道不知道笔与力相结合的方法而言。"因为在他看来，"骨法又通作骨气，是中国画的专用术语，是指作为画中形象骨干的笔力，同时又作为形象内在意义的基础或形的基本内容说的。"他还更具体地说到："在造型过程中，作者的感情就一直和笔力融合在一起活动着；笔所到处，无论是长线短线，是短到极短的点和由点扩大的块，都成为感情活动的痕迹。"[1]108

在强调笔力骨线作用的同时，凤先生还注重线在写形中的具体表现和作用。他认为："线在一笔画中又可总括为两类：一主线、一副线。主线用构形体，表达题旨。副线用助表现变化形貌。主线必须一气呵成，副线可以不成于一笔。"对于副线要"力求简化"。他的这种追求简化一方面来自他的个人品格所体现的高古气象，他十分崇尚"上古之画迹简意澹而雅正"，所以他认为简化"是由精而返约的略。……于是由略而精，由精而略，便一直在这样往复循环中逐步提高"[1]108。另一方面是由于他在绘画实践过程中已具备助形以神、离形寓理的能力，而"形是一定要用生死刚正的骨线构成的；用线做轮廓分躯体，用线示运动，即用线以表示作者情意的活动"[1]116。因此他的画表现为下笔果敢，如兔起鹘落，气势连绵，浑然不见起止，体现为自如、自在的风神中。这也成为他成熟后的绘画风格，我们都可以在他的代表作品中清晰地感受到。

陈之佛先生曾说："他（吕凤子）的这种坚韧朴实的性格，表现在他的艺术上，就成为淳朴无华而兼有气魄的艺术风格。"吕凤子成熟风格的画，简洁而内练，意澹而雅正，舍弃了一切华丽的外表，真正是"炼金成液，弃滓存精"。和他的为人一样，他的画中完全没有俗气，似乎也无意于炫人，更无意于求一般人的欣赏，他只求抒发个人内在的情感、笔墨内在的变化和丰富的文化内涵。在他画中所显示出的超逸、磅礴的气韵，乃是他的雍容浑穆、庄严高旷、坚韧朴实、清空飘逸的人品和深厚的文化修养所至。

五、结语

凤先生所说的"画格"就是融合作者的"品格"与其作品所具有的"风格"为一的艺术概念，而对于其"品格"和"风格"则必须充分体现传统绘画"笔力构成"的特质，同时在内容上要与人生、时代和民族利益紧密相连的。"画格"理论的提出，从新的角度更加完整、明确地指出了作为一个画家应该要具备和思考的基本内容，这对中国传统绘画理论是一个新的提升。凤先生"画格"理念的形成是他个体思想意识的自觉体会，并用一生理性地去进行实践。应该说，吕凤子是一位成功的实践者。他的行为是一个艺术家自身修炼的成功典范。王鲁湘曾对此感慨道："50年代，吕凤子先生为中国画的生存抗言答辩，提出构成中国画"画格"的几大基本法则，……'画格'犹如'人格'。有此'画格'，即为中国画，无此'画格'，哪怕也用毛笔，也用水墨，也用宣纸，顶多只能叫作'水墨画'或'彩墨画'，叫中国画是不成的。因此，中国画的'画格'实在是一种民族文化的'人格'。"[10]2

吕凤子将他的精神体验和当下发生的现象有机地融合起来，无论历史上的文化现象，还是现实社会中发生的现象，他都能以道德的观照寻求内在的理路。将宇宙、社会、历史、人生这一复合境相呈现在他的面前，从容地进行价值判定，从而使他在入世与出世之间有一种超脱、淡泊和宁静的情怀，绘画境界之高、内蕴之丰富，也就不难领会了。我们在他的画中有意无意之间常常感受到一种无法言说的高雅、浑穆、虚灵、意澹、雅正之气，亦恐与这种对本体的觉解有关，其精神境界自然远在一般画家之上。这也正是他的"画格"理论的具体体现。

参考文献：

［1］吕凤子. 中国画法研究［G］//吕去病. 吕凤子文集. 天津：天津人民美术出版社，2005.

［2］吕凤子. 艺术制作［G］//吕去病. 吕凤子文集. 天津：天津人民美术出版社，2005.

［3］吕凤子. 纪念立校三十三周年［G］//吕去病. 吕凤子文集. 天津：天津人民美术出版社，2005.

［4］王昱. 东庄论画［G］//沈子丞. 历代论画名著汇编. 北京：文物出版社，1982.

［5］吕凤子. 图画教法［G］//吕去病. 吕凤子文集. 天津：天津人民美术出版社，2005.

［6］吕凤子. 国画一辑［G］//吕去病. 吕凤子文集. 天津：天津人民美术出版社，2005.

［7］王宏建. 艺术概论［M］. 北京：文化艺术出版社，2000.

［8］周永健. 会当澡雪来，于焉证冲寂［G］//吕去病. 吕凤子文集. 天津：天津人民美术出版社，2005.

［9］吕凤子. 中国画义释［G］//吕去病. 吕凤子文集. 天津：天津人民美术出版社，2005.

［10］王鲁湘. 大用外腓，真体内充——姜宝林的"耗散结构"［M］//姜宝林. 走近画家——姜宝林. 天津：天津人民美术出版社，2003.

（原刊于《镇江高专学报》2009 年第 1 期）

吕凤子办学实践

吕凤子先生所创正则学校之"正则"含义发微

唐成海

"正则"是吕凤子先生为他所创办学校的命名，源于屈原诗作《离骚》，吕凤子先生之所以取屈原的这个"名字"为校名，是缘于吕凤子先生对屈原的人格和品质的景仰。因此，要理解正则的深刻含义，就应当从屈原的人格、品质对吕凤子先生的影响及吕凤子先生的追求和作为中去把握。

1912年，吕凤子先生感于时事，立志教育，捐献家产，在家乡丹阳创办女子学校，并取"正则"为校名。1937年抗战爆发，举家随校西迁，在四川璧山筹建蜀校，仍冠名"正则"。乃至1946年抗战胜利后，又返回丹阳重建"正则"学校。可见，吕凤子先生对"正则"二字是何等的看重。那么，吕凤子先生为什么要以"正则"为校名而又如此坚守呢？"正则"的真正含义又是什么呢？为此，本文试加以探析。

一、校名"正则"的由来

首先要清楚"正则"的来由。据考，"正则"源于屈原诗作《离骚》："皇览揆余初度兮，肇锡余以嘉名；名余曰正则兮，字余曰灵均。"其意是："父亲观测了我的初生仪态啊，才谋赐给我一个美名；给我本名叫做正则啊，给我表字叫做灵均。"[1]39吕凤子先生正是取《离骚》中屈原的这个名字为校名的，正如先生自己所言："就是要以屈原的精神和形象，以他的思想、人品、才能和成就，作为我校师生共同追求的目标。"这里要说及的是，史料上并没有屈原又名"正则"、字"灵均"的记载，只有"屈原者名平"[2]424-425。称平称原本是两可，因为"高平曰原"（见《尔雅》），"上平曰原"（见《公羊·昭元年传》），"名平字原也是很符合古训的"[3]130。至于"正则"和"灵均"，据郭沫若所考证"是屈原的化名"，并指出在"文学作品惯用化名是古今中外的通例"[3]134。因而，要理解"正则"的含义，那就必须对屈原及其所著代表作《离骚》有所了解，并在此基础上，对屈原的精神和形象有一个基本的把握。

二、屈原的基本人格和品质

据《史记·屈原贾生列传》载："屈原者，名平，楚之同姓也。为楚怀王左徒。博闻强志，明于治乱，娴于辞令。入则与王图议国事，以出号令；出则接遇宾客，应对诸侯。"又云："屈平疾王听之不聪也，谗谄之蔽明也，邪曲之害公也，方正之不容也，故忧愁幽思而作《离骚》。"所作《离骚》，"其文约，其辞微，其志洁，其形廉，其称文小而其指极大，举类迩而见义远。其志洁，故其称物芳。其行廉，故死而不容自疏"。"推此志也，虽与日月争光可也"。对于屈原以《离骚》为代表的作品及屈原的思想、人格、品质，后人研究和评价颇多，览之一二，这里仅择郭沫若先生对屈原及其作品的评价做个简要的介绍。

郭沫若先生认为，屈原是一位具有卓越诗才的、热爱人民的伟大诗人。他写道：屈原以《离骚》为代表的诗歌作品"在中国的文学史上卷起了一次诗歌革命的风暴，在文学发展史上发生着深刻的长远的影响"[3]242。"象他这样的诗人在中国文学史上乃至世界文学史上都是有数的"。并进而指出：屈原是有他的卓越的诗才，但在这之上，使他能够有伟大成就的基本原因，是他对人民的热爱。郭沫若先生继续写道："屈原尽管是贵族，但他是爱护人民的，以人民的声音为声音，以人民的痛苦为痛苦。这就是屈原所以赢得两千多年来的人民都同情他的地方"[3]231，"同情人民、热爱人民，这是屈原的基本精神。有了这种精神，所以他才能够博得人民的同情，他的诗也才能够有充沛的生命，……使两千多年来的中国人民一直都在纪念着他"[3]242。

郭沫若先生认为"屈原不仅是一位热爱人民的诗人，同时也是一位有远大抱负的政治家"。他写道："屈原怀抱着德政的思想……充分地表现着他的革命的前进的精神。他主张德政，主张选贤举能，主张大一统。"他写道："屈原是深深把握着了他的时代精神的人。他注重民生，崇尚贤能，企图以德政做中国之大一统，这正是他的仁。而他是一位彻底的身体力行的人，这就是他的义，象他这样大仁大义的人物我觉得实在可以'参天地'，实在是如他自己所说：'与天地兮比寿，与日月兮齐光'的。"并解释道："把人当成人就是仁，该做就要做就是义。"[4]83-84

郭沫若先生认为屈原是一位热爱自然的人："他的感情真挚，想象力丰富，对于自然物也有同样极其深厚的爱。他爱橘树而加以赞颂，他爱各种各样的香草而尽力栽培，他爱南方的山川风物，而仿佛沉潜到他们的神髓里去了。"[3]242

郭沫若先生认为，屈原"实践上的行为很是一位现实的人物"。他写道："他持身极端推崇修洁，自己的化名是正则和灵均，又反反复复地屡以诚信自戒，而对于君国则以忠贞自许。"[3]176 他写道："屈原的道德节目（注：词汇）也和儒家所理想的别无二致。他是注重在'修己以安人'的。例如：'瞻前而顾后兮，相观民之计极，夫孰非意而可用兮，孰非善而可服'……'善不由外来兮，名不可以虚作'……'重仁袭义兮，谨厚以为礼'……'定心广志，余何畏惧兮'。"也正如屈原自己在"平正、朴素的《橘颂》"（郭沫若语）里所言："闭心自慎，终不过失兮，秉德无私，参天地兮。"[3]217-218

故而，郭沫若先生深切地写道："应该不嫌重复地指出，是他的热爱人民，热爱祖国，热爱真理，热爱正义，而能够沉潜到生活与自然的最深处。他是在用他全部的生命来创造他的诗歌，因而他的一生也就写成了一首不朽的悲壮的史诗。"[3]242

据上引述，屈原可谓是一个"热爱祖国、热爱人民、热爱真理、热爱正义而又热爱自然，忠贞诚信、修洁自慎、秉德无私、平正朴素而又感情真挚"的人。吕凤子先生之所以取"正则"为校名，无疑是缘于吕凤子先生对屈原的人格和品质的理解和景仰，也正如先生自己所言："屈子魂就是我正则的校魂！"由此，关于"正则"的真正含义，虽然至今未见有吕凤子先生亲自撰文解释的直接史料，但也就有理解的思路可循了：可以从屈原的人格、品质对吕凤子先生的影响及吕凤子先生的追求和作为中去探析和把握。

三、吕凤子先生的追求和作为

据前所述，屈原的"精神""形象""思想""人品""才能""成就"正可用来映现凤子先生的追求和作为。其实，"屈子魂"之所以被凤子先生定为"校魂"，正是因为"屈子魂"乃是先生之魂，并一以贯之地体现在吕凤子先生一生的思想作为和书画作品中。现略述一二于后。

吕凤子先生认为"教育事业，福人之事业也"[5]25，"人类教育绝对的目的，在谋人类完全幸福，根本在抑人类无厌之私欲"[5]24。"人间事业无不直接间接受教育的影响，即都曾受教育而来。所以从事人间教育者，他的目的应该永久是创造人间文化，获得人类幸福。即永谋发见生力变幻无尽之原则，而使社会生活趋向合焉"[5]68-69。因此，吕凤子先生竭尽自己的全部身心和血泪，从事人间的教育事业。而教育的目标，就是他之所以办教育的宗旨——培养具有屈子之魂的人。因之而倾其一生心血办起了自幼稚园、正则小学到正则中学、正则职业学校及正则夜校和补习学校，直至大学专科的正则艺术专科学校。

进而，吕凤子先生认为："教育事业，纯粹道德事业也。"[5]25 "人类教育绝对之目的，在谋人类完全幸福"[5]24，世上一切纷乱之原"即在各谋完全幸福之不得"，"无厌之生欲是也"，而"道德为完全幸福之本原，即为完全幸福之本体，舍道德无所谓幸福，舍抑欲无所谓道德。"因此要"直接阻止私欲之发生，确立道德之基础"[5]24。正如周永健先生所说，他"把道德的幸福立为完全幸福的实体，有道德的存在，方有真我的存在，道德、真我的前提是抑欲（人之私欲），抑欲方能体现真我的价值和作用，而这价值和作用是与自然之用相通为一的"。吕凤子先生始终不舍教育的本旨——培养高度道德心以"成人"，这个"人"的标准，就是他心目中偶像屈原。

如何进行道德教育？吕凤子先生在道德教育的实践中进一步认识到，道德教育的实施在于"美"的教育、"善"的教育、"爱"的教育、"真"的教育。他说："欲实施道德教育，根本在兴美感教育。"[5]24 并指出："好美、恶恶，是人的天性，所以美育才有实施可能。"[5]2 因之，他作为我国兴办现代美术教育的第一人在上海创办"神州美术社"，就是"要在美的境界中发现道德境界"[5]82，并把美术作为"人们追求美的一种成物或成事的活动"，并揭示美术与育人之间的关系："成物叫做美术品，成事叫做人生制作，实质是同样的艺术活动或艺术制作。"[5]79 他进而认为"事之美者则多叫做善，便因善无不美，美无不善。"[5]79 "艺术制作止于美，人生制作止于善。人生制作即艺术制作，即善即美，异名同指也。"[5]81 同时，吕凤子先生体认到，"我之本体曰真我"，"真我为吾人高等生命，为一切道德所由出"，"真我恒以道德责任临命吾心，使不为无厌之欲所迫作一切孽"。至于"真"与"美""善"的关系，凤子先生认为："合美与真之谓善。"进而认为"自然本体言之美即真，真即善，善即美也"。用今天的话讲，育德以"美""善""真"，就是进行"理想价值"教育，凤子先生只不过"叫理想价值做美善真"。而"与己（自我的力量和作用）并存而导之成其异（创造人类文化，获致人类福利）的一种作用名曰爱。""我们爱一切己，不仅爱自己"，"我们要从爱完成每个自己"，"我们要从事表暴（反映）爱的力量"。并指出："己为物欲所至时则爱失其用，爱复其初则才尽其用，才尽其用，生尽其性也，斯为善。才尽其用，力尽其变也，斯为美。"[5]81 他创办学校即他所说的"特设这个教育处所"，就是"使这处所成为爱的源泉，不复成为酝酿人间怨毒处所"[5]70。他的这种愿望也体现在他亲自创作的《正则校歌》里："惟生无尽兮爱无涯，璀璨如花兮都如霞，畴发其蒙兮茁其芽，鼓舞欢欣，生趣充实，正则正如秋月华，美呀！"[6]22 综上所述，凤子先生正是本着"真的自我，爱的教育，美的艺术，善的人生"，即以"求真、尚美、博爱、至善"的精神"为人间留下千古的光和热"。对这种至高无上的纯真理想，用尽自己的一生力量去践行。

吕凤子先生的人生信念、教育思想，"正则"所蕴含的精神，也充分融于他的诗画作品之中。他在中央大学艺术系国画组教学时，每学期都要率领学生去庐山、黄山、华山、终南山、虞山、龙门等山水胜地写生，这一时期，在他泼墨式挥洒写意的山水画里，正体现了景与理的相洽融合，包含着他对自然生态和精神生态的特定理解，表达了他对人民及自我生存的哲思和关切。根据《吕凤子画鉴》[7]提供的资料，五四运动前后，吕凤子先生目睹国家面临生死存亡的情形与南宋时期十分相似，于是他多借宋朝爱国诗人陆游、辛弃疾等诗词为画题，通过仕女、野老抒发自己忧国忧民的思想感情。1940年前后，他画的《逃亡图》《敌机又来也》《忆江南》等，反映中国人民在日寇铁蹄下所遭受的沉重苦难，表达自己对沦陷于日寇铁蹄下的江南故乡的怀念心情。1950—1955年，他"作为祖国优秀的儿子，国家的前途，人们的命运，已经是和自己相联的了"。以一腔热爱新中国、热爱共产党、热爱人民的激情，积极创作，歌颂新事物。他所作的《老宋唱》《翻身农民像》《送公粮》《老积极》《苏州园内新游人》《老王笑》《阿四的心愿》《菜农的喜悦》等等一系列作品，其中贯穿的主题就是爱祖国、爱人民，一展吕凤子先生对人生、对民族、对普通群众的拳拳爱心。艺术制作也即人生制作，即使是他画的松、梅、山水等，也洋溢着这种情感，如他画松，"迎风傲立在石山之巅，松针都奋发向上，表明他仍有犹如火炽的爱国热情"，也"倾吐了自己热爱新中国和热爱生活的心情"。

吕凤子先生一生大部分时间居于乱世，他的诗词也多是感事伤时、爱国爱民与抒怀之作，有的近乎血泪的呼唤和呐喊。如所填《忆江南》词云："无物我，只是未忘情。一念永怀人可爱，遂叫苦绝世间心，剩有泪如倾。"又如《东风第一枝·纪念立校三十三周年》词云："甚一切人间哀乐，些儿尽化泪和血。泪应涓滴无遗，血也不留涓滴。不留涓滴，要使长留千古热。"[6]55情感沛然，意深境阔，大有《离骚》之风！

屈原在《离骚》中写道："亦余心之所善兮，虽九死其犹未悔。"[1]47吕凤子先生一生践行也正如此言，他在纪念立校三十三周年时讲道："我们便在自设的学校里这样做了三十三年到现在，以后仍因之以曼衍所以穷年也，不绝变迁的去做。"[5]88晚年，欣逢中华人民共和国成立，他高兴地说："我一生寻找人的价值和意义，现在才算找到。旧说，朝闻道夕可死矣。但我还不愿意即死，我还要好好地活几年，做几年，以弥补过去的白活、白学、白苦的损失。"[8]因此而经常扶病工作，"忘我"地为人民服务，又多么近似于当年的屈原！

四、结束语

据上分析，凤子先生所赋予"正则"的含义，除了以往在吕凤子研究中所给予的"公正公平""依法施教""勤劳朴素、以身作则"解释外，主要的还应含有"热爱祖国，热爱人民，热爱真理，热爱正义而又热爱自然，忠贞诚信、修洁自慎、秉德无私、平正朴素而又感情真挚"之意，如果用吕凤子先生自己的话概而换言之，那就是"求真、尚美、博爱、至善"，而事实上，所有这些是先生自己的办学理念和实践，为"正则"做了最好的阐释，他毕其一生的追求和作为，就是认定"有了'爱'和'美'，才有'善'和'真'"，取"正则"为校名可能也正是先生这些情感抱负的寄托。吕凤子先生的一生志行高洁，不与俗同，展现出的人格魅力，正是"正则"精神的体现。"正则"，是他所倡导的教育的准则，"正则"，就是正则学校之魂！

参考文献：

[1] 陈子展. 楚辞直解 [M]. 江苏：江苏古籍出版社，1995.

[2] 司马迁. 史记 [M]. 北京：中华书局，1982.

[3] 郭沫若. 郭沫若古典文学论文集 [M]. 上海：上海古籍出版社，1985.

[4] 郭沫若. 蒲剑集 [M]. 重庆：重庆文学书店，1942.

[5] 吕去病. 吕凤子文集 [M]. 天津：天津人民美术出版社，2005.

[6] 吕去病. 吕凤子韵语 [M]. 北京：中国文联出版社，2006.

[7] 吕去病. 吕凤子画鉴 [M]. 南京：江苏人民出版社，1996.

[8] 郑润生. 德高望重，垂范千秋 [G] /吕凤子研究文集. 镇江：吕凤子学术研究会，2000：147.

（原刊于《镇江高专学报》2012 年第 3 期）

吕凤子在北京女高师任职时间考

蒋纯利

1918 年初秋至 1920 年夏，吕凤子在北京女子高等师范学校任图画手工科教师，并且担任科主任一职。这是他一生中十分重要的经历。其间，他参加了伟大的"五四"爱国运动，接受了马克思主义的熏陶，接触了各界名流，阅读了大量西方经典著作，在思想、艺术、文化等方面逐步趋于成熟，为他成为著名教育家、美术家奠定了坚实的基础。

吕凤子先生是著名的教育家、美术家，一生从事教育事业和艺术创作，他为国家培养了众多的杰出人才，也为后世留下宝贵的绘画和书法艺术遗产。他的一生历经中国现代史上许多重要的活动和事件，与众多历史人物有过密切的接触。这些经历影响着他思想的成熟和艺术的升华。其中很重要的一段莫过于任教北京女子高等师范学校（以下简称北京女高师）的经历。他一生的许多成就都与其在北京女高师的任教经历密切关联。因此，这段时间可以说是吕凤子一生的关键所在。

本文讨论吕凤子北京女高师任职的时间，可以厘清目前研究吕凤子的一些误传，更加准确地把握吕凤子经历的丰富内容，以便研究他作为著名的教育家、美术家在其思想、艺术、文化等方面的发展脉络。

一、任教北京女高师的时间

在去北京之前，吕凤子任教于扬州的江苏省立第五师范学校。张翼鸿的《缅怀艺术教育家凤先生》记到："五师校长任孟闲聘先生教学，并于一九一七年起试行文、理、美三科进修制，礼聘先生为美工科首席教师。"[1] 许幸之在他的《回忆恩师吕凤子对我的教育与培养》一文中提到："由于从少年起就受到邻居——好友石楚青的影响，并在他家中看到他的老师——扬州第五师范教师吕凤子的画，特别羡慕，便向我哥哥提出想跟吕凤子学画的要求。"[2] 许幸之拜吕凤子为师的时间是 1917 年初春[3]。

吕凤子受聘去北京女高师任教的时间大多说法模糊，一种说法为 1917

年。如邓白先生的《吕凤子先生与陈之佛先生传略》中说："（吕凤子）一九一七年北上，任北京女子高等师范学校教授及专科主任。"[4]赵启斌《折冲东西》一书中的"吕凤子艺术年表"[5]也定为1917年；尹文的《两江师范图画手工科与国立中央大学师范学院艺术学系年表》[6]中亦是1917年，其他如寿崇德的《吕凤子先生年谱》和朱学文、郑继棠所编《吕凤子年表》也均署"1917年，先生32岁，应聘任北京女子高等师范教授，图画科主任"[7]。且都没有具体日期。

另一种说法是1918年。姜丹书在《我国五十年来艺术教育史料之一页》一文中说："国立北京女子高等师范学校，民七（1918年）秋，曾办三年制的图画专修科一班。重要的图画教师是陈师曾、吕凤子、萧俊贤等。"[8]胡耐秋在她的《吕凤子与正则美育》中回忆说："记得是1918年，我读到初小四年级，暑假以后已经开学，吕凤子先生还没有去北京。"[9]也就是说吕凤子是在正则小学开学以后才去北京上任的，时间应是1918年（民国七年）初秋。而根据许幸之的回忆，我们也可大致判断为1918年夏天以后的事："第二年暑假将临，得到吕先生的示意，要我在暑假期间赴丹阳学习。……在丹阳，我度过了一个很愉快的向老师学习多种技艺的暑假期。在暑假将近结束时，吕先生特别找我去谈话：'暑期快结束了，这里很快就要开学，你所用的住房也要腾出来做课堂……我是否去扬州还没有定。今后也不可能再用函授的方法来教画了……建议你和家庭商量一下，可以推荐你到'上海美专'去学画，我弟弟吕澂（吕秋逸——中国第一个美学、美术史家，佛学专家）在那里做教务主任，他是研究美学、美术史的，他也可以帮助你学画。'"[2]许幸之讲的第二年就是1918年，从这段话中我们可以看到吕凤子已做好了不回扬州教书而去北京赴任的准备。姜丹书、许幸之、胡耐秋都是亲身经历和回忆者，应属可信。

根据史料记载，北京女高师实行的是一学年三学期的规定，即八月一日起为第一学期，一月一日起为第二学期，四月一日起为第三学期[10]58。据此，我们可以认定，吕凤子北上任北京女子高等师范学校教职的时间当在1918年8月以后的秋天。

二、任教北京女高师的教职

1917年3月，由于前任"代理校长胡家祺呈递节略计划，恳请将北京女子师范学校改组为高等师范。结果，蒙批在案，得准筹备"[10]24，时新任校长方还的"头等大事便是着手改组女高师"。在《1917年北京女子师范学校改组为北京女子高等师范学校呈文》中，有这样的文字记载："北京女子师范学校呈为改组女子高等师范，谕予核准事。窃属校于民国六年二月呈递节略筹改高等，策批在案。嗣于八月间添设附属中学二班，即行停招师范预料，添设教育国文专修科，七年八月续招图画手工及博物专修科二班，凡以为实行改组计也。"[11] 从中可见，改组女高师在学科上做了一定的调整，增设了"教育国文专修科""图画手工专修科""博物专修科"等专修科班。吕凤子就是在这样的背景下被聘北上任教的。

关于吕凤子在北京女高师任教并担任科主任的史实，可从他的两位学生的回忆中给出答案。一是程俊英的回忆文章中有这样的记载："（6月4日学生游行）回校以后，天色已晚。得悉方还校长将这次游行归罪于陈中凡、吕凤子（图画科主任）老师。他说：'十五校女生游行是我校国文科倡导的，图画科附和的，两科的主任责不容辞。'"[12] 另一个学生王淑芳也在《中国妇女解放运动的先锋——记"五四"前后的北京女子高等师范学校》一文中记道："特别是6月4日方还阻挠学生游行失败以后，解聘了学生运动中最活跃的国文科和图画科的两位科主任陈中凡和吕凤子老师。"[13] 可见，吕凤子当时在北京女高师担任的是图画手工科教师，且任科主任一职。

关于吕凤子在北京女高师所教课程，我们现没有查到"图画手工专修科"的课程计划表。但从《北京女子师范学校一览》中的"教育国文专修科课程计划表"和"原师范本科课程计划表"中了解到，当时的北京女高师有"图画"和"手工"科目。其中"图画"科目下开设课程有"写生画、自在画、想象画、用器画、美术史大要、黑板画练习、教授法"等；"手工"科目下开设"小学校各种细工、纸豆线竹黏土石青及简易之木金各细工、编物、刺绣、教授法"等[10]27。而这些课程又是吕凤子在两江师范学堂时所学课程的一部分，想见这些课程的开设可能与吕凤子有一定的关系。据范建华先生所掌握的资料，"1918年吕凤子在北京女子高等师范任图画专修科主任时，与陈师曾、萧俊贤等名流均一起共事。吕凤子任西洋画图案、心理学教师，陈师曾任中国画教师"。

三、离开北京女高师的时间

吕凤子离开北京女高师的时间，也十分模糊，有着多种说法。邓白先生说："（吕凤子）一九一九年到上海美专任教务主任"[4]，那就是说吕凤子的离校时间起码是1919年，赵启斌著作中的时间也是1919年。而尹文的文章则说是1920年，"吕凤子因反对军阀遭迫害，与同事陈中凡辞职回江苏。"但没有月份说明。不少文字记载中均写到吕凤子1919年"与同事陈中凡一同愤而辞职返回江苏"一事，这事肯定有误。陈中凡的《陈中凡自传》中明确写道："1919年8月至1921年7月，经北京女高师新任校长毛邦伟介绍，重任该校教员兼国文部主任。1921年9月南下任南京东南大学国文系主任兼教授。"[14]陈中凡是 1921 年 7 月回江苏的，而吕凤子也就不可能在这个时间与陈中凡一起离开。

吕凤子在 1919 年没有离开北京，因为在五四运动中，吕凤子与陈中凡一道，支持学生正义爱国的抗议游行，积极投身到反帝反封建的革命浪潮中。在受到校方的迫害后，学生立即召开"自治会"，决议驱逐方还，并草拟"驱方宣言"送到教育部。"七月七日，教育部正式免方还职，委毛邦伟先生担任我校校长。他还未到校就职，我们就到他家提出下学期希望聘请的老师，主要是李大钊老师和陈中凡、吕凤子老师。"[12]接着，"毛校长乃继续聘请陈老师及李大钊、吕凤子老师回校。"[15]因此吕凤子和陈中凡均在 1919 年 8 月被重新聘任。所以吕凤子离开北京女高师的时间，比较确切的应该是胡耐秋的回忆："1920 年上半年，学期将近结束，吕先生已经从北京女师大回来。"[9]这应是 1920 年夏天以后的事。

吕凤子离开北京的时间也可以从他接聘上海美专教职的时间上得到印证。许幸之的回忆中提到"回到扬州后，征得母亲和哥哥的同意，带着老师的介绍信，仍由老家人陪同，便径直去上海，果然经吕秋逸先生推荐给校长刘海粟，未经考试，便进入上海美专学画了"[2]。那是吕凤子将去北京的时间，而同时吕澂已担任上海美专教务长。"等我升学到高年级的时候，吕秋逸辞去了上海美专的教职，而由吕凤子先生代替了教务主任的职务。"[2]许幸之是 1919 年夏以后入上海美专学习，至 1922 年毕业离校，他这里讲的高年级，至少是 1921 年夏以后的三年级。而在赵启后《杨仲子传略》一文中，叙述杨仲子 1920 年夏经蔡元培介绍去北京女师大任教职、创办音乐教育科时，则说他与吕凤子"等文化艺术界仁人志士频繁往来，相互切磋，穷其艺术之理，尽其人生之性"[16]。从中可见至少 1920 年上半年吕凤子还在北京任教。

四、结束语

吕凤子在北京的任职时间应该是 1918 年初秋至 1920 年夏。北京女高师这样一个特定的环境，使吕凤子在短短的两年时间里，亲历了伟大的五四爱国运动，接受了马克思主义的熏陶，接触了诸如蔡元培、李大钊、陈独秀、胡适、刘师培、陈师曾、陈中凡等各界名流。与此同时，他如饥似渴地阅读大量西方经典著作，参加各类学术活动，学习了新的科学、民主观念和西方哲学理论，思想和艺术逐步趋于成熟，为他成为著名教育家、美术家奠定了坚实的基础。

参考文献：

[1] 张翼鸿. 缅怀艺术教育家凤先生［G］/吕凤子研究文集. 镇江：

吕凤子学术研究会，1985：197.

　[2] 许幸之. 回忆恩师吕凤子对我的教育与培养 [J]. 南京艺术学院学报，1986（1）：32-36.

　[3] 汤池. 我国左翼美术运动先驱杰出的艺术教育家与影剧编导许幸之逝世 [J]. 美术，1992（3）：41.

　[4] 邓白. 吕凤子先生与陈之佛先生传略 [J]. 新美术，1988（1）：60-65.

　[5] 赵启斌. 折冲东西 [M]. 合肥：安徽美术出版社，2011：267.

　[6] 尹文. 两江师范图画手工科与国立中央大学师范学院艺术学系年表 [J]. 艺术学界，1988（1）：76-112.

　[7] 朱学文，郑继棠. 吕凤子年表 [G]/钱凯，吴海祖. 吕凤子纪念文集. 南京：江苏人民出版社，1993：241.

　[8] 姜丹书. 我国五十年来艺术教育史料之一页 [J]. 美术研究，1959（1）：30-33.

　[9] 胡耐秋. 吕凤子与正则美育 [G]/钱凯，吴海祖. 吕凤子纪念文集. 南京：江苏人民出版社，1993：16.

　[10] 姜丽静. 历史的背影：一代女知识分子的教育记忆 [D]. 上海：华东师范大学教育科学学院，2008.

　[11] 朱有瓛. 中国近代学制史料：第三辑下册 [M]. 上海：华东师范大学出版社，1992.

　[12] 程俊英. 回忆女师大 [J]. 档案与史学，1997（1）：58-66.

　[13] 王淑芳. 中国妇女解放运动的先锋：记“五四”前后的北京女子高等师范学校 [J]. 北京党史，1989（3）：30-34.

　[14] 陈中凡. 陈中凡自传 [J]. 晋阳学刊，1981（3）：51-52.

　[15] 程俊英. 陈中凡老师在女高师 [G]/吴新雷. 学林清晖. 南京：南京大学出版社，2003：55.

　[16] 赵启后. 杨仲子传略 [J]. 音乐艺术，1993（3）：31-36.

（原刊于《镇江高专学报》2012年第4期）

吕凤子与重庆国立艺专

朱鹏举　蒋纯利

1940 年 7 月，吕凤子接任在重庆的国立艺专校长。秉着大公无私的精神，他一切为学生设想，整顿教学秋序，改善办学条件，聘请名师，注重学科改革。在他主持的国立艺专，学术自由，容忍各种思潮的存在，为鼓励学生学习设立"吕凤子奖学金"。由于各种矛盾等原因，凤先生于 1942 年秋辞去了艺专校长一职。

吕凤子一生主要从事艺术和教育事业。作为 20 世纪杰出的教育家和艺术家，吕凤子有许多地方值得研究。本文就吕凤子与国立艺专的一些史实，略作陈述，以期引起社会的关注。

一、关于重庆国立艺专

重庆国立艺专的形成，是由于当时"七七事变"后日本全面侵略中国所致。日本人的侵略使得全国的许多学校都迁往西南。北平国立艺专和西湖（杭州）国立艺专的师生也辗转数地，来到大西南。当时的教育部为了更好地管理学校，保存中国的艺术教育，下令将两所国立艺术专科学校合并办学。刘晓路的《北平艺专前期若干史实钩沉》中提到，1937 年抗日战争全面爆发，北平艺专部分师生在赵太侔（当时的校长）率领下迁校于江西庐山。1938 年后在湖南沅陵与杭州国立艺专合并，称国立艺专。而当时在西湖（杭州）国立艺专学习的吴冠中先生也说，正当学校将筹备建校十周年大庆的时候，"七七"事变，日本帝国主义发动了全面侵华战争。"车、船、步行，鹰潭、长沙、常德，最后学校定居湖南沅陵老鸦溪。这时国立北平艺术专科学校也从北平流落到南方，教育部下令两校在沅陵合并，改名国立艺术专科学校。"[2](43-49)

合并后的国立艺专，重新成立了由林风眠、赵太侔及常书鸿 3 人组成的校务委员会，林风眠任主任委员。以校务委员会形式来管理学校，一方面是为了协调两校在教学、师生等方面的关系，同时也希望两校师生同舟共济，共同办好当时中国唯一的艺术类高等学校。但合并后两校师生由于各种原因闹起学潮来。"1938 年 6 月，滕固受教育部委派出任国立艺术专门学校校长兼教务主任"[3](43)。滕固的到来，使学校有所安定。但"敌人步步紧逼，长沙大火，沅陵又不能偏安了，学校决定搬迁昆明。搬迁计划分两步走，先到贵阳集中，再赴昆明"[2](43-49)。至"1940 年 1 月，为躲避敌机轰炸，国立艺专再度搬迁至离昆明数十公里的晋宁县安江村"[3](43)。"由于战争形势紧张，越南战局危及昆明，学校又从安江村搬迁到四川璧山县。滕固校长卸职，由吕凤子先生接任校长。"[2](43-49)吕凤子于 1942 年暑假辞职由陈子佛接任，学校迁至磐溪。至 1944 年陈子佛辞职后潘天寿继任校长一职。直至 1946 年抗日战争结束，国立艺术专科学校又一分为二，分别回到了杭州和北平。

二、吕凤子接任国立艺专校长的经过

国立艺专在晋宁县安江村时，学校的种种矛盾开始突出。"当时的大学生，生活困苦而思想自由，经常对学校领导发难，滕固就任期间，麻烦不断。他自己的家庭生活也不幸福。"至 1940 年 7 月，"滕固困顿已极"[4]。这时，教育部便着手考虑请吕凤子出来主持艺专的事务。

关于请吕凤子出任艺专校长一职，姜丹书说："教育部再三邀请凤先生做国立艺术专科学校校长。"[5](95)曾任国立艺专生活指导组主任的王石城后来回忆："当第一位校长离职后，教育部长陈立夫面请吕凤子先生任校长。"[6](32-34)对于陈立夫的再三请求，凤先生接受了这一任职。他深知国立艺专办学的艰辛，也感到责任重大，但国难当头，必须有人为此付出。在接受请求的同时，他有针对性地提出了一些条件："一、请部长给我兼任聘书，不要委任状，即不要给我简任官。陈说：'好'！二、学校要从昆明迁到璧山附近。因为我办的正则艺术专科学校在璧山。陈说；'可以。'三、学校用人和教学，教育部不要干预。陈答，'那当然。'四、学校经费由我开支，教育部不要管。陈笑着说：'你当校长，有权处理。'五、我不是国民党党员，赌咒许愿的事我不做！陈说：'请你讲明白一点。'吕先生解释就是：'总理纪念周'。陈立夫面有愠色，沉默片刻，勉强说：'好吧，我派专人负责。'"[6](32-34)李剑晨也说过："1939 年的初秋，著名美术教育家吕凤子和其子吕去疾邀我去他们家中作客，……吃饭时，吕凤子告诉我，北京国文艺专和西湖国立艺专已合并，不久将由昆明迁来璧山，叫重庆国立艺专，他将出任校长，并希望我也来任教。"[7](35)至 1940 年 12 月，"滕固因人事纠纷及健康原因辞去国立艺专校长职"[3](43)，吕凤子正式接任国立艺专校长。

三、吕凤子担任国立艺专校长时的工作成果

（一）整顿教学秩序，改善办学条件

由于当时战事紧张，在重庆的国立艺专办学条件十分困顿，甚至居无定所。滕固任校长时就三度迁移，师生的生活、学习思想等都不稳定。徐伯璞当时在重庆任教，他说："至昆明后，虽名为滕固负责，筹备了两年，实际上并未正式上课。"所以他称赞凤先生说："吕先生毅然在这个烂摊子上负起这个艰巨的责任。这得有多么大的勇气。"[6](32-34)

吕凤子接任国立艺专校长，首先考虑的便是学校稳定。当时他的正则学校在璧山已基本稳定。当地也具备一定的办学条件和环境。于是"国立艺专：选定松林岗为校址，利用岗上地主的三层楼大碉堡为师生宿舍，在岗下建草房教室，饭厅（礼堂）、厨房等"。[8](116) 为了能够有效地利用有限的经费，吕凤子殚精竭虑、事必躬亲，尽可能把学校建得更好。在"建校时，吕先生连各教室窗户都亲自设计，没有一间窗形相同，省料美观，真是费尽心神妙落成"[6](32-34)。随着基本条件的不断改善，艺专立刻扩大招收学生正式上课。吕凤子为了教学工作的正常开展，聘请潘天寿为国画系主任、刘开渠为雕塑系主任、李剑晨为西画系主任、蒋仁为教务长、谢孝思为教导主任，韩天眷为总务主任。学校在大家共同努力下，逐步走上正轨。"师生们从昆明跋涉来校上课，都表示满意。"[6](32-34) 学校秩序也趋向稳定，吸引了更多的学子前来就学。

（二）聘请名师，确保艺专的教学水平

为了能够办好当时唯一的国立艺专，吕凤子广泛聚集人才，聘请当时艺术界的名流来校任教，致力于艺专人才培养，确保人才培养质量。他以个人特有的魅力感召他人，在他周围集聚了一大批有生力量。李剑晨在回忆时就表达出了感激之情："他将出任校长，并希望我也来任教。尽管当时条件艰难，但我毕竟有了一个用武之地。既然您答应了，就一言为定？我也不写聘书了。吕凤子马上把这事定了下来。这样，我担任了重庆国立艺专的西画系主任。"[7](35) 像这样的情况还很多。如谢孝思曾回忆："忽一日接吕先生自璧山来电信，谓他已一身兼拿两校，亟待我去匡助，我若不去，他即不应国立艺专之聘。"[9](186) 邓白教授也是吕凤子盛情相邀来到艺专的。他就是以这样的一片热诚来邀请诸位名师，使得当时国立艺专名家荟萃，教与学的气氛十分浓厚。"记得当时学校的教师还有吴佛之、张振铎、谢孝思、李超士、潘天寿、庄子曼等"。[6](32-34) 除此之外。还有张正宇、吕霞光、李可染、潘韵、岑家梧、程丽娜、卢景光等。

（三）注重学科改革，弘扬传承绘画艺术

吕凤子十分重视教育教学改革。当时的中国艺术教育，由于各校的主持人基本上是受西方教育的艺术家担任，所以明显地重视西方艺术。在对传统艺术学习和传承上十分薄弱。吕凤子作为中国本土高等教育培养的第一代艺术家，深知中国艺术的博大精深，在对传统艺术的传承上，他表现出积极肯定的态度。他接手国立艺专后，提出中西绘画分科设置。于是在璧山的国立艺专，开始了中国画与西洋画分家，单独成立中画系。使得当时"国立艺专有五个科：国画、西画、图案、雕塑、音乐"[6](32-34)。吕晓《陪都高等美术教育研究》中说："等到艺专迁往璧山，校长吕凤子先生也支持国画系独立，于是招生时进行分别考试。"[10](142)至此中国画的地位才在高等教育中得以确立。

（四）努力营造良好校园环境和自由学术氛围

为了能够让教师和学生更好地安心教书、学习，吕凤子努力营造一个良好的校园氛围。在学生中积极培养爱国思想，宣传我党"坚持抗战，反对投降，坚持团结，反对分裂，支持进步，反对倒退"的方针；组织"艺专剧社"，演出抗战剧目；针对进步学生较多的情况，发动他们出墙报，宣传抗战。"一时墙报如雨后春笋，贴满了饭厅内外，各教室山墙上没有一面空的。这些墙报，有的是进步学生团体出的，有的是国民党组织出的，有的是班级出的，也有的是同乡会出的。内容是多方面的，宣传抗战的，学术讨论的，谈青年出路的，怀念家乡的，谈情说爱的等等。论文、散文、诗歌、漫画等应有尽有，编排也相当艺术。""学生的课外生活有所寄托，互相吵架的少了，无聊苦恼的少了，'恋爱'的少了，更可喜的是学术研究的空气浓了，生活条件艰苦也能克服了。"[6](32-34)

在学术上，他是一个讲民主、自由的艺术教育家。他以蔡元培为榜样，主张百家争鸣，开展学术活动，针对教师来自不同的学派和地方、作品风格不同、教学方法不一等情况，他力求"书法人各有体，绘画人各有面"。对学生，在练好基本功的同时，尽量让其发展个性。使艺专的大多数教师，"钻研业务，认真教学。绝大多数同学专心读书、作画"。"当时，如吴冠中、卢善群、徐坚白、杨云龙、刘鲁生、靳尚谊、乌密风、蔡善怀等的作品，就显露出各人的风貌了。"[6](32-34)国立艺专师生们思想活跃，学术空气浓，作品风格多。"在那种物质条件非常艰苦的情况下，具有这样的校风是难能可贵的。"[6](32-34)为此，"民国31年（1942年），凤先生获教育部学术艺术奖。"[11](75)

（五）节衣缩食设立"吕凤子奖学金"

在国难深重年代里，许多优秀学子跟随学校迁徙，辗转南北，过着流

浪生活。虽然在大后方有着一个相对安宁的学习环境，但不少学生生活并无依靠。吕凤子为激发和鼓励学生的学习热情，在稳定不久的国立艺专中，设立了"吕凤子奖学金"。这一做法感动了许多人。胡继志回忆道："当他应聘担任国立艺术专科学校校长时，经济收入稍微好转，便于1942年在该校设立'吕凤子奖学金'，以激励学生立志成才。"[12](5)闵叔骞就是获益者之一，他感慨地说："当时在抗战的大后方，师生们的生活都很困难，但凤先生还节衣缩食，个人设了'凤先生奖学金'，对清寒优秀学生多所鼓励，我亦是获得奖学金的学生之一。"[13](26)徐伯璞则感言："高贵的奇迹又在先生体现：国立艺专就绪不久，便在学校中设立了吕凤子奖学金，……只知有别人，永远不知为个人，这是多么崇高的品德！令人佩服得五体投地！"[8](116)

（六）爱护师生，保护进步力量

吕凤子先生爱生如子，对进步的青年学生倍加关心和爱护。主持国文艺专期间，他多方保护进步学生。闵叔骞回忆中就说到当时国民党想摧毁国立艺专的进步力量，借考试出难题等缘由来开除学生。凤先生得知后，便暗中帮助有关同学，"使进步学生免于开除之不幸，保存了国立艺专的进步力量"。王石城也是被他保护下来的。吕先生得知王石城已被列入黑名单，便书写一手谕请别人转交王石城，要他赶快走，于是王石城逃往乐山避免了一次被反动派抓捕的可能，使进步的教师得到了保护。

吕凤子先生兢兢业业的工作态度，为国立艺专的建设和发展做了大量有益的事，使得国立艺专在当时十分艰难的条件下得以生存下来。国立艺专在他的主持下，呈现出一片生机蓬勃的景象，也是国立艺专在重庆时期的最好阶段。

四、辞职的原因说明

（一）国立艺专内部矛盾

国立艺专的合并，一直存在两派势力的斗争。而凤先生"一切为学生设想，呼吁教授们捐弃成见，精诚合作，致力教育"。对当时西画与国画教授们之间发生的矛盾，他竭力维护团结，"仍一秉至公，发挥其至仁至爱，与教授学生们共甘苦。"[14](109)以其高尚的人格魅力、至诚至真的精神，身体力行，使学校逐步走向正轨。但两派势力很难协调，致使许多是非转移到凤先生身上。朱沛莲就对此事说过："多事的国立艺专，又发生些微波。"有人"不但不从中疏导，竟推波助澜地从中挑拨离间，使对方对凤先生的误会加深"[11](75)。诸如此类，可见艺专内部问题的复杂。以至于"国立艺专教学处于崩溃边缘，社会的动乱使我们这些书生已无回天之力"。这是李剑晨的感慨，也是李离开艺专的缘由。与此同时，教务长蒋仁、总务主任韩天眷等纷纷离去，使得凤先生失去了有力的助手，也失去了办学的信心。

（二）来自社会的政治压力

凤先生是著名爱国画家，十分注重培养学生的爱国思想，支持进步学生的抗日爱国活动。他的这些行为，确实对艺专的稳定起到重要的作用，却不为教育部所喜欢，认为是在搞"赤化"。"特别是鼓动学生出那么多墙报，把学生的思想搞乱，不专心学习"等。于是采取各种办法干涉学校的事务，如开除进步学生，迫使进步教师离校等，学校的正常教育秩序遭到破坏。

（三）兼任两校之职，精力有所不及

担任国立艺专校长时，凤先生还是正则学校校长。身兼两职，常奔走于两校之间，精力消耗太大。为建好正则蜀校，他利用各种办法，如办画展等，筹措资金，扩大办学规模，完善办学条件。同时为了国立艺专的发展，也要建校舍，聘教师，组织教学，管理师生的学习和生活等。在这样繁重的任务和责任面前，凤先生虽勤恳求实，竭尽所能，但先生实在太累，以至于最后病倒在歌乐山医院里。

正是由于这三方面的原因．使吕凤子不堪重负。"直到三十一年五月患了一场大病，才决心向政府请辞，经过再三慰留，到三十二年才获准离职，专心去办正则艺专。"[14](109)自此以后，国立艺专又走上了磨难的历程。吴冠中这样回忆了以后的情景："我那可怜的母校，像背着一群苦难的儿女长途颠沛流离的娘亲，又从青木关搬迁到了磐溪。"

凤先生在国难当头的时刻，不顾个人得失，毅然接受重任，尽心尽职为国家培育人才的丰功伟绩，将名垂青史，也是我们永远学习的榜样。

参考文献：

[1] 刘晓路. 北平艺专前期若干史实钩沉 [J]. 美术观察，1999（11）：61.

[2] 吴冠中. 望尽天涯路 [M]. 南宁：广西美术出版社，2003.

[3] 沈宁. 滕固艺术活动年表 [J]. 美术研究，2001（3）：43.

[4] 滕固之悲 [N]. 美术报，2004-10-23（2）.

[5] 姜丹书. 凤先生琐记 [G] //吕凤子纪念文集. 南京：江苏人民出版社，1993.

[6] 王石城. 吕凤子与国立艺专 [G] //吕凤子纪念文集. 南京：江苏

人民出版社，1993.

　　[7] 李剑晨. 我在重庆国立艺专 ［G］//吕凤子纪念文集. 南京：江苏人民出版社，1993.

　　[8] 徐伯璞. 怀念画家美术教育家吕凤子先生 ［M］//吕凤子诞辰一百周年纪念册，1985.

　　[9] 谢孝思. 凤先生倾交黄齐生 ［G］//吕凤子纪念文集. 南京：江苏人民出版社，1993.

　　[10] 吕晓陪. 都高等美术教育研究 ［G］/潘耀昌. 20 世纪中国美术教育. 上海：上海书画出版社，1999.

　　[11] 朱沛莲. 吕凤子先生事略 ［G］//吕凤子纪念文集. 南京：江苏人民出版社，1993.

　　[12] 胡继志. 吕凤子创办正则蜀校 ［G］//吕凤子纪念文集. 南京：江苏人民出版社，1993.

　　[13] 闵叔骞. 支持进步力量，爱护革命师生 ［C］//吕凤子诞辰一百周年大会专刊，1985.

　　[14] 姚梦谷. 丹阳凤先生 ［C］//吕凤子诞辰一百周年纪念册，1985.

（原刊于《镇江高专学报》2006 年第 4 期）

吕凤子任职江苏省立第六中学校长事迹考

蒋纯利

自 1922 年 9 月至 1927 年 7 月，吕凤子担任江苏省立第六中学校长。在此期间，他整顿校务，引领学校各项工作步入正轨；不畏阻隔，维护学校正当利益；主动请缨，试行"道尔顿制"教学改革；力争经费，保障学校正常运行；致知力行，积极推进美育教育。

吕凤子（1886—1959），江苏丹阳人，卒业于两江优级师范学堂图画手工科，是中国现代史上著名的美术家、教育家。吕凤子的一生基本在办学和教书中度过。自 1912 年创办私立正则学校，吕凤子曾 3 次毁家捐资兴学[1]；先后在两江优级师范附中、江苏省立第五师范学校、北京女子高等师范学校、上海美术专科学校（以下简称"上海美专"）、江苏省立第六中学（以下简称"省立六中"）、中央大学教育学院等 10 余所学校任教。吕凤子担任省立六中校长期间，是他教育思想基本成型的重要阶段，也是他积极实践中学美育思想较为成功的阶段。这段史实对研究中国现代教育史、美育史等具有较高的学术价值，值得深入挖掘研究。

一、任职缘由、背景及时间

省立六中位于江苏镇江，建立于 1914 年，"就前镇江府中学堂原校舍改建设立，学制及课程，均遵照一九一三年十一月四日江苏省行政公署江苏省民政长韩国钧颁布的《江苏省立中学校学则》办理"[2]101-102。镇江中学校史曾记载了校长的任职情况："校长首为刘永昌（琴生），次为周征斃，再次为蒋乃曾，最后是吕濬（凤子）。"[2]101-102 1922 年 6 月至 7 月，吕凤子在上海美专担任教务主任和高师科主任，9 月被聘为省立六中校长。担任省立六中校长非吕凤子本人意愿，是因为该校校长任职问题引起影响较大的风波，致使几任校长不能顺利就任，在地方绅士和政府官员的盛情邀约下，吕凤子勉强应允任职。之前的风波大致有 4 个阶段。

首先，发生学生驱逐校长蒋乃曾一事。1921 年 10 月 18 日，《江苏省长公署指令第 20964 号》发给省立六中文告中称"呈为有人匿发宣言，捏署诬控破坏学校及个人双方名誉，谨再呈请迅赐委查惩办"①。文中内容涉及学生吴宝琨等被校长勒令退学一事。此事曾引发该校学生罢课学潮，校长与学生家长双方均上告至江苏省教育厅，引起社会舆论激烈批评。最终，蒋乃曾在舆论压力下辞去校长一职。

其次，地方士绅要求省教育厅罢免代校长刘永翔。刘永翔被任命为代校长后，引起当地士绅不满。从当年《申报》多条消息中，我们可以窥见反对派态度之坚决。1922 年 6 月 17 日的《申报》载："镇江六中校长刘永翔接事后，镇属议员反对（刘系宁属议员保荐），将刘驱逐出校。昨狼狈返宁谒省厅请示办法。"6 月 19 日的《申报》载："六中校长刘永翔被逐来省后，镇属议员保贾某接充校长，省厅未允。"6 月 21 日的《申报》称镇江士绅学界王宏业等电省教育厅，"反对六中新校长刘永翔，请收回成命，另委贤员"。8 月 18 日的《江苏省长公署批第 2730 号》同意撤换："原具呈人，丹徒人民戴同爵等呈，为六中校长刘永翔卑鄙违法，公请迅予撤换，以重教育。"②

再次，由于镇江地方士绅激烈反对，张景欧不敢接替刘永翔。8 月 22 日的《申报》称："六中校长刘永翔前被镇属省议员逐回，现蒋教厅长拟改委张景欧接充。镇属议员仍激烈反对，故又搁置未发表。"最后，在多位省议员的力荐与邀约下，吕凤子勉强应允就任校长一职。吕凤子的学生朱沛莲曾回忆："我邑省议员胡尹皆允恭老伯，约同镇属省议员仲念周、杨兼华等六七人，到南京同省厅交涉，并一致推荐凤先生接任校长。省厅厅长对凤先生甚为钦佩，便予同意，但凤先生却固辞。后来在胡老伯的敦促之下，也就勉强应允了。民国十一年七月，凤先生到镇就职，他挽请我邑名教育家韩笔海充任教务主任，相佐为理。"[3]76 这段回忆基本属实。吕凤子就任省立六中校长的时间应为 1922 年 9 月上旬。1922 年省教育厅《训令第一八六八号》曰："令吕濬。查省立第六中学校校长刘永翔已令任饬另候任用，并开具该员履历，呈请省长核准为该校继任校长。兹奉指令内开呈折均悉，省立第六中学校校长张景欧既据电辞不允就职，应改委吕濬继任，即由该厅分别令知可也。此令。等因奉此。除分令外，兹委任该员为省立第六中学校校长，现距暑假开学期已迫，应即日到校任事，一面将该校钤记、文

---

① 参见 1921 年第 2805 期《江苏省公报》第 8—9 页。

② 参见 1922 年第 3099 期《江苏省公报》第 10 页。

件、款项、器具等逐一接受具报备核，委任状随发，此令。计发委任状一纸。"① 文件落款时间为 8 月 30 日。另据 1924 年 6 月的《江苏省政治年鉴》，吕凤子就任时间为"民国十一年九月"，即 1922 年 9 月。上海美专 9 月 11 日在《申报》发布消息："该校今学期因旧教务主任兼高师科主任吕凤子改就镇江省立第六中学校校长，教务主任延徐六几担任。"据此，吕凤子到任时间应在 8 月 30 日至 9 月 10 日，不晚于 9 月 10 日。

二、卸任原因、时间及去向

吕凤子任省立六中校长的时间为 1922 年 9 月至 1927 年 7 月。卸任原因主要是省立六中进行改制重组。1927 年 6 月，南京国民政府教育行政委员会颁布《大学区组织条例》，对各级教育行政部门及学校建制进行重组。史料记载："迨至一九二七年夏，国民党执政，学制改变，全省所有省立的各中等学校和师范附小一律改组，校长和师范附小主事一律更换（除桑蚕学校外），旧学制一律废除，因而江苏省立第六中学遂告结束。"[2]101 此次改制是将"由江苏省教育会规划的省立各类中等学校和师范附属小学一律改组。镇江方面，即由江苏省立第六中学和江苏省立第九师范学校合并成立江苏省立镇江中学。校舍仍用第六中学原校舍（在鼓楼岗），并将第九师范校舍先作初中部"[2]102。

吕凤子担任省立六中校长期间曾两次提出辞职。第一次是 1923 年 2 月，主要是江苏"议教风潮"引起包括吕凤子在内的省立中等学校校长集体辞职。"江苏省议会削减十一年度教育经费预算，遭到教育界的激烈抗争，先是校长向议员质询削减原因，其后双方言语不合，发生肢体冲突，继而事态升级引发学潮，并导致省校长集体辞职。"[4] 之后，省长韩国钧一再挽留，终使各校长继续任职。第二次发生在 1925 年 1 月。1925 年 1 月 8 日的《申报》曾发表题为《教厅慰留省立六中校长辞职》的消息，"江苏省立第六中学校长吕濬，近以经费困难，办事棘手，向教厅因病呈请辞职。闻已奉蒋厅长指令云，该校长任职两载，整理校务，深资倚畀。尚希以学校前途为重，勿因微疴遂萌退志"。在当时社会政局动荡的情形下，吕凤子面临诸多困难。据此段文稿，我们可分析吕凤子辞职主要有 3 方面原因：首先，经费问题难以解决，严重影响教师工作状态和教学秩序；其次，办事棘手，工作有诸多不快；再次，身体欠佳。

吕凤子卸任省立六中校长后有两个去向选择：一是继续办好"私立正则女子职业学校"，二是应聘国立第四中山大学教职。国立第四中山大学成

---

① 参见 1922 年《江苏教育公报》第 5 卷第 8 期第 38-39 页。

立于1927年6月，是一所位于南京的综合性大学，也是当时中国五大中央级国立中山大学之一，由原国立东南大学、河海工科大学、上海商科大学、江苏法政大学及其他几所专科以上院校合并组建。1927年8月15日的《申报》曾报道吕凤子任职国立第四中山大学教职一事，"教育院一部分教授聘定：教育院徐院长，已聘定郑晓沧担任外，兹又聘定沈履为该院师资科主任，张士一为副教授，高仰乔、吴蕴瑞为体育讲师，吕凤子为图画学讲师"。两江师范学堂并入东南大学后建立了教育系，1927年东南大学与其他高校组建国立第四中山大学后，教育系改名为教育院。吕凤子任职国立第四中山大学教育院艺术专修科，亦可算是回母校任教。

三、主要履职情况

（一）整顿校务，引领学校各项工作步入正轨

省立六中在蒋乃曾任职期间，因受学潮影响，学校教育教学秩序混乱，各项工作不能正常开展。加之代理校长个人能力不足，导致问题积累、恶化，社会民众的各种诉求和不满也影响学校内部管理，混乱局面不断加剧。吕凤子上任后，面对各种问题和矛盾迎难而上，采取了诸多积极的措施。

在校务管理上，吕凤子坚持公开、公平、公正的原则，及时缓解学校内外矛盾，使教学秩序正常运行。朱沛莲曾回忆："他实行人事公开，财政公开。当年第六中学的教职员，共有30人，那时的办法，完全是归校长聘请的。凤先生除所聘的教务主任韩笔海先生是同乡外，籍隶丹阳的只有书记杨树三一人而已。"[3]76可见，吕凤子具有较大的行政用人权，但仍坚持公平竞争，一切从学校利益出发。他还主张公开学校财务，出于公心将每一分钱都用在明处，以此凝聚共识，促使全体教职员工共谋学校发展。在学校经费紧张的情况下，吕凤子以身作则带头降薪，稳定教师情绪。朱沛莲感慨道："他的薪水每月仅18元，比任职较久的书记，要少6元、4元或2元。教职员和学生，莫不钦佩之至。"[3]76作为一校之长，承担着最大的责任，却拿着最低工资。他的这一行为不仅感动全校教职员工，同时也让学生深受触动，如朱沛莲这样的学生一生都难忘吕凤子校长的高尚品德。

为了适应教学改革发展要求，吕凤子重视基础条件建设，对校舍、教学设施进行建设改造。"他用结余的经费和历届学生的膳余，盖了一所有楼的大礼堂。"[3]76《镇江文史资料》记载："六中校舍经四任校长的经营，各建造楼屋一、二座，有一字形，有口字形，有能容纳约六百余人之礼堂，完全改掉前府中学堂之旧观。"[2]101-102吕凤子还在原有条件上，努力改造、增设艺术科教学设施，以满足学校实施美育改革的需要。中国医学通史研究的开拓者和医史教育的倡导者陈邦贤曾提及"吕凤子先生长第六中学的

时候，曾经把鼓楼岗做过艺术科的教室"[5]114。

（二）不畏阻隔，维护学校正当利益

吕凤子整顿校务、秉公履职，采取的一些管理措施触犯了校内外原有旧势力的利益，引起部分人的不满。着眼学校发展大局，对影响教学秩序的不善言行，吕凤子态度明确，坚决抵制。如原教务主任冯叔如多次在公开场合表示对改革的不满，吕凤子果断予以辞退，另聘管理人才。朱沛莲曾提及："吕先生向主人事公开，时教务主任宜兴冯叔如先生曜坚辞，乃聘邑人韩笔海先生接任。"[6]14-16 1923 年 7 月 23 日，《申报》报道《六中考试风潮》，此次考试风潮即为有人故意捣乱而引发。报道称："镇埠省立六中，本月招考新生，有三百八十余人投考。日昨二十日晨尚未发表，校门前拥有四百多人，拍掌催发。因于上午十一时始行榜示，计取九十八名，中以丹阳人为多数。众遂以校长吕濬，系丹阳人，考试舞弊。当时人声嘈杂，群欲责问。嗣由本邑各省议员，致电省长秉公查办，以服人心而重学务云。"吕凤子及时在《申报》上刊登声明，毫不畏惧、严词驳斥，以事实来澄清原委，揭露不实之词，以维护学校声誉。"查，敝校招考日期为七月二十二日十一时，二十日早晨九时考试方始何从发表。至录取新生隶籍丹阳者五名，而丹徒、盐城人数均在十名以上，则丹阳人为多数一语亦与事实不符。考试舞弊云云显系捏造。"[7]

另有"医师讼案"，亦因小人诋毁吕凤子而引起。省立六中校医魏某为医院学徒出身，吕凤子认为其不能胜任校医工作，从全校师生的健康和生命安全考虑，将其辞退。魏某恐吓其他欲应聘校医的医师，还散发传单，捏造事实侮辱吕凤子。不仅如此，在别人的挑唆下，魏某"变本加厉，竟伺凤先生外出时，追随轿子之后，高声辱骂，并约同多人，沿途示威"[6]80。吕凤子正当合理地要求警署侦查处理，并上呈法庭。1923 年 8 月 19 日的《申报》有相关报道："镇埠省立第六中学校吕濬，与西医魏诚之讼案，迭经传讯，已志本报。日前（十六）庭期，吕魏均到庭，由刑庭丁推事审理。"最终，魏某悔悟认错，吕凤子请检察官免办了案。

（三）主动请缨，试行"道尔顿制"教学改革

吕凤子深感教育教学中存在许多弊端，一直在思考解决的办法。在他就任省立六中校长期间，国内一些学校开始实行"道尔顿制"。"我国的教育界于 1921 年接触道尔顿制，1922 年底开始有中等学校试行。……1923 年第九届全国教育会联合会通过了《新学制中学及师范学校宜研究试行道尔顿制案》。"[8]时值盛年的吕凤子思想活跃、踌躇满志，在时任南京东南大学附属中学研究股主任舒新城推行的"道尔顿制"教学改革影响下，积极在

省立六中开始施行"道尔顿制"。

朱沛莲回忆："凤先生在第六中学提倡美育，并实行道尔顿制。这些都是他人所不敢轻易试办的。然他胪陈理由，呈奉教育厅核准，而后次第举办了。"[6]76可见，吕凤子主动向省厅请缨实施"道尔顿制"教改。从目前所查民国时期被正式批准实施"道尔顿制"的学校的有关档案中，并无省立六中。但在1924年1月19日的《江苏教育公报》中存有吕凤子请示在一年级实施"道尔顿制"的省厅复文。"令省立第六中学校。呈为属校初中拟用道尔顿制仰祈核准试行。……呈悉，该校为适应个性起见，拟先从一年级试行道尔顿制，应先将试行方法呈报，再予核办，仍候省令饬遵，此令。"①吕凤子制定了详细的试行方案。校方4月22日收到省长对于试行方案的指令："呈件均悉，查道尔顿制足以适应学生个性，打破学年制，洵为最新之教学法。……该校拟实施道尔顿制以充分发展学生个性，用意极善。惟察该校所订实施细则尚有未尽妥善之处。……事关试行新教育法，该校应再慎重研究，以防流弊而收实效。"②可见，省主政者对此很重视，要求学校慎重研究，进一步完善方案。省长于5月28日同意试行："呈及细则均悉。该校实施道尔顿制细则，既据修正应准试行。"③为了提高教学质量和人才培养水平，吕凤子勇于实施新教学方法。在别人都不敢做而上级部门又未安排试行的情况下，吕凤子主动请缨、积极作为，可见其对教育教学改革的热情和毅力，也反映了他作为校长具有的开拓进取、勇于担当的精神。

(四) 力争经费，保障学校正常运行

吕凤子任省立六中校长期间，国家正处于军阀混战、地方政局不稳、社会民不聊生之时。1923年发生"议教风潮"，相关纷争一直持续至1926年，期间，教育经费大量缩减、长期拖欠，导致学校难以正常运转，推迟开学、校长辞职等事情屡屡发生。

自1923年1月至1926年10月，仅《申报》刊载有关省立中等学校校长讨论经费问题会议和申述活动等相关报道就有近30条，其中明确记录吕凤子参加的有18条。如1925年2月20日《申报》报道："省校经费，迭经恳请，迄无办法，各校宁蹙达于极点。"因经费不足而难以为继的无奈溢于言表。又如1926年1月14日《申报》报道："江苏省立中等以上各学校校长，于十二日上午在宁省教育分会开会。……各校遂议决经费事，除八月份六成补足外，十月份费在一月终发出，十一月份费，于阴历年节先数半

① 参见1924年《江苏教育公报》第7卷第1期第64页。
② 参见1924年《江苏教育公报》第7卷第4期第35-37页。
③ 参见1924年《江苏教育公报》第7卷第5期第40页。

数现款，余发通知书。"此报道称费用拖欠时间已过半年，事实上，如果各校长没有与政府就学校拨款等问题据理力争，可能时间会更久。从中我们也切实体会到，作为一校之长，在当时情形下，吕凤子维护学校正常运行的艰难程度。

（五）致知力行，积极推进美育实施

作为有强烈社会责任意识的教育家、艺术家，吕凤子对教育目的、任务、内容等作过严肃认真的研究。他认为："彼未尝知人类教育绝对的目的，在谋人类完全幸福，根本在抑人类无厌之私欲，而实施道德教育。欲实施道德教育，根本在兴美感教育。"[9]84在美育理论研究和实践探讨的基础上，吕凤子在省立第六中学完成了《中学校的美育实施》这一重要成果。

1923年，《教育杂志》（上海商务印书馆印行、李石岑主编）第十五卷首篇发表了吕凤子的《中学校的美育实施》。文章在教育界引起关注。随后，教育杂志社将此文与蔡元培的《美育实施的方法》合编成《教育丛著第二十二种》一书，于1925年6月出版。1932年舒新城在他所著的《近代中国教育思想史》中给予高度评价。舒新城认为："这种计划虽说只限于中学，但学校美育实施的方法与原则都详备无遗。十余年来言学校全般之美育实施方法者，实以他此文为独到。"[10]123

为在省立第六中学更好地实施美育，吕凤子设立了中学艺术科。朱学文、郑继棠在《吕凤子年表》里记载："民国十三年，39岁，在镇江江苏省立第六中学设置艺术科。"[11]242吕凤子还引进了专业美术教师江轸光、乌叔养等。据学生荆位辰回忆："记得我在镇江省立第六中学读书时，已是将毕业的四年级了，听说凤先生前来长校，高兴极了。我特地到校长室拜望久仰的吕校长。一见面就觉得他和蔼可敬，不愧是一位艺术家、教育家……这时，进来两位老师，吕校长当场给我介绍说：这两位是江轸光、乌叔养老师，教图画的，今后要多多向他们请教。"[12]143

吕凤子在省立六中成功实施美育，并产生一定影响。这引起了蔡元培的注意。蔡元培当时将第二次担任大学院院长（相当于现教育部部长）。1927年6月6日，蔡元培视察省立第六中学，在日记中曾记载"（六月）六日吕濬，镇江六中校长，在镇江"[13]288。日记里的行程记录显示：5日他在上海见冯友兰，6日专程从上海到镇江停留一日，两天后参加在南京召开的"劳动大学筹备会"。蔡元培一生积极推行"美育代宗教"的主张，在他的影响下，中国近代史上第一次明确将美育列入教育方针。蔡元培不仅从理论方面研究美育，而且身体力行地努力实践。此次专程赴省立六中，主要了解美育情况，这无疑是对吕凤子中学美育实践的充分肯定。

吕凤子《中学校的美育实施》一文分"理论"与"方法"两部分。吕凤子在"理论"部分提出："什么是美育？这以艺术为教育，不但使一般人由教养而得享乐艺术便算，并且还期望他们一概成功艺术家——最广义的艺术家。"[9]112这是对美育的基本定位，即培养学生成为"最广义的艺术家"。吕凤子还强调"这不但以艺术的创造启发生活的创造而已，并且要推广艺术的创造于一切方面，使一切生活都成艺术化"[9]112。"使一切生活都艺术化"是美育的主要任务。吕凤子的美育理想主要体现在通过艺术教育使学生得到两个层面提升：一是提高个人认识事物的能力，即"一般人教养的提高和享乐艺术"，二是提升生活实践的能力，通过艺术开发创造性。在下篇"方法"部分，吕凤子专门阐述了在中学校具体实施美育的内容，包括"教学、训育、设备、建筑、体操活动、课外研究"[9]112等方面。

吕凤子提出"艺术化生存"的美育思想，即用美激发人心中的"感美"和"乐美"之情，祛除人性中的自私和狭隘。吕凤子一生努力通过营造"美育兼爱育"的教育园地，来达到"穷异成异"的目的，即通过对所有人的美育等成就所有人。吕凤子的美育思想深刻、理性，富有哲学意味，同时也具有较强的可操作性。

参考文献：

[1] 蒋纯利. 私立正则女子职业学校专业建设与正则绣发明刍议［J］. 镇江高专学报，2019，32（2）：1-4.

[2] 中国人民政治协商会议江苏省镇江市委员会文史资料研究委员会. 镇江文史资料（第5辑）［M］. 镇江：中国人民政治协商会议江苏省镇江市委员会文史资料研究委员会，1983.

[3] 朱沛莲. 吕凤子先生事略［M］//江苏丹阳市政协文史资料委员会. 吕凤子纪念文集. 南京：江苏人民出版社，1993.

[4] 祝小楠. 1923年江苏"议教风潮"探究［J］. 历史研究，2012（8）：12-18.

[5] 陈邦贤. 自勉斋随笔［M］. 上海：世界书局，1947.

[6] 朱沛莲. 程师旨云与江苏六中［M］//程时杭. 一位平实学者的人生经历：记述国立台湾师范大学程发轫教授. 武汉：武汉理工大学出版社，2006.

[7] 江苏省立第六中学校. 镇江第六中学来函［N］. 申报，1923-07-29（10）.

[8] 余丹. 道尔顿制在中国［D］. 上海：华东师范大学，2011：1.

[9] 吕凤子. 中学校的美育实施［M］//徐铭. 吕凤子文集校释. 镇江：江苏大学出版社，2018.

［10］舒新城．近代中国教育思想史［M］．福州：福建教育出版社，2007．

［11］朱学文，郑继棠．吕凤子年表［M］//江苏丹阳市政协文史资料委员会．吕凤子纪念文集．南京：江苏人民出版社，1993．

［12］荆位辰．沐浴春风十五年［M］//江苏丹阳市政协文史资料委员会．吕凤子纪念文集．南京：江苏人民出版社，1993．

［13］蔡元培．蔡元培全集：第16卷［M］．杭州：浙江教育出版社，1998．

（原刊于《镇江高专学报》2020年第3期）

吕凤子任职江苏省立第六中学校长事迹考

吕凤子与正则绣

正则绣的职教精神及现实意义

李 杰 蒋纯利

正则绣是基于传统工艺文化的一种再创造。吕凤子作为这种新绣法艺术的创造者，一方面表现出其自身美术家的创新能力和创造意识的自觉，同时也表现出作为教育家办学、育人过程中的敬业精神。正则绣能够在私立正则女子职业学校里得以发明创造出来，充分表明吕凤子举办职业教育的用心踏实。因此，了解私立正则女子职业学校的职业教育情况，找寻其专业建设及其人才培养过程中形成的职业教育创新点，分析其中蕴含的职教精神形成内容，对当下的职业教育改革发展有着很现实的指导意义。

一、正则绣作为私立正则女子职业学校的专业建设与创新点

私立正则女子职业学校的创建与发展，直接促成了正则绣的产生。而正则绣的发明创造，根源在于吕凤子办学过程中对专业设置、建设及职业人才培养的做法有紧密的关联。

1. 私立正则女子职业学校创建与发展

私立正则女子职业学校的创建，是吕凤子个人创办建立的地方私立学校，主要服务于丹阳及周边地区广大平民百姓、特别是女性的教育场所。吕凤子先生在辛亥革命的影响下，看到数千年来封建压迫下的广大女性，失去了和男子一样独立走上社会工作权利这一不平等现象。作为具有现代意识的进步知识青年，在他看来广大女性必须有赖于学文化、学技术，以经济上自立保证人格上的独立，才能真正得到解放。于是在他母亲的督促支持下[1]201，于1912年慨然捐献家产，在家乡丹阳创办了当地第一个、也是唯一的一所女校——"私立正则女子职业学校"。

私立正则女子职业学校最初创办时，因为各方面条件的限制，尤其是经费的限制下，通过多方努力才在丹阳用三间破旧的屋子办起了正则女校。"最初设立小学和妇女补习班两部分，吕先生任校长。他用屈原的别名'正则'作为校名，表示了对这位爱国诗人的崇敬，也展示了他创办学校的抱负。"[2]由于正则女校的办学注重教学质量、不断提升人才培养水平，受到

地方政府和广大老百姓的一致称赞。于是学校在原有基础上考虑适应女性学习的特点，考虑服务地方经济发展需求，将注意力放到了女性职业教育上，在开设专业和教育层次上进行了扩充和提升。"九年（笔者注：1920年）组织校董会，改办职业学校，更校名为私立正则女子职业学校、私立正则小学校、私立正则女子补习学校，对外仍统称私立正则女子职业学校。分设永久科、非永久科。永久科三科曰蚕桑科、纺织科、图案科，旨在造就中级技术员，改良丹阳特产绸。时丹阳绸丝质图案等不良，已不能更与湖绸争市场也。先后曾开初级三年蚕桑科，高级三年期图案科多班，纺织科未办。非永久科因一时需要而设，先后曾开初级三年期绣缝科、应用化学科，高级三年期雕塑科、绘绣科多班。附设中学部师范部，曾开初中及四年期专科师范科多班。十一年（笔者注：1922年）呈由苏省府转呈北京教育部立案，十七年（笔者注：1928年）奉令再度在第四中山大学区立案。"[3]据丹阳师范校史编写组的材料，"1920年，校名称为'女子职业学校'，除原来的妇女补习班、小学部、初中部外，还增设了女子职业班（分蚕桑、缝绣、绘画、化工）、师范和幼稚园。"[2]"1935年校名定为'丹阳正则女校'。分三个部，设九个科。高级部：绘画科、雕塑科、刺绣科；初级部：艺师科、师范科、缝绣料、蚕桑科；补习部：刺绣科、缝纫科。"[2]以上材料使我们看到，自1912年成立以来，私立正则女子职业学校所举办的各类职业教育专业分别有：蚕桑科、图案科，以及绘绣科（绣缝科）、应用化学科、雕塑科、刺绣科、师范科等；与此同时还举办补习班、小学部、初中部和幼稚园。这个办学规模一直持续到民国"二十六年（笔者注：1937年）十一月二十一日，被迫宣告本校暂时解散"[3]。

1937年，吕凤子先生带领部分教师和自己的家属历尽千辛万苦迁徙重庆，创办"江苏私立正则女子职业学校蜀校"。在吕凤子的记录里，"廿七年二月抵璧山，设江苏私立正则女子职业学校蜀校，续办初级三年期蚕桑科、四年期劳作师范科各一班。廿八年蚕桑科改为四川省立初级农科（专攻蚕桑），有本校代办。同时奉教育部令改劳作师范科为劳作师资训练班。三十年起，即由教育部连续指办二年期劳作师资训练班，一年期美术工艺训练班。迄今并曾代四川省府、璧山县府开办劳作师资训练班多班。三十三年起更受教部托办高级三年期建筑科。迄今又原附专科部于廿九呈准教育部……办三年制绘画劳作师范专修科。三十三年呈准改办私立江苏正则艺术专科学校，三十四年完成备案。现办有师专科三班、三年制、五年制绘绣科各三班。又原设中学部，亦自三十年起扩为中学校，经本省教育厅□□办江苏省立旅川临时中学璧山分校迄今，卒业初中五班，本期有初中六班、高中一班。"[3]对照丹阳师范校史编写组的文章，"1937年，……创办'私立江苏省正则职业学校蜀校'，简称'正则蜀校'。全校分设正则中学和正则职校两部分。正则职校又分设初级蚕桑科、三年制初级农科和三年制高级建筑科。同时还兼办'江苏省旅川临时中学璧山分校'，以后又着手筹办'正则艺专'事宜。1942年6月级教育部批准立案，正式成立'私立正则艺术专科学校'，吕凤子先生任校长。艺专内还设立师范班，学习绘画、劳作和美术工艺等专业，同时为璧山县代办师资训练班。在'正则'学校毕业的有专科部：三年制绘画劳作师范专修科一班，三年制绘绣科一班，五年制绘绣科两班；职业部：二年制劳作师资训练班五班，一年制美术、工艺、家事训练班五班，劳作师范科三年制预备科四班，三年制初级农科五班；中学部：初中五班。此外，一些短期的训练班也相应结业。"[2]据此，私立正则蜀校和正则艺专在四川办学中，有职校、专科和中学三部分。职校部分有：农科（专攻蚕桑）、绘画劳作师范专修科（含劳作师范科）、美术工艺家事训练班、建筑科。专科部分有绘绣科、师范科。中学部分有初中和高中。

1946年秋，私立正则蜀校和正则艺专返回丹阳复校。吕凤子在"复校计划大纲"中陈述了他办学计划："谋贯彻本校美育主张，同时设各级学校。第一级正则幼稚园，正则小学。第二级正则中学正则女校。第三级正则艺专。……高职分农工家事三部。农部主办蚕桑科，工部主办染织科、图案科。必要时农部得办园艺科，工部得办建筑科。又初级蚕桑或园艺科、初级化工或绣缝科暨各短期训练班。……艺专分本部、师范部。本部设五年制三年制绘绣科、五年制三年制工艺科。必要时得开五年三年制雕塑科。师范部设三年制绘画劳作师范科、一年二年期艺术师资训练班，必要时得开三年制绘画音乐师范科，及简易师范科。"[4]42-43关于复校的情况，丹阳师范校史编写组的文章较为简单："复校之初，根据当时的教学条件和社会需要，在整体建制上又分设正则小学、正则中学、正则女子职校和正则艺专四部分。正则职校还接受省教育厅托办高级建筑科一班，正则艺专接受丹阳县教育局托办美工师资训练班两个班。"对照两个材料，正则学校在复校后办学情况基本为四部分，即小学和幼稚园、中学、职业学校及艺专。在职业教育专业开设上有：蚕桑科、染织科、图案科、园艺科、建筑科、绘绣科（刺绣科）、工艺科、绘画劳作师范科、雕塑科、化工科等。

2. 正则绣的发明及职业教育

吕凤子三次办学中，私立正则女子职业学校和私立正则艺专所办主要专业有绘画劳作师范科、蚕桑科、绘绣科（刺绣科）、建筑科等。最初吕凤子所办学校的主要目的是帮助当地女性认字，掌握基本文化知识，提升个人独立生存能力。随着当时社会进步势力的影响，如"1904年，福建省在福州设桑蚕女学堂，是我国女子职业学校的滥觞。同年月，陈竹君女士在蔡元培等人的支持下，在创办的爱国女学校中附设了女子手工传习所。该传习所以"为同胞女子谋自立之基础"为宗旨，教材分"手工编织""机械缝衣之初级"和"机械扣法"三级。"[5]以及对解放妇女要使女子摆脱家庭的牢笼走出来，使其具有一定经济基础的角度思考，最有效途径就是使妇女们接受职业教育，掌握适合自己生存的专业技能，被社会所接受。自1920年后吕凤子重点发展的是女子职业教育，其绘画劳作师范科、蚕桑科、绘绣科（绣缝科）等专业应运而生，尤其是绘绣科（绣缝科）一直是他办学的品牌特色专业。而"正则绣"的发明就源自绘绣科专业教学的人才培养过程中，这也成为吕凤子职业教育办学的重大成果。

"正则绣"创造发明的具体时间应是从1921年就开始了，也就是私立正则女子职业学校举办绘绣科的第二年。胡耐秋女士①回忆道："1921年上半年，我读高二下学期，大约是五六月间，吕先生在家乡。有一天下午，杨守玉先生在我们班上美术课，吕先生来向杨先生要针，说针弄丢了。他左手拿着一个七八寸直径的竹圈绷子，上面用蓝绿色的丝线纵横交错地绣了一小块未成形的图像，好像是风景。杨先生拿了一根针给吕先生，吕先生走向他的办公室。杨先生对我们说，吕先生在做一种新绣法，叫'乱针绣'。我们听了大为惊奇"[6]69。也就是说，从1921年起，吕凤子和杨守玉等人就开始对传统刺绣从事改造，研究"乱针绣"的创新手法和制作过程。

《礼记·学记》曰："教学相长。"正则绣就是在职业教育的专业教学氛围里、在专业教学不断改进的过程中，一方面教授学生学习传统刺绣，一方面向同时代有成就的刺绣人学习，同时创造性地吸收外来西方艺术特点、结合新材料、新针法、新创意，不断试验、不断改进、不断创新、不断完善的产物。从1921年开始研究正则绣，到1930年正则女校的美术展览会上展出了杨守玉先生《儿童》《少女》《美女与鹅》《老人像》《匡庐短瀑》等乱针绣代表作品引发学校甚至是全丹阳市的轰动，算起来也有九年的试验、改进和完善。从1933年（民国22年）10月8日丹阳正则女校绣展在南京举行，而参观者十分踊跃，到1936年正则学校集资出版了由佛学大师欧阳竟无先生题写书名《正则绣》集，这时的正则绣不仅在职业教学系统上、职业技能训练上、师资能力提升上都得到了完善，正则绣名传天下的同时，使得这一工艺职业教育广为社会肯定。

3. 正则绣的创新点

正则绣又称乱针绣。吕凤子在1936年正则学校集资出版的《正则绣》

---

① 胡耐秋，原中国妇联秘书长，当时是正则女校的学生。

一书中，就是以《乱针绣谈》来论述正则绣是怎样一回事的。可以说正则绣是在中国传统刺绣技艺的基础上吸收西洋美术的绘画原理，运用色线的层层相叠，以长短不一的线条、灵活多变的"乱针"绣法，突破传统刺绣的"密集其针、排比其线"创造出的一种刺绣新品。吕凤子先生最初建议将刺绣命名为"杨绣"以奖励学生杨守玉在这种新型刺绣实践过程中的贡献，而杨守玉则认为刺绣创新的成功离不开吕凤子先生的研究、指导与提携，不肯接受。后经二人协商，决定以吕凤子先生创办的学校校名"正则"二字，将这种刺绣新品正式命名为"正则绣"[7]6。准确地讲，乱针绣是从职业技能操作针法层面来命名的，而正则绣则是从创造这种绣法的主体、学校角度来命名。因此两个名称就是一个内容，乱针绣即是正则绣，正则绣就是乱针绣。

正则绣虽然是一种刺绣，但与传统的刺绣有着许多的不同点。我们认为对正则绣创新点的总结，吕凤子在《乱针绣谈》中所描述的内容最为切实。

首先，吕凤子对正则绣（乱针绣）的艺术定位有一个基本的要求。他说："那末，就用勾画的线和色来构绣，又谁说不可？所以我们就毫不踌躇，径用构画的方法来构成我们的'乱针绣'了。"[8]36这是因为在吕凤子看来，正则绣（乱针绣）是美术的一部分，他是按照美术的创作要求来完成刺绣的改革提高。对于正则绣来说，这个"美术"的定位是其最为重要的一个特点，是思想内容层面的思考。"刺绣是美术。刺绣品尽管拿去换钱，但刺绣的时候却是：（一）充满着爱好的情绪，他的态度是无为而为的。（二）他有专用材料和方法，且常出奇意密思构成新的形式。（三）他能令手指离开眼的拘束，直接听脑的指挥，而成一种技巧。有这三项构成要素，所以我们说刺绣是美术。"[8]34

根据这个"美术"的基本定位要求，正则绣（乱针绣）要解决好两个重要的艺术形式问题，就是线（形）与色在作品中的处理。对于线，他要求"我们绣中线是由无数修短不一的乱直线构成，却更加显示空间密度的大小。这是'乱针绣'中线和普通画中线最不相同的一点，也就是我们'乱针绣'特具的构线技术"[8]36。而对于色，"我们'乱针绣'中色却用挽合法，用多色线错综挽合，或用多色线顺序挽合，或一次挽合后再次三次挽合，或排多色成一线或揉多色成一线挽合，能使挽合后仍保留多色原来色。较用生色排比成画，实更多变化之奇"[8]36。从中，我们很能体会到吕凤子先生对刺绣职业教育的改革，有思想内容层面的方向性改革，也有具体的技术层面实践研究，准确的刺绣方法操作分析，来实现思想内容层面的改革要求。我们以为这是正则绣（乱针绣）的第二个特点。

更为可贵的是吕凤子还不断拓展绣材的范围，已改传统丝线单一的用料，将"丝线、纱线、丝纱混合线三者并用的，大概暗处用纱线，明处用丝线，介乎明暗之间者用丝纱混合线。"[8]36将绣地的织物由原来单一的丝绸扩展到"丝织物、纱织物、毛织物三者并用，纱地取其暗，丝地取其明，毛地取其毛，概视所绣事物而异其地"[8]36。并将材料的使用表现出艺术创作中的明暗的处理、肌理的处理，使刺绣的艺术性得到充分的发挥。我们以为，这种巧妙的艺术处理技法应用，正是正则绣（乱针绣）的第三个特点。

也正是由于这三个重要特点的思考、实践和改进完善，使得正则绣有了不同于传统刺绣的面貌，在褪尽旧有刺绣中呆滞而无神采、错丝配色落于俗套的"密接其针、排比其线"工艺程式后，使刺绣拥有如绘画一般，以针代笔，绘绣自如。在一次次的加色过程中一层层绣制，使错综复杂的交叉线条通过人眼的自然调和后显示所绣对象，丰满、含蓄、耐人寻味。这种创新完成了"善刺绣者必善绘，否则就不能造刺绣极峰"[8]35的理想要求，开创了刺绣工艺的新天地。刘海粟曾评价说："以针代笔，以色丝为丹青，使绘画与刺绣融合一体，自成品格。"[9]

二、私立正则学校的职业教育在人才培养上的具体实践

正则绣的形成，是私立正则女子职业学校的职业教育的重要成果。这一成果一定是建立在职业教育的专业设置、课程体系、师资配备和实践训练等基本因素之上，是通过专业知识、能力和素养的教育后逐步形成的。因此也可以说正则绣的创新发明，看起来虽然是个人行为，其实质是职业教育在人才培养过程中具体实践的结果。

1. 正则绣的职业教育与人才培养

首先从私立正则女子职业学校的专业设置上就可以看到正则绣产生的必然性。吕凤子创办正则女校，主要目的是帮助妇女独立自主，培养她们进入社会的能力，因此职业能力培养是他办学重点思考的问题。在学校的专业建设上必然要围绕符合地方经济发展需求、地方妇女有意愿学习、较为实用的职业能力培养而构建的。基于丹阳地方上的蚕桑产业的发展较为迅速，有很好的产业基础；传统刺绣在本地也广为百姓掌握，民间刺绣的使用有一定的市场，且民间刺绣人才有较深厚的功底。这些地方上的条件较为适合开设蚕桑、刺绣、绘画工艺、师范等专业。从多年的办学所取得成果来看证明了创办女子职业教育初衷的正确性。恰恰是这样的专业设置，有了刺绣、丝绸和绘画这三大基础条件，使得正则绣的发明有了产生的土壤、氛围和专业基本技能等保障。

吕凤子所办的正则女子职业学校虽然是私立，但办学十分规范，特别注重职业教育中的知识、能力和素养的构建。吕凤子是我国第一所正规教育体制学校——两江优级师范学堂培养出来的优等生。两江师范学堂以儒家的经、史之学作为教学根本，吸收西方科学技术，补充"中学"不足之处。学校聘请了有留日经历的中国教习，使他打下了扎实的专业基础。特别是两江优级师范学堂的办学理念："将中西之学融会贯通，取双方之精华；注重对学生的思想培育，提倡'科学与国学、艺术的结合，注重手脑并用'，不尚空谈，重视实验、兼顾理论。"深刻影响着吕凤子正则女校在职业教育上的人才培养实践。我们从正则女校绘绣科开设的课程构成可以清楚其职业教育中的知识、能力和素养的构建。

在1936年私立正则女子职业学校自己编印的《正则绣》一书中，记录着绘绣科的课程学习内容："本校各部绣科学程。高级部三年期绘绣科限收初级中学暨职校卒业生，分年肄习学科如左。公民，读三年。国文，三年。外国文（选读），三年。文化史略，一年。美学，一年。形相明相色相论，各一年。画史暨中国画特有技术论，二年。绣史暨各类绣法，一年。音乐，三年。体育，三年。书法，三年。教育（选读），一年。绘画实习，三年。刺绣实习，三年。本科刺绣以乱针绣为主。初级部三年期绣缝科，限收高级小学卒业生，分年肄习学科如左。公民，读三年。国文，三年。算术，三年。音乐，三年。绘画，三年。体育，三年。绣缝工作法，一年。绣缝实习，三年。英语（选读）三年。史地（选读）二年。自然（选读）二年。教育（选读）一年。补习学校绣科，无学习期限，无入学资格，除绣外兼读公民国文书法算术图画体育等学科，不愿兼读各科者听。"[7]11

在这个课程体系中，我们看到了三个层次的绘绣科专业中职业教育的基本内容，并就三个层次的职业教育限定了入学要求、主要学习方向设置，相关课程教学内容的编排，以及素质拓展选读等都有详细的考虑。以高级部来讨论，有专业知识的学习，诸如美学、色相论、画史暨中国画特有技术论、绣史暨各类绣法等；有职业技能训练实践，如书法、绘画实习、刺绣实习，均有三年学习的要求，贯彻整个职业教育的全过程；同时还设置了职业素养学习内容，如公民、国文、外国文（选读）、文化史略、音乐、体育、教育（选读）等。

正则绣的职业能力学习，吕凤子十分重视绘画能力和乱针绣职业技能训练。在他看来正则绣不同于传统刺绣，既要求掌握刺绣技巧，更要求打牢美术功底。"我们以为画绘和刺绣虽属两事，但有连带关系。善刺绣者必善绘，否则就不能造刺绣极峰。我们平日主张学刺绣者必先学画绘，就是这个理由，以为画绘造诣愈深，刺绣方法就会愈多变化。我们稍稍知画，所以我们刺的形就比较容易穷其神；我们稍稍知绘，所以我们绣的色就比较容易尽其变。"[8]35这是他创新正则绣的深切体会。同时职业操作技能的训练是正则绣学习的主要内容，因此有了职业能力连续三年的书法训练、绘画实习、刺绣实习要求。为确保职业技能训练的完成，他在学校里建设了专门的实训场所：希绣楼、守玉楼、吟籁楼，有乱针绣学习室、正则绣陈列室、绘绣科学习室、裁缝学习室、蚕室、画室、理科学习室、木工厂及美术馆、图书馆、礼堂、运动场等。这些实训场所的建设有力地保证了正则绣操作技能的训练，确保学生能够成为合格的职业人才。

2. 正则绣职业教育中的美育实施

私立正则女校的职业教育一直十分重视美育，并作为办学的基本主张，对学生的学习和老师的教学提出要求。在1946年的"复校计划大纲"中，吕凤子第一句话就陈述了这一要求："谋贯彻本校美育主张，同时设备各级学校。"[4]42-43可见私立正则女校的办学标准远远高于一般学校。

学校教育如何实施美育，吕凤子在《中学校的美育实施》一文有着深刻的思考："什么是美育？这以艺术为教育，不但使一般人由教养而得享乐艺术便算，并且还期望他们一概成功艺术家——最广义的艺术家。还有，这不但以艺术的创造启发生活的创造而已，并且要推广艺术的创造于一切方面，使一切生活都成艺术化。"[10]3正则绣职业教育正符合文中所提出的美育实施要求，正是通过正则绣职业学习和训练来进行艺术教育，并在美育的过程中得以两个层面提升：一是基本技术层面的，即个人教养的提高和享乐艺术、成为广义上的艺术家。二是艺术的创造启发生活的创造，在正则绣的职业能力提高中完成生活的艺术化。可以说，正则绣的学习训练就是浸淫在美育过程中不断丰富自己学习生活的价值取向，在艺术教育中养成"美的态度"来观察、认识和评价事物、生活及学习，使人的职业活动进入艺术化的层面。正是由于正则绣艺术教育的美育作用，使学生能够形成"以美的态度接遇一切，形态迹象等接触于耳目，而生命的意义默识于内心，于是觉得那些是先得我心，好像直从我的本性自然流露呢，就会生起了纯粹的同情，或若觉得反乎人性而于我心有格格不入之势呢，就会生起了纯粹的反情"[10]2。这就是吕凤子正则绣职业教育中美育的基本路径。经过美的感知，生出对生命本体的体验和纯粹的同情，继而"对于一己的生存意义固然极为切要，就对于一切的生存也极切要；又对于一己的人性最为符顺，就对于一切的人性也一概是符顺。这样人生既然很本然完美，并且很为普遍"[10]3。

正则绣职业教育的美育，基础就是美术教育，正如凤先生所说"美育是就异成异，美术制作也是就异成异，不过美术制作所成者是作者自己的异，美育所成者是一切被成者自己的异，这是最要弄清楚的"[8]2。通过正则绣学习的美术教育和正则绣职业技能训练的艺术化生活，在美育陶冶的实践中，完成了正则绣职业教育的教育理想、道德社会、人类幸福。

3. 正则绣职业教育的人才传承及社会影响力

正则绣的职业教育在绘绣科专业开设后，不断得到发展。特别是在专业人才培养上，涌现出众多优秀的从业工作者、现代工艺美术大师。这些杰出的正则绣工艺名家们努力勤奋地学习和探索，不仅使正则绣得到了发扬光大，也使正则女校得到了社会广泛的赞誉。

正则绣自 1921 年发明创造以来，形成了由吕凤子、杨守玉为代表的第一代艺术家。随着学校由丹阳办学，到抗日战争爆发正则女校被迫迁至四川省璧山，"正则绣"也被带到蜀地发展。抗战胜利后又回到丹阳继续传承。直至 20 世纪 50 年代初，正则绣的发展开始由丹阳转而向苏州、常州、四川、台湾等地流传。在丹阳由吕凤子长子吕去疾及夫人陈显真在从事正则绣教学之余不断创作、潜心研究，把正则绣提升至"走线更加自如、用色更加精深"的境界；并培养了正则绣的第三代传人——吕存（中国工艺美术大师），使"正则绣"进入新一轮创新阶段。杨守玉退休后回常州老家，指导陈亚先学习正则绣，在常州形成了正则绣（乱针绣）的基地。正则女校毕业生朱凤及任嘒闲、周翼先来到苏州创办刺绣研究所，正则绣（乱针绣）又在苏州扎下了根。毕业于正则艺专的吕凤子次女吕无咎女士，将正则绣带到了美国，使正则绣在美国得到了传播。正则女校学生陈嗣雪女士（画家陈之佛之女），将正则绣（乱针绣）带到台湾。由于众多正则学校学生弟子的努力，正则绣在发展中获得了许多崇高的荣誉，在刺绣界享有极高的社会名望。

正则绣在历史上也不断引起社会的强烈反映。如 1930 年正则女校的美术展览会上，杨守玉先生展出了《儿童》《少女》《美女与鹅》《老人像》《匡庐短瀑》等乱针绣作品，一时间引发了学校甚至是全丹阳市的轰动。1935 年，因创乱针绣受到江苏省教育厅嘉奖，在《正则绣》一书记载："昨岁江苏省教育厅据督学夏佩白先生视察报告，令本校曰：'杨守玉服务廿年以上，创作乱针绣与机针绣，驰誉一时，应传令嘉奖。'又'该校各部绣科除授创造之乱针绣与机针绣外，旧有各种绣法仍令学生研究，国内习绣场所，绣法之完美恐无善于此者。'"[7]6 1937 年 4 月，由教育部主办的第二次全国美术展览会上，杨守玉有正则绣作品入选展览，美术评论家陈觉元看到后，做了长篇评价："细审现在杨守玉底乱针绣，则丝线并用，针法纵横错综，色彩多种参合，绣地或绢或布或毛织物，均无不可。这种绣法，似从西洋油画中悟出。于表现物象以外，兼能表现光影明暗、空气密度、及复色底混合。所以旧法只能绣中国书画及照片，新法除中国书画外，兼能绣西洋水彩画。油画、照片而外，兼能绣雕刻。这种技术，真是精心杰作，于中国刺绣中别开生面，已非前人所能企及。"[11]1939年，杨守玉先生创作正则绣《罗斯福像》，作为国礼由民国政府送美国总统罗斯福，罗斯福来函盛赞作品精美、致谢，并捐赠两千美金作筹集办学经费。陈立夫对正则绣的发明创造给予极高评价："刺绣为我国所发明，为女子技艺之一。成为工艺品后，以苏绣、湘绣为最著称，惟均依正规画刺成。乱针绣之问世，乃由吕凤子先生创始，其时余长教育部，遂助吕先生成立正则艺术专科学校，俾能弘扬此一新发明之艺术。"对吕凤子也给予充分肯定："他不独是爱国画家及美术教育家，他在美术方面有独特的风格，在刺绣方面发明了乱针绣，他是有创造能力的美术家！"这样的褒奖是名副其实的。

三、正则绣所拥有的职教精神对当下职业教育的指导意义

从以上的文字中我们基本了解了正则女校在正则绣职业教育上的成功。它的成功来自于吕凤子先生倾其一生矢志不渝办学校来改造社会、改变妇女的坚强意志，来自于私立正则女子职业学校一直坚持办女子职业教育，办正则绣教育。应该说，正则绣是职业教育最成功的案例，这个案例值得思考，尤其是正则绣职业教育中的职教精神，值得今天从事职业教育者们加以借鉴。

1. 正则绣的职业教育精神

正则绣作为培养美术工艺类技术性人才的职业教育，主要是通过手工乱针刺绣工艺技能的学习，成为杰出的正则绣工艺人才，为社会服务。探讨正则绣的职教精神，就要从正则绣工艺技术人才培育的要求中来把握其精神来源。作为一个工艺、技术高级人才，"工匠精神"是职业教育中重点关注的内容。"工匠精神"就是以造物为职业的人所应具有的职业价值观：精益求精，以造物为荣，同时也自傲于造物的成就。具体地讲，"工"对应的是造物，"匠"对应的是职业身份，"精神"所谓实则是价值观。就造物而言，我们应该关注的是如何在造物上体现人的情感和用心；应该关注的是凭借物来实现的人与人之间的交流。而在正则绣里，我们能够体会到"工匠精神"的本质内容，体会刺绣过程中人的情感注入、用心和人与人的交流。正则绣有"工"的造物，也具有特定的"匠"的职业身份，但最为重要的是精神的成分。在我们看来，正则绣的"工匠精神"具有四方面的内容：一是要用心，即专注。二是有人的体温感受，用全身心去从事这份职业，即热爱。三是艺术层面的升华、情感的融入，即尚美。四是积极的创造性活动，即创新。而这也正是正则绣在职业教育中，从精神层面上的

具体体现。

第一，正则绣的形成，是一个用心的过程，即专注精神的体现。用普通人的话来讲，就是执着耐心的探索、试验、渐进成功的过程。胡耐秋在《谈正则绣》一文中就说得很清楚："有一天下午，杨守玉先生在我们班上美术课。吕先生来向杨先生要针，说针弄丢了。他左手拿着一个七八寸直径的竹圈绷子，上面用蓝绿色的丝线纵横交错地绣了一小块未成形的图案，好象是风景。杨先生拿了一根针给吕先生，吕先生走回他的办公室。杨先生对我们说：'吕先生在试做一种新绣法，叫乱针绣。'""经过杨先生的多次实践，摸索和掌握了乱针绣的基本方法，取得了乱针绣最后的成功，这肯定是事实。"从这篇回忆文章，我们可以看到，正则绣的产生是吕凤子不息探索、杨守玉亲自多年实践、师生共同改进、完善取得成功的。这就是用心的结果。

第二，正则绣的制作，是需要从业者在全身心投入其过程中，要有热爱精神，要真心诚意地爱这项职业技能，才能制作出优秀的作品。换句话说，就是正则绣的制作过程，是职业人一针一线绣出来的，其中包含了从事这个职业人的体温和汗水，包含着浓郁的人自身的因素并通过一针一线交流蕴藏其中。"'正则绣'不拘针法，令手指离开眼睛的束缚，直接受大脑的指挥。像绘画一般，在创作的过程中运用刺绣者自身的创造性思维，从发挥丝线色彩光泽、走针形式、层次肌理优势的角度驾驭刺绣的创作。"我们在看正则绣时，每个人都能体会到人与作品的互动、体验，感受到它的变化、美妙。可见对"正则绣"没有强烈的热爱，不能全身心地投入其中，正则绣的职业技能是不可能有所掌握的。

第三，在正则绣作品中，充分体现了尚美的精神。正是由于正则绣的制作精致、针法奇妙、画面完美，使我们能从欣赏其中的美而得到快乐。艺术是其中最重要、最能打动人的地方。优秀的正则绣作品，通过形态的塑造、色彩的变化、绣针肌理的穿插和生动情趣的构图，调动人的视觉审美思维，与人的内心深处的情感产生共鸣，而形成艺术的升华。同时正则绣的尚美精神还体现在通过学习训练，浸淫在美育过程中不断丰富自己学习生活的价值取向，在艺术教育中养成"美的态度"来观察、认识和评价事物、生活及学习，使人的职业活动进入艺术化的层面。正是尚美的作用，使学生能够形成"以美的态度接遇一切形态迹象等接触于耳目，而生命的意义默识于内心"[10]2。这就是正则绣职业教育中美育的基本路径。经过美的感知，生出对生命本体的体验和纯粹的同情，继而对自己生存意义加以重视，也会关注他人的价值。

第四，正则绣的形成有着浓厚的创新精神。它不仅是吕凤子从传统手工艺中，结合自己的美术创作经验，在自己聪明才智驱使下的一种创造性成果；同时，制作每一幅正则绣也是一种创新的活动体验。所以说正则绣本身就是一种创新精神的集中体现。虽然这种绣工取自传统工艺，但它在绣法上完全是一种全新的技巧。从它表达的艺术取向上也完全不同于传统，是西洋绘画的一种新表现，新媒介的使用。作为美术家、教育家，吕凤子不满足于颜料绘画的效果，看到传统针绣后就萌发了用绣当笔来画出新的画种，并作为职业教育的专业技能传授给学生。这种创造行为是"职教精神"的最佳体现。

正则绣职教精神的四个方面内容，是建立在"工匠"职业技术技能基础上的精神层面的内容，四者之间是相辅相成的。专注是职业能力培养的基本品格，热爱是学好专业技能的内在动力，尚美是职业能力提升发展的有效空间，创新则是成就职业教育的理想境界。正是由于正则绣具有了职教精神的四个方面，正则绣的职业教育才取得了较大的成功，正则女子职业学校在人才培养上才取得令人瞩目的成就。

2. 正则绣所具有的职教精神对当下职业教育的指导意义

当下的职业教育正进入转型改革提高阶段。如何发展现代职业教育，各级各类教育机构都提出了许多有价值、有突破的措施，有力地促进了职业教育的发展。国务院在《关于加快发展现代职业教育的决定》中明确提出"坚持以立德树人为根本，以服务发展为宗旨，以促进就业为导向，适应技术进步和生产方式变革以及社会公共服务的需要"。在《高等职业教育创新发展行动计划（2015—2018 年）》中强调"促进职业技能培养与职业精神养成相融合"，并在"加强创新创业教育"条目中提出，"将学生的创新意识培养和创新思维养成融入教育教学全过程，按照高质量创新创业教育的需要调配师资、改革教法、完善实践、因材施教，促进专业教育与创新创业教育有机融合"。这些文件规定了职业教育的基本要求，提出了"立德树人""服务社会需要""职业精神""创新教育"等重要改革思路。办好当下的职业教育，我们以为发展好正则绣职教精神的四个方面，无疑是有十分积极的意义。

第一，要在职业教育中培养学生对职业能力培养的专注精神，即要用心去做事。吕凤子的专注成就了私立正则女子学校的辉煌历程；杨守玉的专注使她通过正则绣在造福社会的同时，成就了自己；这些鲜活具体的事例，正是解决当下职业学校学生好高骛远、内心不安宁学习习惯的生动教材。要教育学生在学习专业时调动自己的积极性，专注所学职业技能，只有耐得住寂寞，愿意坐冷板凳，在认真完成具体的一件件事情后，才能通过个人努力成就一番事业。

第二，是要在职业教育中强调爱心，要爱这个职业。杨守玉就是全身心地热爱正则绣，用自己的一生使正则绣名扬天下。杨守玉1915年（民国4年）被聘为丹阳正则女校绘图工艺科教师，1920年（民国9年）改任绣科主任，直到1958年还指导陈亚先从事正则绣。正是由于她的热爱，使她早年就受到省教育厅嘉奖，参加全国美展，获教育部学术奖励，代表作《罗斯福》作为国礼赠送美国总统；一生培养了多个工艺美术大师。对从事职业教育的学生来说，热爱专业、痴迷职业技能学习，是学好专业职业能力的内在动力。古人言"好之不如痴之，不痴不能成才"，讲的就是对所学职业的爱好。

第三，是要在职业教育中实施美育，从尚美中提升个人职业素养和情感。正则绣的尚美精神，一方面通过形态塑造、色彩变化、绣针肌理穿插和生动情趣的构图调动人的视觉审美思维，形成艺术的升华。另一方面还体现在通过学习训练，在艺术教育中养成"美的态度"来观察、认识和评价事物、生活及学习，使人的职业活动进入艺术化的层面。通过尚美精神的弘扬，可以解决学生在学生中的无聊，激发个人对生活的乐趣，重视个人的生存状况和职业发展，对社会、他人的热心、关爱。最重要的提升对个人从事职业技能学习的兴趣，在尚美的层面，快乐学习，快乐生活。

第四，是要不断强化创新精神的教育，激发学生的职业创造活动。创新教育的载体应该是职业技能的学习和发展，应该与职业教育密切关联。如果仅仅学会一些技能技巧，那还不是职业教育理想境地。正则绣的成功，就在于吕凤子从传统工艺、西方绘画和职业教育三个方面氛围中，创造性地思考开拓新的刺绣门类，将理想变成了现实。对今天的职业教育来说，这才是我们所要追求的理想。这就需要建立良好的职场氛围、训练场所，提供相应的多种知识学习机会，让学生多接触社会，从而激发学生的创造性思维，使学生在更多的职业空间里思考新的内容，建立起创新意识，提升职业能力。

正则绣的职教精神是一个历史积淀的产物，也是吕凤子长期思考教学实践的重要成果。当年他能在那样的艰苦条件下改革职教发展路径，想必这样的创新创造也会指导我们当下的职业教育的改革提升，对我们今天的现代职业教育改革发展提供积极有效的借鉴。

参考文献：

［1］徐铭. 吕凤子文集校释［M］. 镇江：江苏大学出版社，2018.

［2］丹阳师范校史编写组. 丹阳文史资料［M］. 第5辑. 中国人民政治协商会议江苏省丹阳县委员会文史资料委员会，1986.

　［3］丹阳县政府呈江苏省教育厅.关于丹阳私立正则女子职业学校复校立案表格及来往文书［Z］.江苏省档案馆，1946.

　［4］丹阳正则学校复校计划［J］.镇丹金溧扬联合月刊，1964（4）.

　［5］张珍珍.民国职业教育研究（1912—1927年）［D］.保定：河北大学，2005.

　［6］胡耐秋.谈正则绣［A］.吕凤子纪念文集［C］.南京：江苏人民出版社，1993.

　［7］江苏丹阳私立正则女子职业学校编印.正则绣［M］.1936.

　［8］吕去病.吕凤子文集［M］.天津：天津人民美术出版社.2005.

　［9］吕存.正则绣与创造性思维［J］.艺术百家，1996（3）.

　［10］吕凤子.中学校的美育实施［J］.教育杂志，上海：商务印书馆，1923.

　［11］佚名.丹阳正则女中绣展第二日［N］.中央日报，1937-04-13.

私立正则女子职业学校专业建设
与正则绣发明刍议

蒋纯利

正则绣产生于吕凤子办学过程中进行专业建设、职业人才培养的具体实践。吕凤子三次办学所设主要专业均有绘绣科专业。在绘绣科专业建设与学生专业技能训练中，吕凤子与杨守玉发明了正则绣。正则绣不同于传统刺绣，是一种以针代笔、绘绣自如的"针画"艺术。

正则绣是基于传统工艺的一种再创造，产生于私立正则女子职业学校的创建与发展过程，正则绣的发明离不开吕凤子办学过程中积极进行专业建设及职业人才培养的努力。吕凤子创造这种新绣法的过程，表现出其作为一名美术家的创新自觉意识，也表现出其作为一名教育家的育人敬业精神。

一、三个时期的专业设置情况

私立正则女子职业学校是吕凤子创办的地方私立学校，主要服务于丹阳及周边地区广大百姓，特别是女性。吕凤子深受辛亥革命进步思想影响，当他看到中国封建社会女性一直处于被压迫的地位时，于1912年捐献家产在家乡丹阳创办了"私立正则女子职业学校"，这是当地第一所也是唯一的女校。吕凤子认为，广大女性必须学文化、学技术，获得经济上的自立、人格上的独立，才能真正得到解放。吕凤子在1936年《追摹母像》画上曾题云："母四十始读书，邑无教育女子处所，督瀎设正则女校。"这说明，吕凤子创办学校的行为得到了其母亲的大力支持。

学校创办之初，条件简陋，只有3间旧屋。最初设立小学和妇女补习班两部分，吕凤子亲自兼任校长。他用屈原的别名"正则"作为校名，表示对这位爱国诗人的崇敬，也展示了他创办学校的抱负。学校注重教学质量，人才培养水平不断提升，受到地方政府的支持和广大百姓的欢迎。

在学校之后的发展中，吕凤子结合女性学习特点，同时也为了更好地满足丹阳及周边地区纺织、丝绸、桑蚕和刺绣等行业发展的需求，逐步将重心放到女性职业教育方面，增加了专业，提升了教育层次。1920年，"组织校董会，改办职业学校，更校名为私立正则女子职业学校、私立正则小学校、私立正则女子补习学校，对外仍统称私立正则女子职业学校。分设永久科、非永久科。永久科三科曰蚕桑科、纺织科、图案科，旨在造就中级技术员，改良丹阳特产绸。时丹阳绸丝质图案等不良，已不能与湖绸争市场也。先后曾开初级三年蚕桑科、高级三年期图案科多班，纺织科未办。非永久科因一时需要而设，先后曾开初级三年期绣缝科与应用化学科、高级三年期雕塑科与绘绣科多班。附设中学部师范部，曾开初中及四年期专科师范科多班"。1922年，"呈由苏省府转呈北京教育部立案"。1928年，"奉令再度在第四中山大学区立案"①。这个办学规模一直持续到1937年11月21日，学校被迫宣告暂时解散。

1937年抗战全面爆发，吕凤子带领部分教师及教师家属历尽千辛万苦迁徙到重庆，创办"江苏私立正则女子职业学校蜀校"。在吕凤子的记录里，1938年2月，"抵璧山，设江苏私立正则女子职业学校蜀校，续办初级三年期蚕桑科、四年期劳作师范科各一班"。1939年，"蚕桑科改为四川省立初级农科（专攻蚕桑），由本校代办。同时奉教育部令改劳作师范科为劳作师资训练班"。1941年起，"即由教育部连续指办二年期劳作师资训练班、一年期美术工艺训练班。迄今并曾代四川省府、璧山县府开办劳作师资训练班多班"。1944年，"受教育部托办高级三年期建筑科。迄今又原附专科部于廿九呈准教育部……办三年制绘画劳作师范专修科"。1944年，"呈准改办私立江苏正则艺术专科学校"。1945年，"完成备案。现办有师专科三班、三年制与五年制绘绣科各三班。又原设中学部，亦自三十年起扩为中学校，经本省教育厅□□办江苏省立旅川临时中学璧山分校迄今，卒业初中五班，本期有初中六班、高中一班"②。

从以上档案可见，江苏私立正则女子职业学校蜀校和私立江苏正则艺术专科学校在四川办学中，有职校、专科和中学三部分。职校部分有农科（专攻蚕桑）、建筑科、绘画劳作师范专科（含劳作师范科）、美术工艺家事训练班。专科部分有绘绣科、师范科。中学部分有初中和高中。

1946年秋，江苏私立正则女子职业学校蜀校和私立江苏正则艺术专科学校迁回丹阳复校。吕凤子在"复校计划大纲"中陈述了他的具体实施内

---

① 江苏省档案馆馆藏档案，1946年丹阳县政府呈江苏省教育厅"关于丹阳私立正则女子职业学校复校立案表格及来往文书"。

② 同①。

容："谋贯彻本校美育主张，同时设各级学校。第一级正则幼稚园、正则小学。第二级正则中学、正则女校。第三级正则艺专……高职分农工家事三部。农部主办蚕桑科，工部主办染织科、图案科。必要时农部得办园艺科，工部得办建筑科。又初级蚕桑或园艺科、初级化工或绣缝科暨各短期训练班……艺专分本部、师范部。本部设五年制三年制绘绣科、五年制三年制工艺科。必要时得开五年制三年制雕塑科。师范部设三年制绘画劳作师范科、一年二年期艺术师资训练班，必要时得开三年制绘画音乐师范科，及简易师范科。"[1]《从正则女校到丹阳师范》一文中曾对复校情况进行了介绍："复校之初，根据当时的教学条件和社会需要，在整体建制上又分设正则小学、正则中学、正则女子职校和正则艺专四部分。正则职校还接受省教育厅托办高级建筑科一班，正则艺专接受丹阳县教育局托办美工师资训练班两个班。"[2]35

对照以上两份材料，我们可以了解，学校复校后办学情况基本为四部分，即小学和幼稚园、中学、职业学校、艺专。开设的职业教育专业有蚕桑科、染织科、图案科、园艺科、建筑科、绘绣科（刺绣科）、工艺科、绘画劳作师范科、雕塑科、化工科等。

二、正则绣发明是"绘绣科"专业建设的成果

吕凤子的3次办学中，江苏私立正则女子职业学校蜀校和私立江苏正则艺术专科学校开设的主要专业有绘画劳作师范科、蚕桑科、绘绣科（刺绣科）、建筑科等。最初吕凤子办学校是为了帮助当地女性认字，使她们掌握基本文化知识，从而提升个人独立生存能力。随着社会的发展，社会职业教育逐步发展起来。"1904年，福建省在福州设桑蚕女学堂，这是我国女子职业学校的滥觞。同年9月，陈竹君女士在蔡元培等人的支持下，在创办的爱国女学校中附设了女子手工传习所。该传习所以'为同胞女子谋自立之基础'为宗旨，教材分'手工编织''机械缝衣之初级'和'机械扣法'三级。"[3]吕凤子认为，解放妇女就必须使女子从旧式家庭中走出来，并具有一定经济基础，解放妇女最有效的途径就是使妇女接受职业教育，掌握适合自己生存的专业技能，从而为社会所接受。自1920年后，吕凤子办学的重点即为女子职业教育，其绘画劳作师范科、蚕桑科、绘绣科（绣缝科）等专业应运而生，尤其绘绣科（绣缝科）专业一直是品牌专业。"正则绣"的发明就产生于绘绣科专业教学的人才培养过程，这也是吕凤子职业教育的成果之一。

"正则绣"发明时间是1921年，即私立正则女子职业学校举办绘绣科的第二年。胡耐秋女士（原全国妇联书记处书记，当时为私立正则女子职

业学校的学生）曾回忆："1921 年上半年，我读高二下学期，大约是五六月间，吕先生在家乡。有一天下午，杨守玉先生在我们班上美术课，吕先生来向杨先生要针，说针弄丢了。他左手拿着一个七、八寸直径的竹圈绷子，上面用蓝绿色的丝线纵横交错地绣了一小块未成形的图像，好像是风景。杨先生拿了一根针给吕先生，吕先生走向他的办公室。杨先生对我们说，吕先生在做一种新绣法，叫'乱针绣'，我们听了大为惊奇"[4]69。从 1921 年起，吕凤子、杨守玉等人就着手在"绘"和"绣"的职业技能训练过程中，对传统刺绣技能加以改进。他们将美术创作的形式因素渗透传统刺绣的基本针法，一改"密集其针、排比其线"的传统绣法，形成色线长短不一、层层相叠、灵活多变的"乱针"绣法，创造出色彩绚丽丰富、光影明暗变化、针法错综复杂的"乱针绣"。吕凤子、杨守玉等人将这种绣法贯穿绘绣科专业刺绣技能培育。通过吕凤子和其弟子杨守玉的努力，"乱针绣"技法在吕凤子创办的学校里不断得到完善，这种创新手法也得到了社会的普遍认可。

吕凤子最初建议将刺绣命名为"杨绣"，以奖掖杨守玉在创造新型刺绣实践过程中的贡献。杨守玉则认为刺绣创新的成功离不开吕凤子的研究、指导与提携，不肯接受。后经两人协商，决定取吕凤子创办的学校校名"正则"二字，将这种刺绣新品正式命名为"正则绣"[5]6。在后人的研究中，时有称乱针绣、时有称正则绣。乱针绣是从操作针法层面来命名，正则绣是从创造这种绣法的所在地来命名，乱针绣即是正则绣，正则绣就是乱针绣。

正则绣是教学相长的产物。吕凤子、杨守玉等人一边教授学生学习传统刺绣，一边向同时代有探索成就的刺绣人学习，同时创造性地吸收西方艺术手法，在结合新材料、新针法、新创意的基础上，不断试验、不断改进、不断创新、不断完善，创造了正则绣。

1930 年，在私立正则女子职业学校的美术展览会上，杨守玉的 6 幅乱针绣作品一经展出即引起学校甚至全丹阳的轰动[6]。从 1921 年开始研究正则绣到 1930 年成果展示，正则绣经历了 9 年的试验、改进和完善。1933 年 10 月 8 日，私立正则女子职业学校绣展在南京举行，参观者十分踊跃[7]。1936 年，学校集资刊印了由佛学大师欧阳竟无题写书名的《正则绣》。私立正则女子职业学校在创造的正则绣名传天下的同时，也在职业教学体系、专业技能训练、师资能力提升上得到了较大的发展，受到社会的肯定。

三、正则绣的创新点

吕凤子在《正则绣》一书中，通过《乱针绣谈》一文对正则绣的美术定位给予了说明，从传统刺绣的历史发展研究角度讨论了绣与绘的关系，论述了乱针绣的方法、材料、用色等。在吕凤子看来，正则绣虽然是一种刺绣，但与传统的刺绣不同，与造型美术有着许多共同点，这就是吕凤子乱针绣的独到之处。这种独创体现了吕凤子较高的艺术修养和较强的艺术创造能力。从吕凤子《乱针绣谈》所描述的内容中，我们可以清晰感知正则绣的创新点。

吕凤子对正则绣（乱针绣）有一个明晰的艺术定位。他说："那末，就用勾画的线和色来构绣，又谁说不可？所以我们就毫不踌躇，径用构画的方法来构成我们的'乱针绣'了。"[8]36在吕凤子看来，正则绣是美术的一部分，他是按照美术的创作要求来完成刺绣的改革。对于正则绣来说，这个"美术"的定位是其最为重要的一个创新点，是思想内容层面的思考。"刺绣是美术。刺绣品尽管拿去换钱，但刺绣的时候，确是充满着爱好的情绪，他的态度确是无为而为的；他有专用材料和方法，且常出奇意密思构成新的形式；他能令手指离开眼的拘束，直接听脑的指挥，而成一种技巧。有这三项构成要素，所以我们说刺绣是美术。"[8]34正是吕凤子对刺绣的绘画性的定位与要求，促使正则绣在操作时力求做到如绘画一般刺绣。"当我们用创造性思维去进行正则绣的创作时，就敢于把正则绣放到一个大绘画的背景、一个无限多元化的艺术世界中去审视、去比较，寻找出其它绘画形式、姐妹艺术中技能技巧与正则绣的沟通点，再加以综合、分析和创新，变成自己的新语言。"[4]34

根据这个"美术"的基本定位要求，正则绣要解决好两个重要的艺术形式问题，就是线（形）与色在作品中的处理。吕凤子对于"线"的要求："我们绣中线是由无数修短不一的乱直线构成，却更加显示空间密度的大小。这是'乱针绣'中线和普通画中线最不相同的一点，也就是我们'乱针绣'特具的构线技术。"[8]36对于色，吕凤子认为，"我们'乱针绣'中色却用挽合法，用多色线错综挽合，或用多色线顺序挽合，或一次挽合后再次三次挽合，或排多色成一线或揉多色成一线挽合，能使挽合后仍保留多色原来色。较用生色排比成画，实更多变化之奇"[8]36。从中，我们能体会到吕凤子先生对刺绣职业教育的改革，有思想内容层面的方向性改革，也有具体的技术层面实践探索。

笔者认为这正是正则绣的第二个创新点：通过"修短不一的乱直绣线"形成的线形和"多色线错综挽合"的方法生发更多变化之奇的用色，创造性地使正则绣在艺术表现形式上满足了绘画性的要求。

更为可贵的是吕凤子还不断拓展绣材的范围，一改传统丝线单一的用料，将"丝线、纱线、丝纱混合线三者并用，大概暗处用纱线，明处用丝线，介乎明暗之间者用丝纱混合线"[8]36。将刺绣的织物由原来单一的丝绸扩展到"丝织物、纱织物、毛织物三者并用，纱地取其暗，丝地取其明，毛地取其毛，概视所绣事物而异其地"[8]36，使刺绣的艺术性得到充分的发挥。

笔者认为，这种巧妙的艺术处理手法应用，正是正则绣的第三个创新点，即绣材范围的拓展极大地丰富了正则绣的艺术表现力，使得正则绣的视觉感知、审美趣味更具感染力。

正是由于对这三个重要创新点的思考、实践，使得正则绣有了不同于传统刺绣的面貌，在褪尽旧有刺绣呆滞而无神采、错丝配色落于俗套的"密接其针、排比其线"工艺程式后，使刺绣有如绘画一般，以针代笔，绘绣自如。在一次次的加色过程中一层层绣制，使错综复杂的交叉线条通过人眼的自然调和后立体显示所绣对象，丰满、含蓄、耐人寻味。这种创新完成了"善刺绣者必善绘，否则就不能造刺绣极峰"[8]35的理想要求，开创了刺绣工艺的新天地。刘海粟曾评价说："以针代笔，以色丝为丹青，使绘画与刺绣融合一体，自成品格。"[4]34 吕凤子"根据它的审美特征、技法特点、创作特性和工具材料给它取了一个更确切的名字——'针画'"[6]。

正则绣是吕凤子创办的私立正则女子职业学校在职业教育人才培养过程中专业建设的产物。可以说，正是由于吕凤子办学过程中关注地方优秀民间文化的传承，踏实认真地创新绘绣科专业建设，不断强化刺绣职业技能教育训练，才使得学校有了研究、创新传统刺绣的空间和氛围；也正是这样的教育学习环境、吕凤子的创新意识加上杨守玉在专业上的刻苦钻研，才有了正则绣的发明。

参考文献：

[1] 吕凤子. 丹阳正则学校复校计划 [J]. 镇丹金溧扬联合月刊，1946（4）：42-43.

[2] 丹阳师范校史编写组. 从正则女校到丹阳师范 [M]//江苏省丹阳县委员会文史资料委员会. 丹阳文史资料（第5辑）. 镇江：江苏省丹阳县委员会文史资料委员会，1986.

[3] 张珍珍. 民国职业教育研究（1912—1927年）[D]. 保定：河北大学教育学院，2005：13.

[4] 胡耐秋. 谈正则绣 [M]//镇江市政协文史资料研究委员会，丹阳市政协文史资料研究委员会. 吕凤子纪念文集. 南京：江苏人民出版社，1993.

[5] 江苏丹阳私立正则女子职业学校. 正则绣 [M]. 镇江：江苏丹阳

私立正则女子职业学校, 1936.

[6] 吕存. 正则绣与创造性思维 [J]. 艺术百家, 1996 (3): 107 - 109.

[7] 佚名. 丹阳正则女中绣展第二日 [N]. 中央日报, 1933 - 10 - 10 (3).

[8] 吕去病. 吕凤子文集 [M]. 天津: 天津人民美术出版社, 2005.

(原刊于《镇江高专学报》2019 年第 2 期)

吕凤子正则绣职业人才培养研究

李 杰 胡 菲

　　吕凤子创办了私立正则女子职业学校，这是我国最早实施女子职业教育的学校之一，正则绣即产生于此。正则绣的发明和传承，体现了吕凤子在专业设置、课程体系构建、人文素养培养、技艺传承等方面的成功实践。

　　吕凤子（1886—1959）是中国现代史上著名的教育家和美术家。1912年，吕凤子在家乡江苏丹阳创办了当地最早的女校——私立正则女子职业学校（以下简称"正则女校"）。学校创办伊始，吕凤子即根据当时江南地区女性的生存现状与社会需求，开设绘绣科（绣缝科）、蚕桑科、师范科等以培养女性职业能力为主的专业。正则女校最为成功的职业教育案例是正则绣的发明与传承及吕凤子基于正则绣职业教育的人才培养实践。

　　吕凤子在正则绣职业教育办学过程中，为满足社会需求、创新文化艺术形式、推动人才就业，重视专业课程体系的构建，强调正则绣职业人才的核心素养培养，这使得正则绣在 20 世纪三四十年代引起巨大反响，并传承至今，形成品牌。分析吕凤子在正则绣人才培养过程中实施的职业教育理念和相关实践，对我们创新职业教育理念、科学设置课程教学内容、完善课程教学方法、更好地服务学生与社会具有重要的参考价值。

一、明确人才培养目标，科学构建课程体系

　　吕凤子创办正则女校的主要目的是帮助妇女实现独立自主，具备进入社会所需的职业能力。丹阳地区蚕桑业较为发达，传统刺绣技法广为百姓使用，拥有众多民间刺绣人才。这些条件适合职业学校开设诸如蚕桑、刺绣、绘画工艺、师范等专业。刺绣、丝绸、绘画三大基础条件完备，使得正则绣的发明有了良好的培育土壤。

　　吕凤子所办的正则女校虽是私立学校，但十分规范。为实现专业人才培养目标，学校特别注重学生专业知识体系与职业能力体系的构建。这种办学理念得益于吕凤子学习成长经历。吕凤子毕业两江优级师范学堂，打

下了扎实的专业基础。两江优级师范学堂主张将中西之学融会贯通，取双方之精华；"注重手脑并用"[1]19；不尚空谈，重视实验，兼顾理论。这些教育理念深刻影响了吕凤子。

1936年正则女校编印的《正则绣》一书中记录有绘绣科的课程学习内容："高级部三年期绘绣科限收初级中学暨职校毕业生，分年肄习学科如左。公民，读三年。国文，三年。外国文（选读），三年。文化史略，一年。美学，一年。形相明相色相论，各一年。画史暨中国画特有技术论，二年。绣史暨各类绣法，一年。音乐，三年。体育，三年。书法，三年。教育（选读），一年。绘画实习，三年。刺绣实习，三年。本科刺绣以乱针绣为主。初级部三年期绣缝科，限收高级小学毕业生，分年肄习学科如左。公民，读三年。国文，三年。算术，三年。音乐，三年。绘画，三年。体育，三年。绣缝工作法，一年。绣缝实习，三年。英语（选读）三年。史地（选读）二年。自然（选读）二年。教育（选读）一年。补习学校绣科，无学习期限，无入学资格，除绣外兼读公民国文书法算术图画体育等学科，不愿兼读各科者听。"[2]11

在绘绣科课程体系中，吕凤子设置了3个层次的职业教育基本内容，并围绕这3个层次的学习要求，规定了学生的入学要求和主要学习方向，有序实施教学，对学生的素质拓展选读内容等亦有详细的考虑。

以高级部课程设置为例，既有专业知识的学习（如美学、形相明相色相论、画史暨中国画特有技术论、绣史暨各类绣法等），又有职业技能训练实践（如书法与绘画实习、刺绣实习等），均规定了3年学习的要求；同时还设置了职业素养学习内容，如公民、国文、外国文（选读）、文化史略、音乐、体育、教育（选读）等。

吕凤子十分重视对学生绘画能力和正则绣职业技能的训练。吕凤子认为，正则绣不同于传统刺绣，做好正则绣要掌握刺绣技巧，更要打牢美术功底。"我们以为画绘和刺绣虽属两事，但有连带关系。善刺绣者必善绘，否则就不能造刺绣极峰。我们平日主张学刺绣者必先学画绘，就是这个理由，以为画绘造诣愈深，刺绣方法就会愈多变化。我们稍稍知画，所以我们刺的形就比较容易穷其神；我们稍稍知绘，所以我们绣的色就比较容易尽其变。"[3]35这是吕凤子创新正则绣的深切体会。吕凤子认为书画与刺绣是一个整体，都属于正则绣职业操作技能学习的主要内容，因此在实训课程教学上设计了连续3年的绘画训练、刺绣训练等。为确保职业技能训练目标的完成，他在学校设置了专门的实训场所，如乱针绣学习室（乱针绣是从操作针法层面来命名，正则绣是从创造这种绣法的所在地来命名，乱针绣即正则绣，正则绣就是乱针绣[4]）、正则绣陈列室、绘绣科学习室、裁缝学习室、蚕室、画室、理科学习室、木工厂、美术馆、图书馆、礼堂、运动场等。这些实训场所的建设有力保证了学生职业综合能力的发展。

二、有效实施美育，促进职业人才素养提升

正则女校是我国较早在职业教育领域重视并实行美育的学校。吕凤子在1946年的"丹阳正则学校复校计划大纲"中指出："谋贯彻本校美育主张，同时设各级学校。"[5]

吕凤子在《中学校的美育实施》一文中对美育的目的有深刻的思考。"什么是美育？这以艺术为教育，不但使一般人由教养而得享乐艺术便算，并且还期望他们一概成为艺术家——最广义的艺术家。还有，这不但以艺术的创造启发生活的创造而已，并且要推广艺术的创造于一切方面，使一切生活都成艺术化。"[6]

正则绣职业人才培养目标符合这种美育思想的要求。正则女校将艺术教育融入正则绣职业技能训练，促进学生自身素养产生两个层面的提升：首先，促进基本技术的提升，即学生通过艺术素养的提高，提升审美能力，感受美所带来的愉悦，进一步实施艺术创作活动，最终成为广义上的艺术家；其次，以艺术的创造启发生活的创造，即在正则绣职业能力的提升过程中，形成"艺术生活化、生活艺术化"的价值理念。这就是说，让学生浸淫在美育中，使其逐步在艺术教育中养成用"美的态度"来观察生活、认识事物、引导学习，并促进自身能够从满足生存需求层面提升至对艺术美的追求层面。正如吕凤子所说："以美的态度接遇一切，形态迹象等接触于耳目，而生命的意义默识于内心，于是觉得那些是先得我心，好像直从我的本性自然流露呢，就会生起了纯粹的同情，或若觉得反乎人性而于我心有格格不入之势呢，就会生起了纯粹的反情。"[6]

吕凤子进行美育的基本路径有二：首先，通过美术教育强化学生基础训练，提高其造型能力和色彩感知描绘能力，即吕凤子所说的掌握"画"与"绘"的职业能力；其次，通过美育，学生对"生命的意义默识于心"，进而能够生起纯粹的同情心，并由此提升自身的职业道德和追求，最终使人文素养提高、精神得到升华。吕凤子说："美育是就异成异，美术制作也是就异成异，不过美术制作所成者是作者自己的异，美育所成者是一切被成者自己的异，这是最要弄清楚的。"[3]2可以说，正则绣职业教育中的美育实践，承载了吕凤子改造社会的教育理想，即希望通过提高个体对美的认识与把握，培养个体对广义生命的大爱，形成爱无涯、美无极的理念，并以此推而广之，最终实现社会精神风貌的焕然一新。

三、注重文化传承，扩大社会影响力

正则绣职业教育在正则女校成功实施后，不断发展。在专业人才培养方面，涌现众多优秀的从业工作者甚至现代工艺美术大师。在这些杰出的正则绣工艺家的不断探索下，正则绣得到发扬光大，正则女校受到社会广泛赞誉。这进一步证明了在正则绣职业人才培养方面，吕凤子注重融合专业知识、职业能力、个人素养的理念的先进性和课程体系构建的科学性。

正则绣自20世纪20年代被发明伊始，正则女校即形成了由吕凤子、杨守玉为代表的第一代艺术家。抗日战争爆发后，正则女校迁至四川璧山，正则绣也被带到蜀地发展，抗战胜利后正则绣又回到丹阳得到传承。20世纪50年代初，正则绣逐步由丹阳向苏州、常州、台湾等地发展。在丹阳，吕凤子长子吕去疾及夫人陈显真在从事正则绣教学之余潜心研究，把正则绣提升至"走线更加自如、用色更加精深"的境界，并培养了正则绣的第三代传人——吕存（中国工艺美术大师），使正则绣进入新一轮创新阶段。杨守玉退休回常州老家后，指导陈亚先学习正则绣，常州形成了另一个正则绣传承基地。正则女校毕业生朱凤、任嘒闲、周翼先在苏州创办刺绣研究所，正则绣又在苏州扎下了根。吕凤子次女吕无咎将正则绣带到美国，使正则绣在美国得到传播。正则女校学生陈嗣雪（画家陈之佛之女）将正则绣带到台湾。在众多正则女校教师与学生的努力下，正则绣不断发展。

正则绣在20世纪30年代就已受到社会广泛赞誉。1930年在正则女校的美术展览会上，杨守玉展出了《吕凤子》等作品，引起全县的关注。1935年，杨守玉因创正则绣受到江苏省教育厅嘉奖。在《正则绣》一书中记载："昨岁江苏省教育厅据督学夏佩白先生视察报告，令本校曰：'杨守玉服务廿年以上，创作乱针绣与机针绣，驰誉一时，应传令嘉奖。'又'该校各部绣科除授创造之乱针绣与机针绣外，旧有各种绣法仍令学生研究，国内习绣场所，绣法之完美恐无善于此者。'"[2]6 1937年4月，在教育部主办的第二次全国美术展览会上，杨守玉正则绣作品入选展览。美术评论家陈觉元进行了高度评价："细审现在杨守玉底乱针绣，则丝线并用，针法纵横错综，色彩多种参合，绣地或绢或布或毛织物，均无不可。这种绣法，似从西洋油画中悟出。于表现物象以外，兼能表现光影明暗、空气密度、复色底混合。所以旧法只能绣中国书画及照片，新法除中国书画外，兼能绣西洋水彩画。油画、照片而外，兼能绣雕刻。这种技术，真是精心杰作，于中国刺绣中别开生面，已非前人所能企及。"[7] 1941年，杨守玉创作的正则绣《罗斯福像》被作为国礼，由民国政府赠送给美国总统罗斯福，罗斯福来函致谢并盛赞作品精美。

综上所述，研究吕凤子的办学理念和办学实践，对今天我们正在进行的新时代职业教育改革有着重要的参考价值，值得我们做进一步探讨和学习。

参考文献：

［1］范建华．吕凤子研究［M］．南京：东南大学出版社，2014．

［2］江苏丹阳私立正则女子职业学校．正则绣［M］．镇江：江苏丹阳私立正则女子职业学校，1936．

［3］吕去病．吕凤子文集［M］．天津：天津人民美术出版社，2005．

［4］蒋纯利．私立正则女子职业学校专业建设与正则绣发明刍议［J］．镇江高专学报，2019，32（2）：1-4．

［5］吕凤子．丹阳正则学校复校计划［J］．镇丹金溧扬联合月刊．1946（4）：42-43．

［6］吕凤子．中学校的美育实施［J］．教育杂志，1923，15（5）：2-3．

［7］陈觉元．全国美展的真价［N］．中央日报，1937-04-13（3）．

（原刊于《镇江高专学报》2020年第3期）

正则绣传承的培养模式研究

蒋　娴

通过 TIM 在线问卷对镇江高等专科学校学生进行调查，了解学生对正则绣的了解程度和学习意愿，通过开发仿真教学软件、建立名师工作室网站、完善课程评价体系建设、举办各种专业竞赛等措施，传承正则绣，让传统技艺焕发新的光彩。

《教育部做好 2018 年度现代学徒制试点相关工作通知》（教职成厅函〔2018〕10 号）是为了贯彻党的十九大精神，落实《国务院关于加快发展现代职业教育的决定》（国发〔2014〕19 号）、《国务院办公厅关于深化产教融合的若干意见》（国办发〔2017〕95 号）、《教育部 2018 年工作要点》（教政法〔2018〕1 号）等文件要求而发布的[1]。国家十分重视"现代学徒制"的试点和研究工作，希望能够在高职院校开展研究。

目前，高职院校对汽车、机械这类实用型"现代学徒制"的研究比较多，范围也比较广，但对一些传统工艺的传承研究相对薄弱。本研究通过镇江高等专科学校（以下简称"镇江高专"）与正则绣传人吕存的工作室开展校企合作，研究现代学徒制和校企合作的培养途径，传承镇江高专创始人吕凤子的正则绣，让传统技艺焕发新的光彩。

一、调查统计和分析

2018 年 5 月，通过 TIM 在线问卷对是否了解正则绣、是否对此感兴趣、有无学习意向、影响学习的因素等问题在全校学生中进行了调查。问卷分为两个部分，共 12 个题目。

（一）问卷内容和调查形式

问卷第 1 部分是对被调查者个人信息及对正则绣了解情况的统计，主要包括性别、年龄、所在学院、对正则绣了解程度等，被调查者根据个人情况进行选择。问卷第 2 部分是关于学生是否愿意学习正则绣、如何学习等的调查。调查共收到电子问卷 968 份，剔除无效问卷 102 份，无效问卷的判断标准如下：漏答（题目空白）或多答（单选题填写多项答案）。得到有效问卷 866 份，有效率达到 89.5%，满足调查研究的需要。

（二）问卷结果分析

从问卷第 1 部分统计结果可以看出，调查对象基本覆盖了不同学院和年级的学生，女生对调查的参与度更高。大一和大二学生占总调查人数的 80.7%。丹阳师范学院参与人数最多，其次是卫生护理学院。综合来看，女生对正则绣的情况更为了解和感兴趣。调查对象对正则绣的历史和内涵有一定的了解，主要通过学校的校史教育、教师的讲授、网络宣传等途径了解。有 52.7% 的被访者认为学校有必要开设正则绣相关课程，并且有近一半的学生愿意学习这种传统技艺。研究数据具有一定的科学性和有效性。

通过问卷第 2 部分的数据统计发现，调查对象大都认为学习正则绣有难度，但是如果学校开设课程，有名师指导，可以参加这种传统技艺的学习，并且绝大多数调查对象对正则绣的市场前景表示乐观。很多受访学生认为，传统的就是潮流的，越是手工繁复的技艺，越是会有广阔的市场前景。绝大部分调查对象都认为学校应该开设正则绣专业课程，或者至少要开设选修课程，让感兴趣、有基础的学生可以参与学习。通过举办业余或专业的刺绣竞赛、开展刺绣技能大赛、组织刺绣作品的校内拍卖等活动吸引校内甚至社会上对正则绣感兴趣的人参与学习，把学校的特色传统发扬光大。

二、推动正则绣的继承和发展

正则绣相关课程既应有深厚的理论文化知识，又要有较强的动作技能。利用建构主义构建的课堂与传统课堂在课程标准、学习方式、教学评价体系等方面有着极大的区别。镇江高专采取了一系列的措施推进正则绣的传承工作。

（一）校企对接——建立"正则绣大师工作室"

学校与正则绣第三代传人吕存开展深度合作，创建了"正则绣大师工作室"。选拔丹阳师范学院对正则绣感兴趣且有良好美术基础的学生组成"大师学徒班"，由以吕存为代表的正则绣传人对这些学生进行技术指导。

吕存是著名画家、美术教育家吕凤子的孙子，他长期工作生活于丹阳，代表作有《天禄》《杨澜肖像》等。吕存在正则绣的保护、传承、创作方面有突出的贡献，是联合国教科文组织在我国首批授予的"一级民间工艺美术大师"。

镇江高专"正则绣大师工作室"依托正则绣传统技艺，发挥大师工作室创新创意研发、交流研讨、示范引领的作用。重点做好学生培养、教师引领、示范辐射、课题研究等工作，大力推行现代理念下的"师徒制"人才培养模式的探索与实践。这种校企的深度融合模式改变了原来的传统学徒制的做法，把"一带一""一对二"的师徒模式改变为"1+N"的新型师徒模式。这种培养模式既能解决传统技艺在社会上的生存尴尬，改变无人肯学的局面，又能为在校学生探索一条新的就业之路。

（二）政策护航——成立"正则绣大师工作室项目领导小组"

为在制度和政策上扶持工作室的日常运行，镇江高专成立了"正则绣大师工作室项目领导小组"。校长担任组长，对大师工作室的建设规划和实施方案进行了数次修订和论证，为工作室提供场地及资金，保障大师工作室研究工作的顺利开展。同时，加强工作室基本条件的建设，加大工作室建设经费的投入力度，整合学校人力资源，组成强有力的工作队伍。政策上的支持对学校引企业进校开展教学有着至关重要的影响，不仅能够吸引企业积极投入设备、师资，还有利于吸引企业为了更好更快地发展，把核心的技术力量放在校企合作项目上。

（三）实训基地——建设"中国正则绣博物馆"

镇江高专在筹建"中国正则绣博物馆"伊始，就在建设定位上提出了明确的要求，博物馆应具有收藏、展陈、研究、教育等功能。为此，学校邀请国内一流的博物馆建筑设计团队进行规划设计，就博物馆的设计理念和正则绣这一独特的绣种在展厅的布置和内饰的陈列方面都进行了论证。建成后的博物馆将分几个展厅分别展示正则绣的起源、发展、沿革、创新。在博物馆二楼设置了"正则绣大师工作室"，学生可以在此进行实训，学校不定期邀请相关专家指导学生。博物馆的互动区也将教师精心制作的工艺课件设计成有切磋模式的电子刺绣体验游戏，可以选择难度不等的刺绣图案进行模拟体验，体会绣出油画感的电子作品。如果对自己的作品满意，还可以现场打印出来，留存纪念。博物馆还将设有专门的正则绣衍生产品出售区域，把学生的刺绣作品作为衍生纪念产品出售。学生不但可以借此找到学习的认同感、成就感，还可以获得经济上的资助。

目前，"中国正则绣博物馆"正在进行建设。建成后，不仅本校学生可以领略正则绣的艺术魅力，全国乃至全世界的刺绣爱好者也可以通过博物馆展厅的陈列、互动设施等了解、学习并爱上正则绣。

三、存在的问题及原因

虽然镇江高专为正则绣的传承做了许多前期准备工作，成立了"正则绣大师工作室项目领导小组"，与"正则绣大师工作室"开展校企合作，选择部分学生进行试点培训，但在实践中还是发现了一些问题。

（一）课程目标不明确

刺绣课程是一门应用性较强的课程，是理论和实践相结合的课程。最初课程设计的总体目标是为学生提供机会了解并热爱正则绣这一传统技艺，学习刺绣初级技能。在这一总体目标之下设置了"认知目标、技能目标、行为目标" 3项具体目标。但在实际教学中，课程目标比较模糊，课程内容缺乏系统性。

（二）课程设置不完善

学生在进行课程学习时，教师不能只是将知识直接呈现，应在学生理解的基础上呈现。刺绣技术作为以动作为主的技能，在学习的难度上要比知识技能的学习要求高，不仅有理论知识学习，还要有实践操作，是知与行的统一，是一种个性化的活动，只有在实践操作中反复练习才有可能真正学会。因此，课程应包括理论知识的讲解和实践活动能力的训练，分理论课程和活动课程两部分[2]。前期开设的课程由于校内没有刺绣专业的教师，艺术专业的教师虽可以讲授视觉艺术、制作技法等理论知识，但是在实际操作方面，并不能给学生以专业的指导，大多数课程还是停留在理论教学阶段。

（三）学生的专业基础薄弱

尽管学校有很多学生对正则绣感兴趣，想要学习这门技艺，学校也选择了一部分有艺术基础的学生组成了兴趣班，开设了一系列的选修课程。但是学生之前仅仅接触过"十字绣"之类比较浅显的刺绣技术，对专业性和艺术性很强的"乱针绣"技法一无所知，几乎是从零学起。部分学生逐渐丧失继续学下去的信心，甚至有部分学生选择退出。

（四）教学评价体系尚需完善

教学评价是课程实施中的重要环节，它可以及时反馈教学效果，是上一个循环的结束，也是下一个循环的开始。目前仅以课程的参与度来进行教学评价，没有引入作品技艺评价，在一定程度上影响了学生的学习兴趣。

（五）师资队伍建设亟待加强

教师是教学工作的灵魂，每一门课程或一种技能的学习，师资是关键。目前正则绣课程师资缺乏，"大师工作室"的教师只能对学生进行刺绣技艺辅导，而学校内专业教师只能讲授美学和刺绣史等理论知识，校内能够将理论与实践相结合的专业教师极度缺乏。要想将传统刺绣技术变成一门专业课程，就一定要拥有相对稳定的教师队伍。

四、正则绣的可持续发展

为了更好地传承正则绣，镇江高专不仅通过校企合作努力探索专业化、系统化的新型学徒制人才培养模式，还开展一系列的工作，促进正则绣的可持续发展。

（一）多种教学方式创设教学情境

建构主义课堂充分体现学生的主体性，改变传统的以教师为中心的教学模式，突出学生是知识意义的主动建构者，教师是教学过程的指导者、帮助者、促进者[3]。最新的课程设计要顺应"互联网+"的发展趋势，构建多方教育资源共享体系。将正则绣与现代信息技术结合，既体现传统文化与现代文明的融合，使传统文化不断成长进化，内生出新的生命力，又能使正则绣这门通过传统师徒相授的技艺得到更好地保护与传承。

1. 开发仿真教学软件

针对教学中难以理解或比较复杂的工艺，开发仿真教学软件。通过数字化手段模拟和再现正则绣技艺，不但可以记录、还原正则绣绣制过程，保存传统的刺绣技术和技巧，还能通过搭建数字化培训平台和实习平台，自动规划刺绣过程及绣品结果模拟。通过数字化展示，增加学习者的学习兴趣，极大简化正则绣绣艺培训过程，节约培训成本，缩短培训周期，实现拓宽培训渠道、培养后续传人的目标[4]。

教学软件不仅可以运用于课堂教学，还可以充分依托镇江开放大学的平台，让社会上正则绣的爱好者在家里就能够实现与大师"零距离"的实时互动交流，获得指导。

2. 建立名师工作室网站

利用网络通信工具定期与吕存等优秀技师在线交流、研讨，解答教师、学生的问题，使学生不与教师见面就可以得到指导。还可以把教学平台建成动态工作站、成果辐射源和资源的生成站。

（二）加强专业教师队伍建设

现代学徒制的实质是对精益求精、专注创新的工匠精神的培育，也是对高质量与技能的不懈追求[5]。现代学徒制人才培养模式中的教学主体关系学徒制实施的效果，必须选拔两支高素质的教师队伍，即高素质的企业师傅队伍和双师型的学校专业教师队伍。

学校可以在前期通过广泛吸纳民间艺人、非物质文化遗产传承人参与教学。通过聘请非物质文化遗产传承人担任兼职教师、专业带头人、教学顾问等解决前期校内师资不足的问题；学校还可以通过引进和培养一批相关专业的优秀教学人才，通过进修、邀请专家讲座、互相探讨交流等方式开展这两支队伍的共同培养。学校教师的培养重点是增加实践经验和提升实践技能，企业师傅的培训重点应放在对现代学徒制内涵的理解及教育教学能力的提升上。双方联合开展主题式、项目式的教学和科研工作，共同制订和实施人才培养方案，共同完成特殊人才培养工作，使传艺与传道相结合，学技与做人相融合，共同推进刺绣专业师资队伍的建设。

（三）完善课程评价体系

正则绣课程评价应重点考核学生的具体操作过程和作品。如让学生将自己的作品进行展示和说明，学生可以用录音、录像、照片等表现形式对刺绣作品产生过程进行记录、反思，还可以包括学生在作品创作过程中的一些感悟和体会。

（四）创造就业机会

学生对未来就业的关注度非常高。职业院校的教学目标和中小学基础教育不同，学生的最终目的是通过学习一技之长，在社会上有自己的谋生手段，因此，要重视将课程内容与学生的就业相结合[6]。

学校可以通过开设职业生涯规划讲座，向学生普及正则绣的市场价值及就业情况。学生学会正则绣技法可以提升自身的艺术修养及手工技能，这会成为学生学习的动力。鼓励学生走出去，参加省级以上民间工艺品设计大赛，通过参加各种比赛，获得奖项，增加就业机会。

（五）提升教师课程理论素养

"工欲善其事，必先利其器"，仅靠吕存大师工作室的成员进行课程研究是远远不够的，还需要依托学校和研究机构对教材、教学方式等进行相关研究。除此之外，定期对学校的授课教师进行课程理论与实践培训，让授课教师成为课程开发的责任者。学校可以在教师中先行开展正则绣文化培训班，利用学校聘请的非遗传承人，对教师进行传统技艺培训。教师通过培训将正则绣课程充分消化，与学生共同实施课程[7]。学校鼓励教师和学生自主创建研发团队，在技术创新的同时走出一条产学研共同发展的道路，将正则绣推向市场，传承与弘扬正则绣。

五、结束语

镇江高专建立"正则绣大师工作室"，成立"正则绣大师工作室项目领导小组"，建设"中国正则绣博物馆"，传承正则绣。培养既具有刺绣技能，又具备较高艺术素养，同时符合市场需求的复合型高素质正则绣人才。但是，由于师资缺乏，很多课程还在逐步完善中，还有待通过进一步的实践检验。通过校内专业教师与企业师傅这两支教师队伍的建设，开发仿真教学软件，建设名师工作室网站，改进课程评价体系，拓展学生就业渠道，通过现代化的教育手段让文化遗产得以继承并发扬光大。

参考文献：

［1］陈和祥，董海青，赵春宝．现代学徒制教学模式述评［J］．当代职业教育，2018，17（11）：3-6.

［2］周景辉．把握操作技能学习的特点，提高学生实习的效率［J］．职业时空，2009（2）：45.

［3］刘旭晖．"优质校"建设与高职图书馆信息化发展［J］．2018（15）：72-73.

［4］钮绮．也谈高职院校人文社科类学生的核心竞争力［J］．湖州职业技术学院学报，2017，15（2）：71-74.

［5］仲昭慧．国外应型人才工匠精神培育的策略及启示［J］．扬州教育学院学报，2019（6）：49-52.

［6］郭雪莲．重庆旅游职业学院土家织锦校本课程开发的问题与策略研究［D］．重庆：西南大学，2016：59.

［7］王颂．黔东南苗族刺绣在学校教育中传承的困境及对策研究［D］．重庆：西南大学，2017：51.

（原刊于《镇江高专学报》2019 年第 4 期）

正则绣传承的培养模式研究

传承吕凤子

做"崇爱尚美"高专人

徐　铭

校园文化是一个学校的灵魂。镇江高专最早可追溯到1912年近代著名教育家吕凤子先生创办的正则女校。在110年的发展历程中，逐渐积淀形成了"崇爱尚美"的校园文化。争做"崇爱尚美"高专人，成为镇江高专最美的风景线。

今天演讲的第一个问题：大学文化是什么？

如果有人问你：你是有文化的人吗？你会如何回答？

有同学要说：笑话，我堂堂大学生，怎么没文化？我想起小时候老家的一个"口袋插钢笔"的故事，过去有的人为了表明自己有文化，往往在中山装口袋里插上一支钢笔，而插上两支钢笔就表明很有文化了。后来有个人口袋里插了一排钢笔，大摇大摆地炫耀着，大家就笑着说：看，修钢笔的来了！

然而，大学生就是有文化的人吗？

有知识≠有文化

有文凭≠有文化

有职称≠有文化

只有当知识被赋予灵魂、文凭能够反映水平、职称体现成就的时候，你才是有文化的人。这就是所谓的"颜值不重要，主要看气质"。

所以，我们有必要再来一起"学文化"，一起来聊聊"文化"那些事儿。

一、什么是文化

1. 关于"文化"的定义

文化，有时就在多一点与少一点之间。

这是一个书法家写的"寿"字（见图1）。实际上它包含了"壹百年"三个字，而且"年"字上面还多了一个点。这个"寿"字传递给我们的就是一句"比一百年还要多一点"的意思，用这幅字来祝寿当然就很有趣味了。

这是杭州西湖十景之一的"花港观鱼"碑，康熙皇帝的御笔。这里"花港观鱼"的"鱼"字少了一点（见图2）。有人说，皇帝写错别字，没文化！也有人说，这是大文化。因为康熙信佛，有好生之德，题字时他想，"鱼"字下面如果四点，不就是个"火"？鱼在火上烤，还能活吗？那只是餐桌上的"西湖醋鱼"了。于是故意少写了一点，三点成"水"，这样鱼便能在湖中畅游，潇洒地活了。观鱼，才能成真，才能看到那幅"花著鱼身鱼嘬花"的动人画面。这实际上体现了作为一国之君的"体恤众生"的价值观——这不就是文化吗？

图1　寿字　　　　　　　图2　"花港观鱼"碑

因此，我觉得从某种角度说，有故事、有说法，能给人启迪、影响、美感的，那就是文化。

那么，文化的定义是什么呢？百度上说，文化（culture）是一个非常广泛的概念，给它下一个严格和精确的定义是一件非常困难的事情。

据考证，在我国"文"与"化"并联使用，较早见之于战国末年。形成现在意义上的"文化"整词，应该是在西汉以后。

这里，我只说两句：一是最简单的理解，文化在中国叫"以文化人"或者叫"以文教化"；西方叫"培养（culture）"。异名同指。二是目前"文化"一词尚无统一的定义。"一千个观众，就有一千个哈姆雷特"就是这意思。

2. 文化的一般特征

一般说来，我们所指的"文化"有这么五个特征：

传承性：文化是由人类进化过程中衍生出来或创造出来的。自然存在物不是文化，经过人类加工的才是。例如，水不是文化，水库才是文化；石头不是文化，石器才是文化；吐痰不是文化，吐痰入盂才是文化。

实践性：文化是后天习得的。先天遗传本能不是文化，后天习得的经验和知识才是。例如，男男女女不是文化，婚礼才是文化。

非私性：文化是人类共同创造的社会性产物。必须为一个社会或群体的全体成员共同接受和遵循，才能成为文化。个人怪癖，就不是文化。

创新性：文化是一个连续不断的动态过程。具体文化受到自然环境和人们的社会物质生活条件等诸多条件的制约。如有石头，后面才有石器文化；有茶树，才有饮茶文化。

民族性和阶级性：文化具有民族性和特定的阶级性。有客厅和闲暇时间，才有欧洲贵族的沙龙文化，也才有林徽因的"太太的客厅"文化。

双重性：正面可以促进发展；反面会成为发展阻力。

这里不展开说，只是略举几个现象，帮助同学们对文化的特征做一些大概了解。具体深入的研究，那是文化学者的事了。

二、什么是大学文化

1. 中国的大学——从书院到大学

讲大学文化，先要从"大学"这两个字说起。近代乃至上溯至古代，国人办学，多是叫书院或者学堂的。比如在湖南长沙的岳麓书院，是北宋开宝九年（976）由当时的潭州太守朱洞正式创办，它比英国牛津大学早了300年。

作为一个讲学传道的书院，它最辉煌的还是莫过于840多年前那"朱张会讲"的场景。那可是史上最早在学院里的"学术论坛"啊！

时间：公元1167年

地点：岳麓书院

人物：二位鸿儒，也是当时处于中国学术文化最前列的顶级大师。一个是从福建白鹿洞书院专程赶来的37岁的朱熹，一个是岳麓书院的山长34岁的张栻。

事件：二人同时在这讲堂登坛，比肩端坐在椅上，围绕着"中和""太极""仁"等问题，开始了长达两个月的公开论辩，众学生则坐在下面旁听。由于二人背景、师承关系、学派的不同，学术观点上自然也是差异不小。因此讲坛之上便成对峙之势，论辩双方互为论敌，各不相让，唇枪舌剑，机锋凌厉。据说，在会讲的高峰期，二人居然持续三天三夜不下讲坛。这场空前绝后的激烈论辩，使得各自梳理了思想，互从对方吸取灵感，打通了通向真理的路径。这场"学术报告会"引来了人们极大的兴趣，很多人自带蒲团，席地而坐，彼此探讨，使得岳麓书院那宽敞的讲堂中人满为患，甚至听讲者骑来的马几乎把书院前池里的水都喝干了。当时有人记述这一盛况时称："马饮则池水立涸，舆止则冠冕塞途。"可以说"朱张会讲"树立了自由讲学、互相讨论、求同存异的最早典范，这本身也是一个十分鲜明的学校文化现象。

中国第一所新式大学是 1895 年创办的北洋大学。新式大学的名称，虽然是舶来品，但国人把"university"和"college"翻译成"大学"，我认为这与我们中国传统文化中对"四书"里的《大学》一书的敬重有关。而正是这本《大学》，明确提出了古人修身养性治学的路径。

我还想给同学们特别介绍一下南京的"两江师范学堂"。它是今天的南京大学、东南大学、南京师范大学的前身。1902 年由两江总督刘坤一提议、1903 年由晚清洋务派代表人物张之洞筹建，先名三江师范学堂，1906 年易名两江师范优级学堂。镇江高专的创始人吕凤子先生就是这个学堂所设的中国高等学校中第一个图画手工科的优等学生。这"两江师范学堂"的牌匾就是当时的校长、也是吕凤子的老师李瑞清先生所题。

2. 大学文化概念的提出

我国关于大学文化的研究，起始于 20 世纪初叶我国现代大学制度逐渐形成之时。当时，蔡元培先生（当过中华民国首任教育总长，浙江绍兴府山阴县人，当过北京大学校长，中央研究院院长，开"学术"与"自由"之风，倡导现代美育）、梅贻琦（当过清华大学的校长，天津人，开创了清华大学的黄金时代，主导了西南联大的教育奇迹，与下面提到的蒋、张，为著名的西南联大的三名主持者）和张伯苓（南开校长，"中国奥运第一人"）等对大学理念、大学精神提出了各自独到的看法。之后，胡适（新文化运动领袖、北大校长）、蒋梦麟（北大校长）、竺可桢（浙大校长）等也都对大学的理念、文化精神等做了深入研究，"维系大学之人文精神、学术自由、通才教育成为当时教育家们所力倡的"。

"大学文化是以大学为载体，通过历届师生的传承和创造，为大学所积累的物质成果和精神成果的总和，其核心是大学精神。"

精神：长期教育实践凝聚而成；

价值标准和行为规范：办学过程中培育、形成，并自觉遵守；

过程和氛围：贯穿始终、相伴左右；

核心和灵魂：大学的根本。

3. 名家们怎么说的

《礼记·大学》："大学之道，在明明德，在亲民，在止于至善。"就是说，大学的宗旨在于弘扬光明正大的品德，在于使人弃旧图新，在于使人达到最完善的境界。我认为，这里的大学虽不完全是现代意义的"大学"，但却是道明了今日大学文化的要义。

梅贻琦："所谓大学者，非谓有大楼之谓也，有大师之谓也。"因为大师身上承载着、聚积着大学精神，而大师们正是以他们宽阔的视野和深邃的洞察把大学精神带给校园的。

袁贵仁：大学教育的本质是"以文化人"，"在一定意义上可以说，大学即文化。大学的教育教学过程，实质上是一个有目的、有计划的文化过程。所谓教书育人、管理育人、服务育人、环境育人，说到底都是文化育人"。

眭依凡：文化是一个大学赖以生存、发展的重要根基和血脉，也是大学间相互区别的重要标志和特征。文化属性是大学永恒的特征不变量。离开文化，大学就不再有教育的发生；离开文化，大学就不再有学术的产生；离开文化，大学就不再是具有庄重、尊严、神圣、自律并让人憧憬、崇敬、向往的大学。

涂又光："泡菜理论"，即泡菜的味道取决于泡菜汁水。虽然泡菜的原料、制作工艺、保存方式等会影响和决定泡菜的质量，但是真正决定泡菜口感风味而又不易为人所模仿的却是泡菜汁水。大学文化好比泡菜汁水，它影响和决定了浸泡其中的师生的精神风貌和行为风格。

我只概括说两句：对学校而言，大学文化就是大学校园的"空气""泡菜汁"，它无处不在、无所不包、须臾不可离开。对每位学生而言，大学文化就是自己的气质、涵养的表现和反映。

第二个问题：镇江高专文化是什么？
镇江高专文化就是四个字：崇爱尚美。
这里作具体分析：

一、认识与解读（内涵是什么?）

1. "崇爱尚美"文化的概念
崇、尚：追崇、尊崇，注重、崇尚。是一种主动积极的行为。
爱：喜爱、爱好。指"大爱"。既抽象又具体，充满理性，人类最高境界。
美：指味色声态的好和才德品质的好，是事物呈现形象于直觉时的特质，是事物最有价值的一面。
"崇爱尚美"文化定义：由镇江高专人共同实践、总结，精心培育、积累，经过不断传承和创造所形成的追崇具有爱的情怀、美的品质的学校物质形态和精神形态的总和，是学校育人理念的核心灵魂和高专人追求的最高境界。

2. "崇爱尚美"文化的内涵

突出地体现了文化的传承性、时代性、本质性和校本性4个特征：

（1）传承性：爱与美是中华民族传统文化的主线和灵魂

谈起中华传统文化，最主要的体系离不开儒、释、道。首先，我们可以看看他们对"爱"的理解：

儒——"仁者爱人"

作为儒家思想中最为重要和最具代表性的内容，"仁爱"思想在中国源远流长。孔子使"爱人"成为儒家建立伦理道德的基石。《论语·颜渊》："樊迟问仁。子曰：'爱人。'"学生樊迟问孔子：什么是仁？老师回答说：仁就是爱人。这个答案十分朴素，但它却是孔子对"仁"的最高概括，体现了大爱的价值取向和本质内涵。它告诉我们，做人的第一个要求，就是要有一颗爱心。孔子讲的"爱"尽管十分朴素，但是却蕴涵着丰富深刻的意义。这是一种"深远之爱"。

孟子最理解孔子，他用十个字对孔子说的"爱"做了全面、精辟的概括，就是："亲亲而仁民，仁民而爱物"（《孟子·尽心章句上》）。这十个字，透露了孔子讲"爱"的三层含义：第一层"亲亲"，对亲人的爱；第二层"仁民"，对大众的爱；第三层"爱物"，对万物的爱。孔子乃至儒家要求做人应该拥有的仁爱之心，主要就是这三层。孟子还说："仁者爱人，有礼者敬人。爱人者，人恒爱之；敬人者，人恒敬之。"（《孟子·离娄下》）

释——"大慈大悲"

"无缘大慈，同体大悲"。即使没有缘分也一样慈爱，且因为万事万物是同一整体而感受所有事物的悲伤苦恼。在佛教思想里，有"四无量心"的说法，即：慈、悲、喜、舍。这可以算是"完整之爱"。

"普度众生"是佛教的一个基本原则和教义。为众生服务，与众生同命运、共呼吸。"度一切苦厄"，镇江金山寺大雄宝殿南山墙上大幅题写着。还有"我不入地狱，谁入地狱？"敢于牺牲，舍己为人。这可以说是一种"献身之爱"。

道——"大爱无言"

老子《道德经》："上善若水，水善利万物而不争。"真正的爱不需要过多的言谈，要用心去爱。做人要像水一样，化万物，渗透万物。它表达了人的两种最高的精神理念：一种是对于感情的最高态度，一种是对于人生观的最高态度。这是一种"纯粹之爱"。

其次，分析一下传统文化对美的认识：

美：我们先从文字上来看这个"美"，一般两种说法：

𦎫——这是甲骨文的"美"，象形字，像是个头戴羽毛的头饰站立的人。鲁迅先生曾经把"美"解释成"戴帽子的太太"就是此意。

𦍋——这一个是小篆的"美"，会意字，从羊，从大。本义是肥美，即羊大为美。据说，这是由于后来在简写小篆时，才误作羊大两个字的合并。我觉得前面的说法有道理，不然的话这个美就太现实了。

中国最早的一部国别体历史著作《国语》里说："夫美也者，上下、内外、小大、远近皆无害焉，故曰美。"

小结——传承性：崇爱尚美文化，把"爱与美"作为文化核心，体现了文化上的传承性特质。我们的"崇爱尚美"，与中华民族传统文化中的"崇爱尚美"，是一脉相承的。

（2）时代性：爱与美是社会主义核心价值观的重要内涵

社会主义核心价值观：

富强、民主、文明、和谐，（第一层面，国家层面）

自由、平等、公正、法治，（第二层面，社会层面）

爱国、敬业、诚信、友善。（第三层面，个人层面）

党的十八大提出了"三个倡导"的24字社会主义核心价值观。12个词中，直接显示了爱的核心内涵的词就有5个，即：和谐、平等、爱国、敬业、友善；其余的如民主、文明、自由、公正、法治、诚信等词也无不蕴涵着"大爱"元素。而这12个词无一不是现代社会"美"的标志性符号。

四美：心灵美、语言美、行为美、环境美。

习近平总书记2014年10月在"文艺工作座谈会"上讲，文艺作品要"反映中国人审美追求""要彰显信仰之美、崇高之美""就是让人动心，让人们的灵魂经受洗礼，让人们发现自然的美、生活的美、心灵的美"。他特别强调要"让人们看到美好"。习近平总书记2014年底在江苏及镇江调研时，提出了"强、富、美、高"的要求（"努力建设经济强、百姓富、环境美、社会文明程度高的新江苏"）。

小结——时代性：社会主义核心价值观和习近平总书记的讲话，明确阐明了我们现今应当崇什么"爱"、尚什么"美"的内涵。崇爱尚美文化，把追崇"爱与美"作为文化核心和践行社会主义核心价值观的具体行动，充分体现了时代特色和创新意义；符合党和国家要求，与时代节拍同频共振。

（3）本质性：爱与美是教育的灵魂、最高境界和目标指向

大爱是教育的本质要求。没有爱就没有教育，这是古今中外教育家的

共识。我们先看几则来自于《论语》充满着爱的关于教育的成语：

有教无类——无论什么人，都给以教育。孔子倡导在教育对象上，只要有心向学，皆可入学受教。

诲人不倦——教别人时耐心、不厌倦。

学而不厌——对于学习，总感到不满足。形容勤奋好学。这是儒家教育方法的一个侧面。对中国教育思想的形成与发展产生了深远的影响。

《论语》中关于"尚美"的几个成语典故：

见贤思齐——"见贤思齐焉，见不贤而内自省也。"（《论语·里仁》）见到好人就想学得跟他一样。孔子的这句话，成为后世儒家修身养德的座右铭。"见贤思齐"是说好的榜样对自己的震撼，驱使自己努力赶上；"见不贤而内自省"是说坏的行为对自己的"教益"，要学会吸取教训，不能跟别人堕落下去。

择善而从——"三人行，必有我师焉，择其善者而从之。"（《论语·述而》）指采纳正确的建议或选择好的方法、制度加以实行。春秋时期，执政大臣魏献子把祈氏的领地分为7县，把羊舌氏的领地分为3县，委派与提拔一些地方长官。他想启用魏戊，担心人家说他偏私，问大夫成传，成传认为只要有才德，就不论亲疏，关键看能不能择善而从，能不能赏罚分明。

三省吾身——"吾日三省吾身。为人谋而不忠乎？与朋友交而不信乎？传不习乎？"（《论语·学而》）这句话，原指每日从多个方面检查自己，后指多次自觉地检查自己。春秋时期，孔子的学生曾参勤奋好学，三省吾身，深得孔子的喜爱，同学问他为什么进步那么快。曾参说："我每天都要多次问自己：替别人办事是否尽力？与朋友交往有没有不诚实的地方？先生教的学生是否学好？如果发现做得不妥就立即改正。"

还可以再摘引几句现当代教育家关于"教育与爱"的经典语录：

鲁　迅：教育植根于爱。

夏丏尊：教育不能没有感情。没有爱的教育，就如同池塘里没有水一样，不称其为池塘。没有感情，没有爱，也就没有教育。

陶行知：爱是一种伟大的力量，没有爱就没有教育！

叶圣陶：教育追求爱。今后的教育，第一要发展人间的爱，彻头彻尾、无条件、无例外的爱……

大美是教育的根本目标指向。

党的十八大提出了最新教育方针：坚持教育为社会主义现代化建设服务、为人民服务，把立德树人作为教育的根本任务，全面实施素质教育，培养德智体美全面发展的社会主义建设者和接班人，努力办好人民满意的教育。

习近平总书记的多次讲话，只要提到"德育、智育、体育"的同时，从来都会提到"美育"。而且我们感知到，他所提到的"美育"也绝不是单纯的"唱唱歌、绘绘画、跳跳舞"。他特别强调要"为历史存正气，为世人弘美德"。

共享一下近代教育家关于教育与美的经典语录：

王国维：美育者，一面使人之感情发达，以达成完美之域；一面又为德育与智育之手段。

蔡元培：美育之目的，在陶冶活泼敏锐之性灵，养成高尚纯洁之人格。

每一种审美现象后面都包含着一定的文化内涵，通过"尚美"文化影响，至少到达三个美育功能：体悟感性之美——对美的感知；养育情感之美——陶冶人的感情；增强审美能力——达到物我两忘境界。

体悟感性之美。就是发现美，对自然美与艺术美的感知，如观赏黄山的风景与欣赏山水名画。通过美的文化教育熏陶、养护，使我们的师生形成并保持对于美的感觉的敏锐度。

养育情感之美。审美本身是一种包含感情的活动。通过美的文化教育熏陶、养护，丰富、净化、调节和陶冶人的情感。

增强审美能力。审美教育是涉及人的整个心灵的全面教育，是一个全面发展的教育。是达到"物我两忘"境界的一种精神感觉和经历。通过各种心理机制的调动，促进各种心理平衡、和谐地发展。从而实现审美观念的培养、审美理想的确立、审美追求的坚守。

怎样来理解由感性之美到情感之美的发展，然后到审美能力的提升？我觉得一首网上的诗可以帮我们体会：

格桑花开了，开在对岸／看上去很美，看得见却够不着／够不着也一样的美

雪莲花开了，开在冰山之巅／我看不见，却能想起来／想起来也一样的美

看上去很美，不如想起来很美／你在的时候很美，哪比得上／不在的时候也很美

相遇很美，离别也一样的美／彼此梦见，代价更加昂贵／我送给你一串看不见的脚印／你还给我两行摸得着的眼泪

这里感觉美就是看见，情感美就是想起。最后的时空交错、亦真亦幻就是一种审美意境。

小结——本质性：爱与美是教育的灵魂、最高境界和目标指向。崇爱尚美文化，把追崇"爱与美"作为文化核心，符合镇江高专作为高等教育的本质属性，也反映了它作为学校文化的本质属性。我们的崇爱尚美，是符合先进的教育思想和教育规律的。

（4）校本性：爱与美是"正则魂"之所依，是镇江高专文化的校本特质所在

"爱无涯"是吕凤子先生教育思想的核心内容之一。

吕凤子在五十年的教书育人过程中，始终坚持以爱立教，以美育人。他强调："生无已，爱无穷也。"在他关于正则学校的8项"教条"（教育方针）中，有3项专门强调了"爱"，他说："我们爱一切己，不仅爱自己；我们要从爱完成每个自己。"这"需要我们毕生的时间，因为这是我们毕生要做，且非毕生不能搞一段落的事"，因为"唯生无尽兮爱无涯"。凤先生的"正则之爱"除了一般意义上的大爱之外，至少还有这么几个独特之处：

——无私无涯。凤先生所倡导和力行的爱，包含着对学生的亲近感、理解感、期望感和无私奉献的自觉性。这种自觉、真诚、普遍持久的爱，不仅仅简单表现为对学生的经济资助和生活关怀，更多地表现为一种充满科学精神和献身精神的爱，更包含着愿意为学生成长无怨无悔地付出的责任感。它体现为尊重学生、了解学生、关心爱护学生、公正对待学生、严格要求学生、实现教学相长等（例如他对徐悲鸿、杨守玉、朱竹雯的关爱）。他在1943年作纪念立校31年演讲时，再次强调：我们办学的目的，就是要"使这处所成为爱的源泉"。

——爱己爱异。吕凤子在他的办学"教条"中特别强调："我们爱一切己，不仅爱自己"，"成有大小，爱无等差，爱所在即己所在，己所在即异所在"。他认为："无尽的爱便指导一切心作用尽力地创造。"展示了他博大宽阔的胸怀和以永久创造为己任的人生目标，揭示了个人和众生，个人之异和万物之异相互关联的一体性。这可以看成是吕凤子对儒家理念的升华，也是他自己认同并确立的人的终极关怀和人文理想。同样，这里还包含着现代职业道德所要求的"爱岗敬业"这一对人们工作态度的一种普遍要求，通过"爱己爱异"来培养干一行爱一行的精神，从而做到精益求精、锐意进取、在不断地创造、创新中建设新的美好的未来（如他对四十年办学、五十年教书、六十年画画的执着追求）。

——和谐尊异。凤先生认为"任何人合理的活动都是在求改善和的方法，建立和的秩序"，"一切社会事业皆谋个别人生在和谐状态中各尽其生，各成其异。"在凤先生主持下的国立艺专吸引了一批名师，学科改革也得到加强，特别是有着良好的校园环境和自由学术氛围。不仅如此，他还将他的"爱"努力延伸向社会，应用社会。为了"谐和"，他强调"尊异"，要求"确实做到尊己尊异，尊一切己尊一切异"，"要受教者知道我有自己，人亦有自己，我尊重我的自己，人亦尊重人的自己"（如他担任国立艺专校

长时对内部矛盾的协调，对杨守玉创新刺绣的理论和实践指导等）。

"美无极"是吕凤子为之奋斗一生的人生、艺术和教育的崇高目标。

吕凤子先生将正则学校的宗旨定位为：实施美育，构成"爱"与"美"的教学园地。通过实施美的教育来培养出极致的美，用无极的美构成谐和的世界。这就是他美育的中心主张。主要表现为：

——"制作完美的人生"。这是凤先生为学生培养职业理想树起的一面旗帜。他要求学生把"培育道德""求得真我""尽善尽美"当作人生制作的目标去努力，要实施"完人"教育，始终不舍"成人"这一教育的根本目标。

——"创造和美的环境"。他要求学生依靠自己的力量和不息的劳动，来满足自己人生的欲求，从而获得知识和技能，创造文化，获得福利，建立和谐秩序，构成美的环境；并且"要在美的境界中发现道德境界"，进而构成全社会人人都能各尽其变，各竭其能，在和谐中创造未来。要求师生"每一个活动尽为群谋"，"谋安宁""谋幸福""谋快乐"。他为正则学校所写的校歌为我们淋漓尽致地描绘了一幅教书育人的最美的图画，那是他高远的理想、毕生的追求和奋斗的目标，也是他职业教育人才观、职业道德教育观的综合体现。

——"不断地追求美的完善"。这既是吕凤子自己的人生目标，也是他对学生的殷切期望和要求。他强调"艺术制作即穷异成爱，穷爱成己，穷己成异的人生自己制作"，他认为"才尽其用，力尽其变也，斯为美"，"艺术制作止于美，人生制作止于善。人生制作即艺术制作，即善即美，异名同指也"。

小结——校本性：吕凤子教育思想中对"爱与美"的特殊蕴涵，不仅丰富和完善了"崇爱尚美"文化的内涵，鲜明地体现了校本特质，而且为镇江高专文化形成区别于其他院校文化的特殊品质提供了很好的理论支撑。

由以上分析可以看到，我们的崇爱尚美，是崇大美之爱，即爱国、爱校，爱己、爱人，爱社会、爱自然、爱事业；是尚大爱之美，即感知美、追求美、展示美、创造美。

我们的"崇爱尚美"文化中的"爱"，就是传承了民族传统之爱、突出了核心价值观的时代之爱、反映了教育的本质之爱、体现了吕凤子教育思想的校本特色之爱。我们崇爱尚美文化中尚的"美"，就是一种向上向善的实现形式和结果，是崇高之美、雅致之美、人性之美，是高素质、强技能、善创新、可持续发展的应用技术型人才培养目标的浓缩，是能胜岗+能转岗人才的形象标志和精神体现，见图3。

	崇爱	尚美
表现方式	一种情怀、情感的表现	一种气质、品质的展示
表现状态	一种心理和行为的过程和状态	一种心理和行为的目标和结果
相互作用	借助美步步升华，彰显美，没有美，爱只是一种潜能	通过爱层层展现，激发爱，没有爱，美则无法得以确证
目标指向	最崇高的人生追求	最崇高的人生追求

图3 崇爱尚美的内在关系

3. 崇爱尚美的内在关系

崇爱与尚美是相互作用、相互依存、相得益彰的关系，如鸟之两翼、车之双轮，共同推动高专人才培养目标的实现。

二、产生与形成（你从哪里来？）

崇爱尚美文化是高专人长期思考、实践探索孕育的学校特色文化。它是镇江高专宝贵的精神财富，既体现了国家教育方针的要求，又符合立德树人的教育思想；既有学校前身"三校"（教育学院、职业大学、电视大学）的探索之艰辛，也有后入"三校"（劳动经济学校、丹阳师范、镇江卫校）的融补之苦劳，特别是吕凤子教育思想的贡献。镇江高专文化正是经过探索、实践、融汇、提升，才形成了今日的"崇爱尚美"；它多年来在学校事业发展、内涵建设和人才培养中发挥了积极的作用，如今已成为镇江高专人稳定的共有文化特质。

"崇尚爱美"文化形成与发展的传承之路，主要经历了三个阶段：

1. 萌芽融合阶段

（1）萌芽初发时期的爱与美的文化探索

镇江高专是1992年由原镇江教育学院、镇江市职业大学、镇江广播电视大学合并建成。高专成立之前，在爱与美文化萌发期所做的艰辛探索，也是不容忘怀的。且不说一些共性的探索实践，如20世纪80年代以"五讲四美三热爱"（讲文明、讲道德、讲礼貌、讲卫生、讲秩序；心灵美、语言美、行为美、环境美；热爱祖国、热爱社会主义、热爱中国共产党）和"学雷锋"等为主题的校园文化活动比较活跃，多次见于报端，并产生一定的社会影响；就具体学校而言也有许多值得一叙的地方。当年，那些不畏艰苦曲折、团结奋斗创新的校园氛围，"爱校尊师、美在创业"的文化萌芽，至今仍为人们津津乐道。

比如：教育学院的久长办学历史（1959 年创办、1979 年重建，历史就是文化）和严谨管理特色。当年前辈们就在现在六号楼、九号楼位置的山头上筚路蓝缕、披荆斩棘、开荒建校。值得一提的是，当时的教育学院围绕着爱与严的要求，制定了一整套的教师岗位职责，对教师的工作规范做出了具体要求；制定了青年教师备课、试讲和到中学挂职锻炼的制度，可以说其在制度文化建设上的努力，对镇江高专严谨至爱教风的形成产生了重要影响。当时的教育学院为培训农村中学师资，教师亲赴乡村，送教上门，义务讲课，展示了教师的崇高品质。

再如，职业大学重视实践教学和校企合作、工学结合的积极特色。镇江市职业大学在办学之初就确立了为地方培养"应用型高级技术人才和管理人才"的人才培养目标，与企业建立了稳定密切的合作关系。为增强学生的实践动手能力，学校还专门开办了课余的"家用电器系列维修培训班"。1989 年 7 月，镇江市职业大学选派一批机电专业的师生，利用暑假赴茅山地区，开展"科技扶贫、支援革命老区东进播火"活动，帮助乡镇企业完成技术革新和改造 30 多项，很好地体现了服务地方、关爱老区的特色，学生郭金石、罗贤强获江苏省教委等六单位联合授予"优秀未来建设者"光荣称号。其在校企合作、工学结合教学实践中培养学生爱与美的品格上的努力，对今天的"勤学笃行"学风的形成，产生了重要影响。值得一提的是，今天的《镇江高专学报》的前身，就是 1987 年创刊并由茅以升题签的《镇江职业大学学报》。

还再如，广播电视大学的开放性和重服务的特色。学校充分运用广播电视媒体，实行远距离教学，形成了覆盖全市的广电教育网络。学校借用教育学院大楼，加强教学和实验实施建设，一切为学生着想，尽可能地为学生创设良好学习条件。在艰苦条件下仍然努力坚守服务育人理念，至今令人感佩。

（2）融合发展时期的爱与美文化实践

1992 年 3 月 5 日，镇江高专正式获准成立。之后，我们始终坚持把文化建设作为学校改革发展的重要环节，把爱校、爱师、爱生，建设美好高专作为凝心聚力、推动发展的强大力量。

高专成立之初，"三校"的文化特点不断碰撞磨合、相互交织、浸润影响，在发展过程中逐步融合了教育学院的严谨规范、职业大学的求真务实和电视大学的开放包容等文化特质，尤其强调师爱、创业美和重实践等价值取向，使之成为"高专人"共同的精神文化诉求，并很快成为学校文化建设的目标和方向。

这一时期，高专的以爱与美为特质的文化标识开始出现：

——开始形成"务实创新"的校风、"严谨"教风和"勤学"学风；

——以"团结一心"等校园雕塑、"求索"等路名为标志的环境文化符号展现眼前；

——以"卫生、整洁、友爱、有序"为核心内容的学生宿舍文化成为"高专一景"。

特别是20世纪90年代末，学生王庆海先进事迹的宣传形成高潮，以及"王庆海式优秀大学生群体"的出现，成为我校爱与美文化实践取得显著成效的一个重要标志，使镇江高专的崇爱尚美文化实践探索进入了一个新的高点。

1997年，《镇江日报》登载了我校管理系王庆海同学勇敢救助生命垂危者不留姓名的先进事迹。同时，人们还意外地发现了他几年前也曾从火车车轮下抢救一位同学的感人事迹。于是，他默默无闻两次救助伤者的壮举在社会上引起强烈反响。学校在全校学生中开展了"学习王庆海，做四有新人"的活动，广大学生见贤思齐，爱与美的人物典型层出不穷，曾经涌现出了以朱燕江、薛璐、尹小丹等一大批"王庆海式优秀大学生"，当时被社会和媒体称之为"王庆海效应"，我校的"优秀大学生群体"典型事迹先后被《中国教育报》《新华日报》和《江苏教育报》等多家新闻媒体重头报道宣传，产生了广泛的社会影响。

2. 形成发展阶段

（1）爱与美文化的新的理论和实践元素的融入

进入21世纪，镇江高专的发展壮大也进入了一个新的时期。2001年5月，江苏省劳动经济学校并入；2003年3月，江苏省丹阳师范学校并入；2013年7月，江苏省镇江卫生学校并入。随着"新三校"的并入，劳动经济学校的"和谐合作"的校风、丹阳师范的"正则""严细实"等特色规范、卫校的"扶伤济世、修德敬业"校风等重要文化元素，与镇江高专原有文化基因融为一体，为学校的"崇爱尚美"特色文化打造，提供了理论和实践的丰富拓展。

特别是2003年江苏省丹阳师范学校并入，不仅给镇江高专注入了吕凤子先生的"正则精神""爱无涯"和"美无极"教育思想，而且也使得学校"爱与美"的教育实践活动找到了"点睛之笔"，为"崇爱尚美"文化体系的形成提供了重要的理论和实践支撑以及丰厚的历史底蕴。

（2）新时期镇江高专"崇爱尚美"文化的实践深化和理念形成

一是实施大学生全面素质教育工程。

从2003年开始，学校以紧紧围绕爱与美的核心理念，在全校大力实施

"大学生全面素质教育工程"，积极打造以爱与美为核心的学校特色文化，逐步形成了"素质为魂、能力为本、厚德强能、全面发展"的素质教育理念；同时，坚持把"爱与美"的教育实践全面贯穿于师德师风建设和大学生思想政治教育的全过程。

比如，用优秀校友的典型事例，加强对学生的励志教育；用校内的身边人、身边事，加强对学生的自信心教育。启动传播人文知识和传统文化的"正则讲坛"，聘请知名专家、学者和教授为学生作专题报告。学校聘请中国人民解放军原60军军长、安徽省军区司令员李元喜将军为德育兼职教授；聘请中国工程院院士、全国政协委员顾心怿先生为学校建设发展顾问。请他们以自身的成长经历，与同学们谈爱国，谈理想，谈奋斗，谈意志，谈自信等。通过关工委组织聘请离退休老同志，担任思政教育兼职报告员、兼职组织员等"四大员"，其经验和做法曾在全省高职院校推广。

那些年，我校师生爱与美的事迹层出不穷。典型事例有：① 全校师生为身患重病学生张晓东、李小林捐款12万元，帮助他们战胜病魔、重回校园，谱写了一曲动人的爱心接力篇章。② 王玮瑜同学见义勇为、智擒歹徒的事迹，受到社会的高度称赞，他荣获"镇江市见义勇为先进个人"称号。③ 钱大浩同学出手解救意欲轻生女子受到好评，曾被镇江各大媒体广为宣传。④ 国文宏和周群廷同学拾金不昧，面对16万元巨款不动心、不犹豫，千方百计联系归还失主，传为佳话。⑤ 此外，还涌现出一批具有一定影响的爱与美的学生典型人物，如舍己救人、热心助人的丁卯同学，身残志坚的自强之星庄重同学等。当然，像这样"爱与美"的故事还有很多很多。正是这种爱和美的教育不断地调动着师生工作和学习的热情、生活的朝气、教书育人和成才的决心，并转化成爱与美的自觉行动。

二是加强对吕凤子教育思想的研究。

学校高度重视吕凤子教育思想在校本文化理论体系构建中的重要作用，成立了吕凤子研究所，充分挖掘、深度开发吕凤子先生的道德教育思想这一重要的文化积淀，从大学文化建设的新视角、新要求出发，确立了"正则"精神和"爱无涯""美无极"的教育理念，重新凝练并正式形成了"正则格致"的校训"务实创新"的校风"严谨至爱"的教风和"勤学笃行"的学风，确定了校标。在校园内设置了多处以"崇爱尚美"为核心内容的文化符号标志。编写出版了传播宣传学校文化的校本教材——《让梦飞翔》。我校关于吕凤子教育理论与实践的研究成果，在海内外吕凤子研究界产生了较大反响，特别是关于吕凤子职业教育思想和道德观的研究被称为"开创先河"。

三是抓住迎评促建的契机，努力提升崇爱尚美文化在师生中的影响度。

在 2007 年教育部对我校进行人才培养水平评估中，作为评估固定项目的专题研讨，主题就是"爱与美——谈人生、社会、事业"。当时，全体学生和相当一部分的老师，紧紧围绕"爱与美"的文化理念，从资料收集汇总到小组演练，从深层思考到深情阐述，其情其景令人难忘。模拟评估和正式评估中专家抽样检查的两场专题研讨会，洋溢着浓浓的感人气氛，现场评估专家们为之动情，广大师生也充分感受到了爱的教育、美的熏陶，爱与美的文化思想也进一步为广大师生所了解、所接受。评估专家组组长史国栋教授对研讨活动进行了点评，高度赞扬了我校"爱与美"思想育人所取得的丰硕成果。在本次评估中，作为学校的创新报告"镇江高专爱与美的教育实践"得到与会专家的高度评价，为学校评估获得"优秀"等级增添了亮色。同年，我校还获得了"全国五四红旗团委""全国保护母亲河工作先进集体""全国大学生文明礼仪推广项目单位"等一系列国家级荣誉称号。2001 年开始，我校获得并一直保持"江苏省级文明单位"的称号。

通过围绕爱与美的深入文化实践和理论研究，镇江高专"崇爱尚美"的校本文化文化的概念逐步清晰，其理论和实践体系开始形成。

3. 深化提升阶段

（1）第一次党代会正式确立了"崇爱尚美"文化的地位

2012 年 12 月 8 日，中共镇江高专第一次代表大会召开。大会工作报告在回顾总结学校工作时明确指出："学校文化影响力日渐提升。逐步形成了'爱与美'的学校文化特色，精心打造了'崇爱尚美'文化教育品牌项目。"在今后工作要求中明确提出了"细化文化建设"的要求，强调增强文化自觉、深化文化实践，创新爱与美的文化品牌。

2014 年 5 月，学校党委和行政下发《镇江高专关于全面深化改革、推进"八项工程"的实施意见》（镇高专委〔2014〕23 号）。提出"加强特色文化建设，构建'品牌化'和谐校园"的要求，把"大力推进以爱与美为特征的学校文化品质提升工程"作为落实"三步走"战略目标的八项任务之一。

（2）以"崇爱尚美"为特色的文化实践活动广泛展开

比如，由宣传、教务、学工和工会等部门牵头，在教工中开展了两届"我最喜爱的教师、辅导员和职工"评选活动，树立和宣传了一批教职工"爱与美"的先进典型；同时在学生中持续开展"爱与美"主题教育实践活动。

结合专业和内涵建设，学校还引入优秀企业文化，把企业的 6S 管理引入学校，开展企业文化宣传周、"劳模进校园"等活动，使学生在实训和生产实践中受到了企业文化的熏陶，形成了校企合作共育技术技能型人才的良好局面。

充分利用校报、板报、宣传栏、宣传牌、多媒体电子屏等大力宣传爱与美的教育实践，同时，学校对校园文化环境进行系统的改造升级。

各部门、各院部从各自实际出发，广泛开展了丰富多彩的崇爱尚美主题教育与实践活动，形成了各自的特色。如：丹阳师范学院以"文化校庆"助推校园文化建设；财经商贸学院在学生中开展"三爱·三美"主题教育实践活动；电子与信息工程学院为脑瘫患者朱政帅同学开展全程助学活动；艺术设计学院开展"吕凤子班"创建活动；旅游学院开展旅游义务讲解活动；装备制造学院开展"好习惯提升好品质"主题教育活动；人文与法律学院开展优秀经典电影放映周活动；化学与材料工程学院组织绿色环保协会，开展"保护母亲河"行动；汽车工程学院开展"大爱镇江·爱之行"活动；卫生护理学院实施"爱心天使"工程；基础部实施"五位一体"学风建设工程等。此外，学校坚持清明祭扫烈士墓、义务献血捐骨髓、敬老院献爱心、爱心妈妈、慈善爱心一日捐等品牌活动，还坚持开展送文艺三下乡、四进社区、演讲比赛、座谈会、优秀事迹报告会等，这些都使得"崇爱尚美"文化更加深入人心，学校的知名度和美誉度进一步提升，社会影响力进一步扩大。

我校"崇爱尚美"文化建设成果，先后两次获教育部高校校园文化建设优秀成果奖、江苏省大学生思想教育创新成果二等奖等多项荣誉；编印了吕凤子教育思想研究文集；学校"崇爱尚美"文化育人的典型经验入选《江苏省高等职业教育人才培养工作优秀案例》选集。学校曾在全省高职院校校园文化论坛经验交流专题发言，并作为江苏省唯一一所高职院校应邀参加了第三届全国大学校长美育论坛，等等。我校爱与美的教师感人事迹纷纷见于各种媒体，如言传身教，帮助学生成才的梁红文、戴月红；坚守责任与爱心的王琳、钱兴；师德模范朱晓娟、王治；优秀班主任江祥花、朱国斌；还有拄着拐杖上课教师黄正飞、吊着绷带上课的教师凌峰、市劳模祁美云等，以及2014年江苏省辅导员年度人物程媛媛等。在2013年的新一轮人才培养工作评估中，"崇爱尚美"文化在人才培养中的影响作用，得到专家们的高度评价。近年来，正在着手打造"1234"项目（即用好一本校本文化教材、发挥两微平台作用、讲好三篇高专故事、开好四季正则文化讲坛）。现在，学校已经正式将"崇爱尚美"文化写进了学校章程。

三、体系与架构（关系怎么样？）

1. 崇爱尚美文化的基本要素

一般意义上的大学文化要素，包括精神文化、制度文化、活动文化、物质环境文化四大要素。由于时间关系不再跟同学们具体介绍。这里主要结合我们的学校文化要素来说明。

"崇爱尚美文化"作为镇江高专的特色文化，有五大基本要素，即"崇爱尚美高专人"的形象文化、"爱与美"的高专精神文化、"宜人宜学宜居"的育人环境文化、"人文化+精细化"的管理制度文化和"全面全方位全过程"的实践活动文化。

下面简单阐述一下这五个文化要素的基本内涵：

"崇爱尚美高专人"形象文化——"高专人"，是一切镇江高专的人的总称，包括镇江高专的管理者和全体师生员工及校友。"崇爱尚美高专人"标志：爱的情怀、美的品质。"崇爱尚美高专人"的形象树立，是崇尚、培育以爱与美为核心的人文精神的过程。

"爱与美"的精神文化——高专精神是大学精神在高职教育加快发展的时代背景下的新的延伸和拓展，是在镇江高专这一特定环境中，经过继承、变革、整合、创新而形成的一种新的大学精神。它是崇爱尚美文化的主导要素，是高专人的灵魂所在。其核心内容就是"崇爱尚美"的理念和要求，并由此形成和延伸的我们的办学理念、办学特色、发展远景等。它的主要载体，一是非物质性的，如校标、校歌，校训、校风、教风和学风，以及培养出来的人才的思想品格、素质能力、心理特征等；二是物质性的，比如培养出来的人才、科研成果、校容校貌等。

"宜人宜学宜居"的育人环境文化——它是学校精神的固化体现，属于学校崇爱尚美文化的客体要素。这是一个诗意栖居的教育环境，与其他的环境文化相比，它更多地突出了崇爱与尚美的关键要素，更多地体现了由"人为"向"为人"的转变、由"物本"向"人本"的转变。从大类来说主要包括三个方面：校园环境——宜人雅致，人际环境——友善敬爱，心理环境——宁静淡泊（体现具体指向关系就是人与自然、人与社会、人与人、人与自己）。

"人文化+精细化"的管理制度文化——这是高专人思想品德和行为举止的规范化要求。主要包括：规章制度、道德规范、人际交往方式、文娱活动方式等。核心内容是在体现"严细实"基本要求的基础上，从崇爱尚美出发，更多地实现由"管束人"转向"服务人"，由"发展制约"转向"发展动力"，由"二元对立"转向"和谐共进"。

"全面、全方位、全过程"的实践活动文化——它体现了崇爱尚美文化的实践特征，是高专人的自由生存状态的反映。其特点是：将崇爱尚美文化覆盖全体师生、覆盖全部培养要求、覆盖全面培养过程，是镇江高专作为培养应用技术型人才的高职院校的大学文化与其他大学文化相比更具独特性的一个方面。

2. 崇爱尚美文化各要素的结构关系

在对高职院校文化研究中，我曾将学校文化要素比喻成一棵树的"有生命的树模型"结构，并提出以"人"为躯干的观点。如果以生态树模型来描绘我们学校崇爱尚美文化要素的结构关系，应当是如此形状（见图4）。在这一结构模型中，蕴含了以下对崇爱尚美文化的新的理解和综合影响，具体表述为：

支撑躯干：崇爱尚美高专人。

核心和灵魂：爱与美的高专精神。

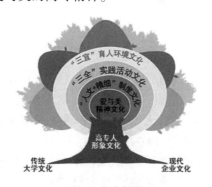

图4　高专精神

精神文化，对外层文化要素以指导和辐射，又都围绕"高专人"成长发展。

各层次文化相互联系、相互影响、相互作用，形成绿叶茂盛的树冠，体现有机整体性。

植根于民族传统文化和传统大学文化的丰沃土壤，也受现代文化影响。

3. 崇爱尚美文化在人才培养中的实践操作模块

学校崇爱尚美文化的宗旨和目标在于以文化人。根据学校崇爱尚美文化建设的目标、内涵和理论体系，来认真探讨和积极创新学校文化建设的途径、方法、形式，在各个实践环节认真予以落实，真正形成以崇爱尚美文化来孕育"能胜岗+能转岗"的应用技术型人才的全景熏陶式强大气场。

依照大学文化建设的一般规律，结合我校文化建设的实践经验，围绕

"崇爱尚美"文化建设这一个中心，尊重人才培养规律，结合我校"能胜岗+能转岗"的人才培养要求，在第一平面上我们设置四大模块（"2345"模块，见图5)，其主要内涵是：

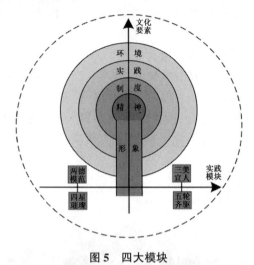

图5 四大模块

（1）"两德楷模"示范引领行动。以加强领导干部和教师的"德"文化建设为重点，着力打造"崇爱尚美高专人"的形象文化标杆。

（2）"三美宜人"环境育人工程。浓厚崇爱尚美文化氛围，构建校园活动环境美、师生生活环境美、教学环境美。

（3）"四星璀璨"大学生综合素质体系。注重学生思想道德素质、专业素质、人文素质和身心素质培养，努力打造新一代"崇爱尚美高专人"形象。

（4）"五轮齐驱"合力育人文化格局。增强崇爱尚美文化育人的"大群体"意识，发挥崇爱尚美文化在教书育人、实践育人、科研育人、管理育人、服务育人中的作用。

第三个问题：崇爱尚美，我们该怎么做？

一、努力深烙"崇爱尚美"文化印记

1. 铭记校训

什么是校训？《辞海》的解释是：学校为训育上之便利，选若干德目制成匾额，悬之校中公见之地，其目的在使个人随时注意而实践之。校训一般由古语典章精简摘取而成，是学校至圣大雅之言，反映的是所在校的办学传统和办学理念，是其深层次的精神底蕴与人文内涵。通俗地讲，校训原本是学校校长讲话中的关键词语，因为既有底蕴又有实效，所以被一代一代的教师和学子们传递下去，时间一长，就成了约定俗成的话语，这就是校训。

我们的校训"正则格致"。正则，就是公正而有法则。这是对做人的要求，关乎"为人处世"。格致，就是崇尚科学和实践，探求真知，力求全面发展学有特长。这是对求知求学的要求，关乎"为学做事"。

我们的校训不仅崇尚屈原的爱国精神、爱好公正平等的品格，而且还蕴含着继承吕凤子先生的平民教育思想、崇爱尚美的文化追求，还蕴涵了尚美、求真、务实、敬业等丰富的道德文化元素和治学精神，凝练和体现了学校的人才培养目标、高职教育特质、学校办学理想和追求，呈现出了鲜明的高专特色。

2. 唱响校歌

镇江高专校歌

1=C 2/4　　　　　　　　　　　　　吕凤子词曲

5 5 | 33 5 | 6 1 | 6 5 | 5 3 | 23 5 | 36 53 | 2- |
惟生　无尽兮　爱　　无涯，璀璨　如花兮　都　如　霞，

5 5 | 123 | 2 23 | 2 - | 1 1 | 5 5 | 3 23 | 6 5 |
畴发　其蒙兮　苗 其　芽，　　鼓舞　欢欣，生趣　充塞，

5 1 | 3 2 | 56 72 | 1 - | 5 6 | 1 - | 1 -‖
正则　正如　秋 月　华。　美　呀！

吕凤子先生于1912年创作的《正则校歌》，是诠释爱与美和谐统一关系的范本。

《正则校歌》：唯生无尽兮爱无涯，璀璨如华兮都如霞，畴发其蒙兮苗其芽。鼓舞欢欣，生趣充塞。正则正如秋月华，美呀！

注意两个字的读音：

都：都丽。美盛，华丽。都如霞：都丽如霞。

充塞：充满。

注意两个词语的意思：

生：指一种现象。即宇宙间一切事物的生生不息、各呈异彩的现象。

畴：美田，美好的田亩。也指壅土等农活。

歌词解释：

宇宙间一切事物生生不息、各呈异彩的现象是没有穷尽的，因而爱也是无穷无尽的；而最让人感觉美的是那茂盛的花朵、漂亮的云霞（这里暗指校园环境和师生）。在这美好的田园里，老师精心育苗，让种子发芽、健康生长；学生个个快乐和谐、充满趣味、生机勃勃。我们的正则学校，就如秋天月光一样，真的很美啊！

《正则校歌》为我们描绘了一幅和谐校园的美景：生生不息的校园充满爱，鲜艳的花儿到处盛开，教师全心培育学生，学生个性得到充分发展，这就是充满欢乐和生机的正则学校，她就像秋月的光华，多么的美啊！

3. 践行校风学风

校风是一所学校师生员工所共有的理想、志向、愿望和行为习惯等多因素的综合是一种精神状态和行为风尚。

我们的校风是：务实创新。务实：做事要实事求是，讲求实效，力戒空谈。创新：顺应社会发展需要，与时俱进，勇于创造。

学风是学生的行为规范和思想道德的集体表现，是学生在学习过程中所表现出来的精神风貌。

我们的学风是：勤学笃行。勤学即勤于思考、勤于学习、勤于探索，体现人的学习态度，反映人的精神状态。笃行即潜心探索，身体力行，崇尚实践，学以致用。

二、协力共建崇爱尚美文化校园环境

崇爱尚美环境文化特征：宜人、宜学、宜居。

1. 关于"宜"

镇江古称"宜"。61年前（1953年）的6月，在我们镇江大港出土了"宜侯夨簋"。它是中国西周早期的青铜器。为康王时宜（或释俎）侯夨所制作的祭器。内底铸有铭文12行、120余字，记述周康王改封夨于宜地为宜侯，同时赏赐祭祀用的香酒、代表征伐权力的弓矢及宅邑、土地和奴隶之事，为研究西周分封制度的重要史料，现藏于中国历史博物馆。据考古学家们考证，簋上的铭文是中国记载周初封建诸侯史迹的唯一历史文献。这是一件国宝级的文物，遗憾的是现在是碎片拼起来的（这里有个故事——也是跟"没文化"有关系。据说当时最初为当地农民发现时，有人为了验证此"物"是否是"金器"，就对其砸了一锄头。）镇江有文字依据的最早地名"宜"也就是出于此件青铜器的铭文。老祖宗们已经告诉我们，我们这块土地是"宜人之地"。我们还有什么理由不把小小的校园打造成"宜人雅致"的美好环境呢？

——以"宜人"为目标，打造校园活动环境美；最美校园（如诗如画，优雅人文）。

——以"宜学"为目标，打造校园教学环境美：最美教室（激励、向上、勤奋）。

——以"宜居"为目标，打造校园生活环境美：最美宿舍（文明、和谐、勤学、整洁、安全）；最美餐厅（安全、优质、节俭、满意）。

三、全力提升崇爱尚美综合素质

核心内涵：以培养"崇爱尚美高专人"为目标，致力构筑以爱与美的思想道德素质、专业素质、人文素质和身心素质为核心内容的大学生综合素质体系，建设具有高专特色的素质形象文化，打造"四星璀璨"的大学生综合素质体系（爱与美的思想道德素质、爱与美的专业素质、爱与美的人文素质和爱与美的身心素质）。

☆第一颗星：培养爱与美的思想道德素质——学好思政理论，加强品德修养（真正爱上"思政课"）。上好思想政治理论课和道德修养课，学习践行社会主义核心价值观，培育以爱与美为核心的思想道德和职业道德，努力提升自己作为社会人必备的思想政治素质和职业道德素质。加强文明行为规范教育。促进毕业后作为职业人所必备的职业道德、作为社会人不可或缺的社会公德和法治观念的培养和优化。

☆第二颗星：培养爱与美的学术和专业品德——树立学习信心，天生我才必有用（专业课中的文化滋养）。尊重老师每一堂课所做的努力，认真听讲、积极思考、踊跃发言。按照"能胜岗+能转岗"的要求，加强专业知识的学习，爱动脑、爱动手，努力争取在技术技能上"多一手"。这既是崇爱尚美文化建设在教学领域的基本要求，也是结果的体现。要通过崇爱尚美文化的渗透，来培养爱与美的专业素质。十一届全国政协委员、清华大学金融系主任李稻葵在央视的一个演讲，标题是《假如马云考试成绩好一点》。他说："我经常想，假如马云，考试成绩好一点，数学灵光一点，假如能考上一个很好的学校，读了金融，恐怕今天不见得要创业了吧？所以他们往往失去很多选择，背水一战。在没有选择的情况下，人才能够被激发出来，才能够真正地自救。"很有意思，也确实是令人深思。假如，如果真的假如了，那我们可能就没有了今天的马云，也就没有了阿里巴巴。

☆第三颗星：培养爱与美的人文素质——人文精神孕育的吸收、吸纳和吸引（"工夫在诗外"）。吸收：吸收优秀传统文化和地域文化、外来文化，让自己眼界"宽"起来。吸纳：吸纳现代行业、企业先进文化，让自己本领"特"起来。吸引：积极参加文化创新活动，让自己在第二课堂中"活"起来。

☆第四颗星：培养爱与美的身心素质——健康美好的身心素质的心与体（气质颜值都重要）。关"心"：塑造健康美好的心理品质，建设宁静淡泊的心理环境（"静"境界）。健"体"：锻炼健康美好的身体素质。身心是爱与美的最直接、最个体的载体。全面发展，培养健康美好的身心素质，是崇爱尚美文化的题中之义。

结语：做崇爱尚美高专人是我们努力的目标和方向。

"路漫漫其修远兮，吾将上下而求索。"——屈原

2012 年，是镇江高专建校 20 周年，也正好是吕凤子先生创办正则学校建校 100 周年。可以说，无论正则百年，还是高专 20 年，都是一部崇爱尚美的历史。记得在有关纪念活动上，关于"正则魂是什么"曾引起热议。正则办学 100 年，正则的"魂"是什么？我认为，这"魂"就是那维系学校的百年历史，而且我们必须继续用它去诠释那绵延百年、再一个百年的精神和理念。其实，关于这个"魂"，凤先生早在纪念正则办学 35 年的演讲中就明确回答了："屈子魂，就是我正则魂！"他说："我们的学校就是以屈原的名字做校名的。这是为什么？就是要以屈原的精神和形象——他的思想、人品、才能和成就，作为我校师生的共同追求的目标。"只要我们同心协力、扎实创建，崇爱尚美特色文化，就一定会在镇江高专"璀璨如花兮都如霞"！

校训——你的人生师友

徐 铭

一、校训是什么?

(一) 校训的概念

1. 辞书的解释

《辞海》(中华书局):学校为训育上之便利,选若干德目制成匾额,悬之校中公见之地,其目的在使个人随时注意而实践之。

《教育大辞典》(上海教育出版社):学校为树立优良校风而制定的要求师生共同遵守的准则。

2. 专家的解释

袁贵仁说:校训是"一个大学对其文化传统、文化精神的理性抽象和认同,不同的传统、精神,不同的校训、校风,是大学展示的'文化名片',大学绵延的'文化基因',是它构成了学生思想和行为的不同'文化模式'"。

3. 家训与校训

大家知道,过去中国的大户人家,都有家训家规,如《朱子家训》《颜氏家训》《曾氏家训》等。家训,是针对一个家族,对家族后代子孙的一种训诫、规范要求。而校训,扩而言之,就是对一个学校,对受学弟子的一种训诫和规范要求。19世纪末20年代初,随着东吴大学、燕京大学、辅仁大学、震旦大学等一批教会大学在我国的建立,校训开始作为学校教育的一项内容。

校训一般由古语典章精简摘取而成,为学校至圣大雅之言,反映的是所在校的办学传统和办学理念,是一所学校深层次的精神底蕴与人文内涵。通俗地讲,校训原本是学校校长讲话中的关键词语,因为既有底蕴又有实效,所以被一代一代的教师和学子们传递下去,时间一长,就成了约定俗成的话语,这就是校训。如清华大学校训"自强不息,厚德载物"就出自《易经》:"天行健,君子以自强不息"(乾卦)与"地势坤,君子以厚德载物"（坤卦）。1914 年，著名学者梁启超在清华作题为《论君子》的演讲，便以"自强不息""厚德载物"勉励学生，后被铸入校徽，高悬于大礼堂的上方，成为师生共同遵守的校训。

4. 多角度的理解

（1）从教育指向的角度说：校训是一个学校的灵魂，是引导和标示学校办学方向的旗帜；校训反映了学校发展过程和历史文化积淀，是反映学校品位的文化名片。

校训体现着学校面向社会的精神标志，能为学校起到一定的宣传作用。有些校训还对其本校的创建历史或文化背景有所反映，包含着较多的信息。比如，天津大学的校训为"实事求是"，由建校初期北洋大学原校长、著名法学家赵天麟首倡并承继至今。意为：办事求学必须根据实证，求索真相，踏踏实实，知之为知之，不知为不知。追求真理，是治学最基本的目标，也是每一位求学者追求的崇高理想。

（2）从教育目标的角度说：校训是一个学校师生的理念表示、精神追求；是一种无形的管理制度，是一种内在的管理文化。校训在教育目标上一般都尽量涵盖三个方面：即知识与技能，过程与方法，情感、态度与价值观。

古今中外世界著名大学都各自拥有其独特的校训，鲜明地体现出他们不同的办学理念和治学特点。而由此形成的校训文化则成为大学教育中一道靓丽的风景。美国斯坦福大学的校训是它第一任校长乔丹（David Starr Jordan）提出的"让自由之风吹拂"；英国剑桥大学拉丁文校训引用的是苏格拉底的一句话"我与世界相遇，我自与世界相融，我自不辱使命，使我与众生相聚"；南开大学校训是 1934 年校长张伯苓先生在建校三十周年大会上正式宣布的"允公允能 日新月异"，提倡的是"公能"教育，一方面是培养青年"公而忘私""舍己为人"的道德观念，另一方面则是训练青年"文武双全""智勇兼备"，为国效劳的能力。

（3）从教育本质的角度说：校训是学校对学生做人和做学问提出的方向性、针对性、激励性、规范性、标准化的要求。

校训是一个标尺。它用以激励和劝勉在校的教师和学子们，即使是离开学校多年的人也会将校训时刻铭记在心。韶山学校校训："好好学习，天天向上"（毛主席题词）。北京师范大学"毕业前二十件事"之一是在校训碑前拍照。"学为人师 行为世范"——这广为熟知的校训，由国学大师启功于 1997 年挥笔写就。当初，学校曾邀请校内很多专家学者共提方案，启功自己也拟出不同训词，但最后敲定"学为人师 行为世范"八字，显得平易通畅且深刻含蕴。它不但紧扣"师范"二字，而且包含了学与行，理论与实践，做学问与做人，做一般人和做老师等之间的辩证关系。落款是"启功敬书"。这一个"敬"字足以说明，在校训面前，他只把自己当成学校的普通一员。之后学校有关部门又多次请他阐释所题校训的意义，启功每次都以"学习校训，理解如此"的口吻来写，从不把校训当成自己的创造而专有。这正是北师大人文精神的显现：崇德笃行，敦尚气节，首在担当。从此，校训碑前的留念，成为学子们最深的记忆。

（二）校训的功能

校训作为学校文化和大学精神的主要符号，其在育人、激励、训导师生员工以及引领先进文化方面的功效越来越明显。

校训功能概括来说是"五子登科"，具体如下：

1. "镜子"

约束规范功能。校训是一个学校师生员工必须共同遵守的基本行为准则与道德规范，是一所学校校风、教风、学风的集中表现，是学校对师生特别是学生在学识、能力、道德情操、行为等方面的教导和训诫。古人云：以铜为鉴，可以正衣冠；以人为鉴，可以知得失；以史为鉴，可以知兴替。校训就好像是学校的一面"精神大镜子"，能够帮助我们及时修正自己的言行，可以在这样一种规范下去完成学业、完善人格，通过对师生潜移默化的熏陶，可以使校训的规范要求内化于心、外显于行。

2. "旗子"

指引导向功能。校训承载着独特的历史传统，标注着鲜明的时代气质，体现了人才培养的特质与目标，它既是指引学校办学方向的旗帜，也是引领师生人生发展的旗帜。它是影响师生员工价值取向的重要精神力量，激励和劝勉师生学子按照校训的原则做人行事。很多学生毕业多年后，他可以忘掉校长的讲话、老师的讲课，对一些课程内容也会淡忘，但他不会忘记母校的校训。古代教育学家荀况在《劝学篇》中说："蓬生麻中，不扶而直。"形象的语言，指出了群体规范对个性形成的作用，他同时说明，有什么样的校训就会塑造什么样的学子。

3. "引子"

催化辐射功能。校训体现了学校文化精神的核心内容，以其自身的影响力、感召力和鲜明的个性影响着社会文化的形成，一方面，学校参加社会活动，学校师生与社会成员接触交往，在这个过程中，校训以潜移默化的方式感染和教育每个有意无意地参与、关心学校文化建设的群体或个人；另一方面，今天的在校学生就是明天的社会成员，在校训精神培育下成长的毕业生融入社会，通过自己的言行自觉或潜意识地把校训精神传递给别人，使校训所代表的高尚人格和崇高精神在整个社会得以弘扬，从而推动社会文明的前进。一代青年学生的精神面貌如何在很大程度决定着下一代社会成员的精神风貌。

4. "牌子"

宣传扩散功能。校训是一种文化，校训本身就包含着办学和人才培养的多种信息，是一个学校向社会全面反映办学理念、精神追求、办学成果的重要窗口，是宣传学校、提升学校知名度的一个重要牌子。

5. "根子"

展示办学历史功能。校训往往是沉淀的学校的办学历史和厚重文化，有着强大的文化穿透力和历史的思想深度。正是这些，构成了袁部长所说的"大学绵延的'文化基因'"。通过校训，可以让学子了解和探寻学校的过去，从而增强学生对母校的了解、认知和认同，增强自豪感和荣誉感；也可以向社会展示学校的历史，扩大社会对学校的了解、增强社会关注度和支持度。

（三）校训必须有自己的特色

校训要激励师生体现学校的个性和风格，自身首先必须有特色。

《人民日报》曾有报道，一项针对国内256所高校的调查显示，高校校训同质化、标语化现象严重。在被调查的256所高校中，有192所学校的校训为"四词八字"的口号式，比例高达75%。校训中带有"勤奋"字样的有68所，"求实"的为65所，"创新"的为59所，"团结"的为49所，"严谨"的为25所。在256个校训中，包含以上5个词语任何一词以上的有147个，占到被调查高校的近六成。还有一些学校的校训一模一样，有8所高校的校训同为"团结、勤奋、求实、创新"，有27所高校的校训同为"严谨、勤奋、求实、创新"，不同的只是先后排列顺序。普遍存在着"重复多、特色少、视野窄、起点低"的问题，很多校训不能代表所在学校的办学特色和治学态度。

校训雷同现象，实质是一个文化问题。雷同本身并不可怕，可怕的是单一和不能自由选择。决定大学不同风格的文化基础是自由思想和独立精神，如果缺乏这种基础，大学很难有独特风格，就是原来有独特风格的大学，也很难把这种风格保持下去。

二、我们的校训是什么？

我们的校训——正则格致。

根据校训必须具备的条件和特点，经过广泛征集讨论，认真地筛选研究，学校2007年正式明确了镇江高专校训，这就是——正则格致。

与中国大多数高校校训一样，我们的校训语出传统经典，植根学校历史文脉，蕴含着"公正而有法则"的高尚人格追求，崇尚科学和实践的求真务实精神；体现了学校对办学理念、理想价值追求和人才培养目标的文化思考。我国高校校训绝大部分源自儒家经典或古籍，如香港城市大学"敬业乐群"出自《礼记·学记》，香港中文大学"博文约礼"，出自《论语》，天津大学"实事求是"出于《汉书》。西方高校：如牛津大学校训出自《圣经》27篇、哥伦比亚大学出自《圣经》36篇、耶鲁大学出自《圣经》43篇等。

正则：含义为公正而有法则，这是对做人的要求。

正则源自伟大的爱国诗人屈原的作品《楚辞·离骚》。《离骚》是屈原的自传性抒情诗，诗中以激愤奔放的感情，淋漓尽致地表述了诗人对祖国的挚爱之情，对民生疾苦的关爱之心及与腐朽势力斗争到底、绝不变节从俗的理想之志。诗人在开篇自序中就说"帝高阳之苗裔兮，朕皇考曰伯庸"（释义：我是帝王的远代子孙啊，我的先祖是大名鼎鼎的伯庸）。"皇览揆余初度兮，肇锡余以嘉名：名余曰正则兮，字余曰灵均。纷吾既有此内美兮，又重之以修能"（释义：我的先祖在我刚出生的时候，通过占卜赐给了我相应的美名：我的名字叫正则，我的别号叫灵均。上天赋予了我这样的内在美质啊，我又注意修养自己的品性）。我们可以看到，"正则"正是取于此。屈原的父亲给他取名为"正则"，根据马茂远《楚辞选》注："屈原名平，字原。'正则'，是阐明名平之意，言其公正而有法则，合乎天道。"

正则是伟大的教育家吕凤子先生为他1912年创办的正则学校（我校丹阳校区前身）确定的校名和校训。

吕凤子是谁？张大千说他"名气大得不得了"。中国一批最早的院校出身的许多著名画家如徐悲鸿、李可染、吴冠中等都曾经是他的学生。他创办的正则女子职业学校，是我国近代最早的职业教育学校之一。正则学校在1925年改名为正则女子职业学校，曾先后开设绘画、刺绣、蚕桑、师范、农业、建筑等专业科目。凤先生一生办了40年的学，教了50年的书，画了60年的画。他的"三办正则"故事传为美谈。凤先生作为一名杰出的教育思想家和教育实践活动家，在他多年的办学育人实践活动中，构筑了自己的职业教育思想体系。

67年前，吕凤子先生在《纪念正则办学35年的演讲》中明确提出："屈子魂，就是我正则魂！"他说："我们的学校就是以屈原的名字做校名的。这是为什么？就是要以屈原的精神和形象——他的思想、人品、才能和成就，作为我校师生的共同追求的目标。"

我们的校训取"正则"二字，不仅崇尚屈原的爱国精神、爱好公正平等的品格，而且还蕴含着继承吕凤子先生的平民教育思想、崇爱尚美的文化追求，还期望在建设社会主义法治社会的今天，建设好我们学校民主公正的制度文化。

格致：意蕴崇尚科学和实践，探求真知，提高智能，掌握本领，力求全面发展学有特长，这是对求知求学的要求。

"格致"是"格物致知"一词的省称。源于《礼记·大学》。格物：推究事物的原理，致知：获得知识。其基本意思是说：考察事物，获得知识。

这一词语最早见于先秦经典《礼记·大学》，是该书所提出的儒者求学八阶段的初始两个阶段："古人欲明明德于天下者，先治其国；欲治其国者，先齐其家；欲齐其家者，先修其身；欲修其身者，先正其心；欲正其心者，先诚其意；欲诚其意者，先致其知。致知在格物。格物而后知至，知至而后意诚，意诚而后心正，心正而后身修，身修而后家齐，家齐而后国治，国治而后天下平。"这一段话，是儒家学派为实现自己修身、齐家、治国、平天下的政治思想而提出的阶段性行为目标。这一程序性行为纲领的起始就是格物致知。由此可见格物致知在儒家学说中的确具有极为重要的地位。我们今天要明白格物致知原意，就要把它放在产生《礼记·大学》的时代，参考儒家其他经典，尤其是孔子的认识论思想，综合加以考察。

据后人的研究，《礼记·大学》主要表述了孔子及其弟子曾子之意，而孔子在当时即以博物著称，知道很多别人不知道的事情，这自然与其治学方式有关。在另一儒家经典《中庸》中，孔子的孙子子思指出了儒家所主张的获取知识的方式，即"博学之，审问之，慎思之，明辨之，笃行之"。孔子之所以博学，其治学方式不能有异于此。由此，《中庸》的强调可以看成是对格物致知学说的注解。即通过广泛学习，细致研究某事某物，并身体力行，脚踏实地去实践体会，就可以获得真知。

所以，格物致知强调的是通过对事物的考察、检验或穷究，来获取正确认识，可以认为这是其本来的含义（明朝大哲学家、教育家王阳明，浙江人，他为了"格物"对这竹子苦思冥想了七天，以头痛生病告终。它是把探查外界误认为探讨自己。闹了大笑话。证明受传统教育的中国学生有"偏向于理论而轻视实践，偏向于抽象的思维而不愿动手"的弱点）。1976年诺贝尔物理学奖得主丁肇中曾经有篇对于学习自然科学的经验之谈《应有格物致知精神》大家可以一读，有助于大家对"格致"的理解。

我们的校训取"格致"二字，集中强调的是要有一种科学的、务实的、持之以恒的治学精神、治学态度、治学原则、治学行为，理论与实践并重、知识与能力并重，这是一种学风的重要体现，反映了人的学习态度和精神状态。

王国维在《人间词话》中说："古之成大事业大学问者必经过三种之境

界：'昨夜西风凋碧树，独上高楼，望尽天涯路'，此第一境也；'衣带渐宽终不悔，为伊消得人憔悴'，此第二境也；'众里寻他千百度，那人却在灯火阑珊处'，此第三境也。"王国维先生第一境写的是预期愿景，第二境写的是勤奋探究，第三境写的是实践成功。我们要按照"格致"的要求，拿出"衣带渐宽终不悔"的精神，来做学问干事业，这是成功的必由之路。

概言之，我校的"正则格致"四字校训引经据典，字字珠玑，其中"正则"关乎"为人处世"，"格致"关乎"为学做事"。蕴涵了爱国、尚美、公正、平等、法治、求真、务实等丰富的道德文化元素和治学精神，凝练和体现了学校的人才培养目标、高职教育特质、学校办学理想和追求，呈现了鲜明的高专特色。

三、让校训成为人生路上的师友

校训是大学精神的综合体现。同学们往往就是从解码校训开始认识学校、认知学问、认清人生，然后去赓续这所学校的文化基因。我们的"正则格致"校训，既强调做人的要求——公平而有法则，又强调治学精神——格物致知。格物致知，修齐治平，这是古人治学的一种向往。深度认识、深刻发掘"正则格致"校训的文化内涵，以校训为警示，涵养求真务实的精气神；以校训为载体，弘扬崇爱尚美的价值观，才能推动实现教育的价值回归，才能培养出优秀的应用技术型人才。铭记、践行"正则格致"校训，任重道远。

1. 认真理解、深刻领会校训含义。知晓、明白才能内化于心外显于行。首先要学，其次要学懂。要真正把校训所倡导的、所激励的内化到自身的思想和意识，转化为自觉践行的价值目标和行为准则，养成习惯、形成风气，从而凝聚、涵养成学校的整体精神风貌和力量，真正做到牢记于心，认真践行，使之成为自己做人做事求学问的座右铭。

2. 对校训的学习宣传要不断深化、强化，向各个领域扩展。要把校训作为学校文化建设的着力点和重要内容。校训的内化于心、外化于行，应当体现在学校各方面的工作上。校训对校风的形成至关重要，而校风建设绝不是一朝一夕成功的，也不可能一劳永逸，而是要在长时期中一点一滴坚持不懈地培育起来。因此要不断强化、深化，持之以恒，使之巩固，并随着形势的发展，使良好校风在新形势下发扬光大，即使之代代相传，又不断发展更新。

3. 校训建设，贵在践行。校训建设不是空喊口号，不能满足于刻在石头上、拓在石碑上，置于学校门口让师生观赏就可以了，而更需要学校和我们每一个师生员工都要时刻牢记、处处践行，它要求我们大家从小事做起，从身边做起，在学校政策制定过程中充分体现校训精神，在校园文化建设中注重宣传和弘扬校训文化，在教育教学实践活动中潜移默化地强化校训教育，实现共同领会校训底蕴，积极塑造和提升自身的校训理念的目的。要将校训落细落小落实，让校训精神烛照一生，让自己明白，无论何时何地，对人生都有一份"富贵不能淫、威武不能屈"的浩然正气，对自然有一份仰望苍穹的敬畏之心，对苍生有一份爱己及人的悲悯情怀，这既是对校训精神的生动诠释，又何尝不是对核心价值观的有力践行？

20世纪90年代，著名哲学家、教育家涂又光先生曾提出了著名的"泡菜理论"，即泡菜的味道取决于泡菜汁水，学校文化环境好比泡菜汁水，它影响和决定了浸泡其中的师生的精神风貌和行为风格。而这泡菜汁水，自然是越久越好。我想，只要我们秉承正则格致的校训，按照"爱无涯、美无极"的要求，自觉传承、弘扬和创新崇爱尚美的学校文化，我们就一定能形成潜心育人、用心成人的良好环境，成长为有用之才、栋梁之材。

让校训之光照亮我们的人生之路！